**Duden**

ALLGEMEINBILDUNG KOMPAKT

Duden

# Deutsche Geschichte

## Menschen, Ereignisse, Epochen

2., aktualisierte Auflage

**Dudenverlag**
Mannheim · Zürich

**Bibliografische Information der Deutschen Nationalbibliothek**
Die Deutsche Nationalbibliothek verzeichnet diese Publikation in der Deutschen Nationalbibliografie; detaillierte bibliografische Daten sind im Internet über http://dnb.d-nb.de abrufbar.


Bibliographisches Institut GmbH, Dudenstraße 6, 68167 Mannheim

Printed in Germany

ISBN 978-3-411-74012-3
Auch als E-Book erhältlich unter:
ISBN 978-3-411-90453-2

**Redaktionelle Leitung** Jürgen Hotz M.A.
**Redaktion** Dirk Michel M.A., Julia Prus M.A.
**Autoren** Dr. Alexander Emmerich, Dr. Kay Peter Jankrift, Bernd Kockerols, Wolfdietrich Müller

**Herstellung** Judith Diemer
**Layout** Horst Bachmann
**Umschlaggestaltung** glas-ag, Seeheim-Jugenheim
**Umschlagabbildungen** © XtravaganT – Fotolia.com
**Satz** Bibliographisches Institut GmbH, Mannheim
**Druck und Bindung** CPI books GmbH, Birkstraße 10, 25917 Leck
www.duden.de

# Inhalt

2. Jh. v. Chr.

## Wo die »Deutschen« herkommen
## Antike und frühes Mittelalter

**2. Jh. v. Chr.–919**

Mit dem Untergang des Imperium Romanum entwickelten sich germanische Königreiche im Zentrum Europas. Geprägt waren sie von ihrem römischen Erbe.

919

# Das römische Germanien

113–101 v. Chr. Mit dem Marsch der **Kimbern und Teutonen** werden die Ereignisse im Gebiet des späteren Deutschen Reichs in den Schriftquellen historisch fassbar. Auf ihrem Weg in Richtung Mittelmeer schlagen die wandernden Germanen bei Noreia, nördlich des heutigen Klagenfurt in Kärnten, zwei römische Legionen. Schließlich vernichten die Römer mit einem riesigen Heer unter Führung von Marius und Catulus die Kimbern, die über die Alpen in die Poebene eingedrungen waren. Doch auch in den folgenden Jahrzehnten reißt die Bedrohung des Römischen Reiches durch die Invasion aus dem Norden nicht ab.

58–51 v. Chr. Als eine große Anzahl von Germanen unter Führung des **Ariovist** den Rhein nach Westen überquert, um dort sesshaft zu werden, beauftragt der römische Senat den Feldherrn **Gaius Iulius Caesar** mit der Eroberung Galliens; diese beschreibt er selbst in seinem Werk »Der Gallische Krieg« (»De bello Gallico«). Mehrfach setzt Caesar zu Strafexpeditionen auf rechtsrheinisches Gebiet über. Außerdem unternimmt er zwei Feldzüge nach Britannien.

16 v. Chr. Die Römer gründen an der Mosel Augusta Treverorum, das heutige **Trier,** das – gefolgt von dem zunächst als Militärlager eingerichteten Augusta Vindelicorum (Augsburg) – als älteste Stadt Deutschlands gilt.

12–9 v. Chr. Da sich Kaiser **Augustus** zur Eindämmung militärischer Bedrohung dazu entschließt, das Römische Reich über den Rhein hinweg nach Germanien auszudehnen, betraut er seinen Stiefsohn **Drusus** mit der Eroberung des »freien Germanien«. Unterstützt von der römischen Flotte, die über die großen Flüsse bis ins Landesinnere vordringt, gelingt es Drusus, die germanischen Stämme bis zur Elbe zu unterwerfen.

8 v. Chr. **Tiberius** führt die Germanenkriege fort, nachdem sein Bruder Drusus an den Folgen eines Reitunfalls gestorben war. Obwohl

er mit mehreren Stämmen Verträge abschließen kann, bleibt Germanien in der Folgezeit stets ein unruhiges Gebiet.

MEILENSTEIN

9 n. Chr. **Römisches Trauma, germanischer Triumph**

Im Herbst »Varus, gib mir meine Legionen wieder!«, soll Kaiser Augustus den Ausführungen Suetons zufolge gerufen haben, als ihn die Nachricht der verheerenden Niederlage im Teutoburger Wald erreichte. Publius Quinctilius Varus war mit drei Legionen auf dem Weg von Minden an der Weser ins Winterlager nach Haltern. Der in römischen Diensten stehende Cherusker Arminius lockte diese durch die fingierte Meldung über einen germanischen Stammesaufstand in einen Hinterhalt. Als sich Varus entschloss, von seiner Marschroute abzuweichen, um die vermeintlichen Unruhen im Keim zu ersticken, schnappte die Falle zu. In den unwegsamen Wäldern und Sümpfen – möglicherweise bei Kalkriese, nahe Osnabrück – griffen die Germanen die rund 25 km lange Kolonne aus dem Hinterhalt an. Die XVII., XVIII. und XIX. Legion, begleitet von ihren Familienangehörigen mitsamt Gepäckzug, wurden vollständig vernichtet. Fortan bildeten Rhein und Donau die »Grenzen« des gewaltigen Imperium Romanum. Züge römischer Militärverbände nach Germanien – in einem solchen Zusammenhang fand wohl im frühen 3. Jh. n. Chr. am Harzhorn bei Kalefeld eine Schlacht zwischen Germanen und Römern statt – schloss dies aber ebensowenig aus wie Einfälle der »Barbaren« in die wohlhabenden römischen Provinzen.

um 90 Nachdem es den Römern schließlich gelingt, ihre Position jenseits des Mittel- und Oberrheins wie auch der oberen Donau weiter auf germanisches Gebiet zu verschieben, beginnen sie durch den Bau einer großen, im Lauf der Zeit immer weiter verbesserten Anlage zur Kontrolle und Absicherung der Grenze. Ihr Herzstück, der mit Wachtürmen und Kastellen ausgestattete **Obergermanisch-Rätische Limes,** verläuft auf einer Länge von etwa

550 Kilometern zwischen Bad Hönningen am Rhein und Castra Regina, dem heutigen Regensburg, an der Donau.

98 Der Geschichtsschreiber Tacitus verfasst mit der **»Germania«** (»De origine et situ Germanorum«) das wichtigste literarische Dokument über die Germanen, die – so die Kelten und nach ihnen Caesar – rechtsrheinischen Völkerschaften. In der einzigen aus der römischen Literatur bekannten länderkundlichen Monografie schildert Tacitus die Herkunft der Germanen, beschreibt ihr Land und ihre Stämme, ihr Heerwesen, ihre Religion, ihre Sitten und Gebräuche. Im 15. Jh. in einer Abschrift im Kloster Hersfeld wiederentdeckt, entwickelt sich die »Germania« zu einem Kristallisationspunkt »deutscher« Identitätsfindung.

166/167 bis 180 Mit den Markomannenkriegen, zu deren Beginn verschiedene germanische Stämme die Grenze zum Römischen Reich an der Donau durchbrechen und bis zur Adria vorstoßen, spitzt sich die Bedrohung des Imperiums zu.

**MEILENSTEIN**

259/260 **Ansturm der »Barbaren«**

Der Limes, das Grenzbollwerk aus Palisaden, 900 Wachtürmen und 60 Kastellen, konnte dem Ansturm der germanischen Stammesverbände nicht länger standhalten. Aus den vierzig Stämmen, die Tacitus in seinem Werk »Germania« aufzählte, hatten sich bis zum 3. Jh. neue Großstämme entwickelt. Erstmals nannten die Geschichtsschreiber nun den Namen der Alemannen, die den Obergermanisch-Rätischen Limes durchbrachen und sich im Dekumatenland niederließen. Bereits drei Jahrzehnte zuvor sollen sie Kastelle und Siedlungen entlang dem Limes zerstört haben, darunter auch die Saalburg bei Bad Homburg. Archäologische Befunde zeugen bis heute vom Ansturm germanischer Stämme auf den Limes. Ein Altarstein für die römische Siegesgöttin Victoria, der 1992 bei Grabungen in Augsburg freigelegt wurde, erinnert an den angeblichen Sieg über die Semnonen oder Juthungen. Seiner Schutzfunktion beraubt, gaben die Römer die Grenzanlage nach den Alemanneneinfällen (259/260) endgültig auf.

284 **Diocletian** wird zum Kaiser erhoben. Zu den einschneidendsten Reformen Diocletians gehört die Neuordnung kaiserlicher Herrschaft durch Einführung der **Tetrarchie**: Das Großreich wird in eine westliche und eine östliche Hälfte unter vier Herrschern (zwei »Augusti« sowie zwei »Caesares« als Unterregenten) aufgeteilt. Nach einem Orakelspruch beginnt Diocletian mit der Bedrückung und Verfolgung von Christen.

306–312 Nachdem Trier von seinem Vater **Constantius I.** zur kaiserlichen Residenz erhoben worden ist, residiert auch der spätere Kaiser **Konstantin I., der Große,** in der Stadt. Die Metropole an der Mosel erlebt eine wirtschaftliche und kulturelle Hochblüte. Mit geschätzten 80 000 Einwohnern ist sie die größte Stadt nördlich der Alpen, auch »Rom des Nordens« genannt. Die unter Konstantin als Palastaula erbaute »Basilika« zeugt bis heute von diesem Glanz.

312 Durch den Sieg in der **Schlacht an der Milvischen Brücke** über seinen Rivalen **Maxentius** wird Konstantin I. zum Augustus der westlichen Reichshälfte. Dem Bericht des Bischofs Eusebius von Caesarea zufolge hatte Konstantin in der Nacht vor der Konfrontation ein flammendes Kreuz mit den griechischen Worten »in diesem Zeichen wirst du siegen« am Himmel gesehen. In der Folgezeit wird das Christentum durch den Kaiser stark gefördert.

324 Konstantin I. erringt nach zahlreichen Bürgerkriegen die Alleinherrschaft über das römische Großreich. Kultureller und wirtschaftlicher Mittelpunkt wird wenige Jahre später die neue Hauptstadt Konstantinopel, das heutige Istanbul.

336 Der von Eusebius von Caesarea als »Bischof der Christen im Land der Goten« eingesetzte **Wulfila** wird in seinem Volk zum Wegbereiter der christlichen Lehre. Hierzu übersetzt er die Bibel aus dem Griechischen ins Gotische, wofür er eigens ein gotisches Alphabet erfindet. Die älteste, in Teilen erhaltene Abschrift des Textes ist der in Silber- und Goldschrift auf purpurnem Pergament verfasste »Codex Argenteus«, das »Silberbuch«, aus dem frühen 6. Jahrhundert.

# Das Zeitalter der Völkerwanderung

MEILENSTEIN

375 **Der Schrecken aus der Steppe**

Die Hunnen, Reiternomaden aus dem Norden Chinas oder der Mongolei, drangen auf dem Rücken ihrer kleinen Pferde massenhaft durch die Kaspische Senke nach Westen vor. Nachdem sie zunächst auf die Alanen gestoßen waren, hatten sie das wohlhabende Reich der Ostgoten in Südrussland und der Ukraine überrannt. Das plötzliche Auftauchen der fremdartigen, mit Reflexbogen bewaffneten Krieger rief bei den Zeitgenossen blankes Entsetzen hervor. Dem Bericht des griechischen Historiografen Zosimos zufolge wurden die Ostgoten von den Hunnen mit einem todbringenden Pfeilhagel überschüttet. Als der greise Ostgotenkönig Ermanerich das Blutbad sah, soll er sich selbst getötet haben. Zwar unterwarfen sich die meisten Ostgoten den neuen Herrschern, doch hatte die hunnische Invasion zugleich eine gewaltige Massenflucht zur Folge. Diese setzte in einer Art Dominoeffekt die große Völkerwanderung in Gang, die für manche Historiker den Beginn des Frühmittelalters markiert.

378 Auf der Flucht vor den Hunnen bewegen sich Westgoten, versprengte Ostgoten und Alanen auf die Grenze des Römischen Reiches an der Donau zu. In der **Schlacht bei Adrianopel** in der heutigen Türkei unterliegt das römische Heer, Kaiser Valens fällt in der Schlacht. In der Folge schließt Kaiser **Theodosius I.** einen Vertrag (»foedus«) mit den Westgoten, die sich als erste barbarische Völkerschaft ungeteilt auf römischem Reichsgebiet ansiedeln dürfen.

391 Ein Edikt des Kaisers Theodosius I. verbietet die Ausübung aller heidnischen Kulte im Römischen Reich. Das Christentum wird zur alleinigen Staatsreligion erhoben.

407 Die Wandalen aus dem Theißgebiet, die sich mit Sweben und Alanen kurz vor der Jahrhundertwende zur Wanderung nach Wes-

ten zusammenschließen, überqueren den Rhein nach Gallien. Dabei stoßen die wandernden Germanen nur auf geringen Widerstand der Römer, deren Kräfte bei der Abwehr eines Goteneinfalls in Italien gebunden sind. In Gallien eine Spur der Verwüstung hinterlassend, ziehen die Wandalen, Sweben und Alanen auf die Iberische Halbinsel weiter.

410 Unter Führung des **Alarich** erobern die Westgoten Rom, das drei Tage lang geplündert wird. Wenige Monate später stirbt Alarich und wird der Überlieferung zufolge im trockengelegten Flussbett des Busentos bestattet.

418 Die Westgoten siedeln sich als Föderaten im Südwesten Galliens an und machen **Toulouse** zu ihrer Hauptstadt.

437 Der weströmische Heermeister **Flavius Aetius** vernichtet mit seinen hunnischen Kriegern das kurzlebige Burgunderreich am linken Mittelrhein mit seiner Hauptstadt Worms – dessen Untergang bildet den historischen Kern des »Nibelungenlieds«.

451 Als der Hunnenkönig **Attila** neben Tributzahlungen die Ehe mit Honoria, der Schwester des weströmischen Kaisers, anstrebt und als Mitgift die Hälfte des Weströmischen Reiches verlangt, verweigert sich Valentinian III. diesen Forderungen. Daraufhin überqueren die Hunnen mit ihren germanischen Verbündeten, darunter v. a. Ostgoten, den Rhein und dringen plündernd in Gallien ein. Auf den **Katalaunischen Feldern,** gelegen zwischen Troyes und Châlons-en-Champagne, trifft Attila auf die Streitmacht des weströmischen Heermeisters Flavius Aetius. An seiner Seite stehen Westgoten, Franken, Bretonen und Burgunder sowie andere, als Föderaten in Gallien lebende Völker. Auf beiden Seiten gibt es hohe Verluste, doch bringt die Schlacht keine eindeutige Entscheidung.

453 Attila, den der Bischof **Isidor von Sevilla** später als »Geißel Gottes« bezeichnet, stirbt in einer seiner Hochzeitsnächte an einem Blutsturz. Kurz darauf ziehen die Hunnen gen Osten ab. Die hunnische Herrschaft findet damit ihr Ende.

466 Unter der Herrschaft des westgotischen Königs Eurich oder seines Sohnes Alarich II. werden Gesetze schriftlich niedergelegt. Der **»Codex Euricianus«,** das älteste der überlieferten Germanenrechte, entsteht wahrscheinlich in Erweiterung früherer erb- und vermögensrechtlicher Bestimmungen. Im späten 7. Jh. wird er zur »Lex Visigothorum« überarbeitet.

476 Der Heermeister **Odoaker** setzt den letzten weströmischen Kaiser, **Romulus Augustulus,** ab und wird von seinen Kriegern zum König erhoben.

482 **Chlodwig** folgt seinem Vater **Childerich,** einem fränkischen Kleinkönig, auf den Thron in Tournai nach. Damit obliegt ihm zugleich die Verwaltung der römischen Provinz Belgica Secunda, die im Süden jedoch teilweise zum Herrschaftsbereich des weströmischen Heermeisters Syagrius gehört.

486/487 Durch den Tod des westgotischen Königs Eurich entsteht ein Machtvakuum, das Chlodwig und den mit ihm verbündeten fränkischen Großen die Grundlage bietet, gegen Syagrius ins Feld zu ziehen. Der römische Heermeister wird in der **Schlacht bei Soissons** vernichtend geschlagen und flieht zu den Westgoten. Diese liefern den Flüchtling jedoch an Chlodwig aus, der Syagrius heimlich ermorden lässt.

488 Der oströmische Kaiser Zenon entsendet **Theoderich den Großen,** König der Ostgoten, nach Italien, um den Usurpator Odoaker zu beseitigen.

493 Nach vierjährigem Kampf vermittelt der Bischof von Ravenna einen Vertrag zwischen Odoaker und Theoderich, der eine gemeinsame Herrschaft der Kontrahenten vorsieht. Nachdem Theoderich zum Schein auf das Angebot eingeht, ersticht er Odoaker wenige Tage später eigenhändig bei einem Gastmahl. Theoderich begründet in der Folge das Ostgotische Reich in Italien mit der Hauptstadt **Ravenna,** das vom oströmischen Kaiser schließlich anerkannt wird.

MEILENSTEIN

498 **Königstaufe in Reims**

Die Schlacht der Franken gegen die Alemannen nahe Tolbiacum, dem heutigen Zülpich, stand auf der Kippe, als der fränkische König Chlodwig dem Bericht des Bischofs Gregor von Tours zufolge den Christengott um Hilfe anrief. Demnach gelobte Chlodwig, im Fall eines Sieges den christlichen Glauben anzunehmen. Nach siegreicher Schlacht erzählte er seiner Gattin Chrodechilde, einer christlichen Burgunderin, von seinem Gelübde. Chrodechilde wandte sich daraufhin an Bischof Remigius von Reims, ihren langjährigen Beichtvater, der alles Nötige für eine Taufe vorbereiten sollte. Wann genau Chlodwig sich taufen ließ – ob bereits 496, 498 oder doch erst 508 – ist durch die historische Forschung bis heute nicht eindeutig geklärt. Fest steht hingegen, dass die katholische Taufe des Königs, dessen Beispiel angeblich Tausende von Franken folgten, eine politische Signalwirkung für das eigene Volk wie auch die Nachbarn besaß, die arianische Christen waren. Sie stabilisierte Chlodwigs Herrschaft und erleichterte das Zusammenleben von Germanen und Romanen im wachsenden Frankenreich.

507 Mit dem Sieg über den westgotischen König Alarich II. in der **Schlacht bei Vouillé,** nordwestlich von Poitiers, gelingt Chlodwig ein entscheidender Schritt auf seinem Weg zur Schaffung eines fränkischen Großreichs auf gallischem Boden. Während der Frankenkönig das westgotische Herrschaftsgebiet im Westen Galliens erobert, ziehen sich die Westgoten auf die Iberische Halbinsel zurück. Dort begründen sie ein neues Reich, dessen Hauptstadt Toledo wird.

511 Als Chlodwig stirbt, erstreckt sich das fränkische Reich vom Rhein bis zu den Pyrenäen und vom Atlantik bis zur Provence. Gemäß fränkischem Erbrecht wird es nun unter seinen Söhnen aufgeteilt.

526 Der ostgotische König Theoderich stirbt in Ravenna, das sich unter seiner Herrschaft zu hoher kultureller Blüte aufgeschwungen hat.

um 529 **Benedikt von Nursia** gründet auf dem Monte Cassino eine klösterliche Gemeinschaft und verleiht ihr eine Regel. Die Benediktsregel wird in der Folgezeit zu einer wichtigen geistigen Grundlage des westlichen Mönchtums.

587 Im Vertrag von Andelot zwischen Guntram und seinem Neffen Childebert erscheinen zum ersten Mal die Begriffe Austrien/Austrasien (»Ostreich«) und Neustrien (»neues Land im Westen«) als Bezeichnungen für die fränkischen Teilreiche.

639 Durch die Beisetzung des Merowingerkönigs **Dagobert I.** in der Kirche von **Saint-Denis** bei Paris wird die Tradition der Königsgrablege in dem Gotteshaus für das Frankenreich begründet.

MEILENSTEIN

719 **»Apostel der Deutschen«**

Spät berufen war der Angelsachse Winfried, der die Friesenmission zu Beginn des 8. Jh. maßgeblich vorantrieb. Im Alter von 40 Jahren hatte er sich entschlossen, seiner insularen Heimat den Rücken zu kehren und sich nach Utrecht zu begeben. Sein Landsmann Willibrord aus Northumbrien hatte die Stadt nach ihrer Eroberung von den Friesen zum Bischofssitz ausgestaltet und ein Kloster gegründet. Von Papst Gregor offiziell zur Mission in Germanien entsandt und mit dem Beinamen »Bonifatius« als Zeichen seiner Zugehörigkeit zum Heiligen Stuhl versehen, verlieh Winfried der Missionierung der Völker nördlich und östlich des Rheins neuen Auftrieb. Mit der Fällung der Donareiche in Geismar, einer heidnischen Kultstätte, machte der inzwischen zum Bischof geweihte Winfried seinen Missionseifer deutlich. Später vom Papst zum Legaten Germaniens eingesetzt und somit zum Stellvertreter des Heiligen Vaters im Missionsgebiet aufgestiegen, sorgte sich der »Apostel der Deutschen« um die Errichtung neuer Bistümer und die Anwerbung weiterer Missionare. Auf einer Missionsreise zu den Friesen wurde er 754 bei Dokkum erschlagen; sein Grab liegt in Fulda.

732 Nachdem sich die muslimische Herrschaft auf der Iberischen Halbinsel etabliert hat, unternehmen die Araber und Berber Kriegszüge jenseits der Pyrenäen. Der fränkische Hausmeier **Karl Martell** schlägt die Invasoren in der **Schlacht bei Tours und Poitiers** und verhindert so deren weitere Expansion in Europa.

737 Obwohl Karl Martell de facto über das Frankenreich herrscht, nimmt er nach dem Tod des Merowingerkönigs Theuderich IV. nicht den Königstitel an. Allerdings teilt er gemäß fränkischem Erbrecht bei seinem Tod das Frankenreich unter seinen Söhnen **Pippin III., dem Jüngeren, und Karlmann** auf. Wie die Merowingerkönige verfügt Karl Martell Saint-Denis als den Ort seiner Grablege.

747 Als Karlmann ins Kloster eintritt, wird Pippin III. als Hausmeier Alleinherrscher über das Frankenreich.

751 Die Langobarden erobern Ravenna und erweitern damit ihr Reich beträchtlich. Angesichts der Bedrohung ersucht der Papst den Franken Pippin III. um Hilfe.

Pippin erwirkt nach Beratungen mit den Großen des Reichs die Absetzung des letzten Merowingerkönigs Childerich III. Childerich wird geschoren und in ein Kloster verbannt. Pippin übernimmt daraufhin die Königsherrschaft und begründet so die Linie der **Karolinger**.

754 Papst Stephan II., der Pippins III. Unterstützung in der Auseinandersetzung mit den Langobarden bedarf, salbt den Franken zusammen mit seinen Söhnen Karl und Karlmann. Die **»Pippinsche Schenkung«** legt den Grundstein für den Kirchenstaat. Pippin verspricht dem Papst urkundlich die Übertragung der von den Langobarden eroberten Gebiete in Mittelitalien (Dukat von Rom, Exarchat von Ravenna, Pentapolis).

768 **Karl I., der Große,** und sein Bruder **Karlmann** treten nach dem Tod Pippins III. gemeinsam die Nachfolge ihres Vaters an. Durch Karlmanns frühen Tod wird Karl 771 zum Alleinherrscher.

In einem Schriftstück Karls des Großen erscheint erstmals das vom germanischen Substantiv »thiot« (»Volk«) abgeleitete Wort **»theodiscus«:** Auf die Sprache bezogen (»theodisca lingua«), bezeichnet es die fränkische Volkssprache (im Unterschied zum romanischen Latein). Die im ostfränkischen Raum entstandene althochdeutsche Form »diutisk« verdrängt in der Folge das mittellateinische »theodiscus«; sie entwickelt sich zur Sammelbezeichnung der Stammessprachen im Ostfränkischen Reich und damit zum Vorläufer der heutigen Form »deutsch«. Das »Annolied« (um 1080) verwendet dann die Bezeichnung erstmals für die Träger der Sprache, die »Deutschen«.

772 Die Eroberung der Eresburg und die Zerstörung der Irminsul, des heiligen Baumes, markieren den Beginn der zermürbenden Sachsenkriege.

773 Papst Hadrian I. empfängt Karl den Großen in Rom, nachdem der fränkische Herrscher nach Italien gezogen ist und Pavia belagert. Karl gelingt es, das Langobardenreich zu unterwerfen. Nun schmückt er sich mit dem Titel »König der Franken und Langobarden«. Wenig später bestätigt er die »Pippinsche Schenkung« und sichert dem Kirchenstaat seinen Schutz zu.

**MEILENSTEIN**

784 **Das harte Los der Sachsen**

Die Todesstrafe sah die »Capitulatio de partibus Saxoniae«, das unstrittig härteste Gesetz im Umgang der Franken mit den unterlegenen Sachsen zu Lebzeiten Karls des Großen, für jeden vor, der die christliche Religion und ihre Priester beleidigte. Hinzurichten war auch derjenige, der das Fastengebot am Freitag nicht einhielt. Mit aller Härte versuchte der fränkische König die Sachsen in die Knie zu zwingen und jegliche religiöse wie politische Opposition im Keim zu ersticken. Mit der »Capitulatio« schließt sich der Kreis zu den Ausführungen der Reichsannalen. Ihr Verfasser betonte, dass der Krieg gegen die Sachsen so geführt werden müsse, dass diese entweder besiegt und christianisiert oder gänzlich vernichtet werden sollten. Die »Capitulatio« steht bis heute als ein schriftliches Zeugnis für die Strategie Karls des Großen als Reaktion auf die sächsische Opposition Widukinds, der sich angesichts der fränkischen »Politik der verbrannten Erde« letztlich zur Kapitulation gezwungen sah.

789 Die im Rahmen der karolingischen Reformpolitik erlassene **»Admonitio generalis«** (»Generalermahnung«) bestimmt Kleriker im Frankenreich zum Unterricht für Christen. Die Grundlage für den Aufbau eines Schulwesens wird auf diese Weise gelegt.

794 **Aachen** wird zur Hauptresidenz Karls des Großen, die in den folgenden Jahren ausgebaut wird. Die dortige Pfalzkapelle entwickelt sich im Mittelalter in einem Reich, das keine Hauptstadt hat und von einem umherreisenden Herrscher regiert wird, zum Krönungsort der Römischen (»deutschen«) Könige.

795 Nach einer ebenso kurzen wie erfolglosen Intervention Karls des Großen auf der Iberischen Halbinsel wird die Spanische Mark als Puffer gegen die arabische Bedrohung eingerichtet.

MEILENSTEIN

800 **Feierliche Kaiserkrönung in Rom**

25. Dezember Karl der Große wäre an diesem hohen Feiertag gar nicht erst in die Kirche gegangen, hätte er gewusst, dass Papst Leo III. ihn zum Kaiser krönen würde – so zumindest beschrieb Karls Biograf Einhard den Gang der Ereignisse an diesem Weihnachtsfest in Rom. In der historischen Forschung sind die Darstellungen der Kaiserkrönung kontrovers diskutiert worden. Zweifelsfrei war Karl an der Krönung selbst durchaus gelegen, doch hätte er sich möglicherweise eine andere Form des Rituals gewünscht. Kniend vor dem Papst die Krone zu empfangen, bedeutete zugleich eine Anerkennung päpstlicher Macht bei der Einsetzung weltlicher Herrscher. Wohl nicht umsonst verlief die Krönungszeremonie unter Karls eigener Regie entscheidend anders, als er seinen Sohn im Jahr 813 in der Aachener Pfalzka-

pelle zum Mitregenten erhob und diesen eigenhändig krönte. In jedem Fall war die Kaiserkrönung Karls ein Akt weitreichender Bedeutung. Sie stellte – sehr zum Missfallen von Byzanz – das Kaisertum im Westen in der Nachfolge Roms wieder her, die Franken traten nun endgültig das Erbe der Römer an.

802 Mit dem allmählichen Ende der kriegerischen Auseinandersetzung zwischen Sachsen und Franken wird das sächsische Volksrecht (»Lex Saxonum«) aufgezeichnet. Ziel der Rechtsaufzeichnung ist es, ein friedliches Zusammenleben zwischen Franken und Sachsen zu begünstigen.

804 Nach mehr als dreißig Jahren enden die seit 772 mit Unterbrechungen andauernden Sachsenkriege, der längste von Karl dem Großen geführte Krieg.

814 Bei seinem Tod hinterlässt Karl der Große seinen Nachfolgern ein beträchtlich gewachsenes, von den zahlreichen – oft im Geist der antiken Traditionen durchgeführten – Reformen profitierendes Vielvölkerreich. Seine letzte Ruhe findet der Kaiser in Aachen.

817 Mit der **»Ordinatio imperii«** (»Reichsordnung«) versucht **Ludwig I., der Fromme,** die Herrschaftsfolge bereits zu Lebzeiten in seinem Sinn zu regeln. Die »Reichsordnung« verfügt u. a. ein Mitkaisertum Lothars I. Dennoch können die Reichsteilungen, vorgenommen nach germanischem Vorbild, durch die »Ordinatio imperii« nicht verhindert werden – sie schwächen die karolingische Herrschaft in der Folgezeit weiterhin.

840 Die jüngeren Söhne Ludwigs des Frommen, Ludwig der Deutsche und Karl der Kahle, schließen sich zu einem Bündnis gegen ihren älteren Bruder Lothar zusammen.

MEILENSTEIN

842 **Ein frühes Zeugnis sprachlicher Verständigung**
14. Februar Der fränkische Geschichtsschreiber Nithard, ein Enkel Karls des Großen, hielt in seinem Werk ein herausragendes Zeugnis der sprachlichen Verständigung zwischen Germanen und Romanen fest – die in althochdeutscher (rheinfränkischer) und altfranzösischer Sprache verfassten »Straßburger Eide«. Durch diesen Treueschwur bekräftigten die jüngeren Söhne Kaiser Ludwigs des Frommen – Ludwig II., der Deutsche, und Karl II., der Kahle – das Bündnis gegen ihren Bruder Lothar. Während Karl auf Althochdeutsch (»in teudisca lingua«) seinen Eid leistete, bediente sich sein Bruder Ludwig des Altfranzösischen (»romana lingua«), um auch von den Vasallen des Vertragspartners verstanden zu werden. Ludwig gelobte, seinem Bruder in allen Dingen beizustehen, »so wie man seinem Bruder beistehen soll« (»si cum om dreit son fradra salvar dist«). Die altfranzösische Version der Straßburger Eide gilt als das älteste erhaltene Schriftstück in dieser Sprache.

843 Der **Vertrag von Verdun** legt den Konflikt zwischen den Söhnen Ludwigs des Frommen bei. Das Frankenreich wird in drei Teile aufgeteilt. Lothar I. wird das Mittelreich zugesprochen. Ludwig der Deutsche erhält das Ostfrankenreich, während Karl der Kahle das Westfrankenreich regiert. Auf diese Weise bleibt die Einheit des Frankenreichs ideell gewahrt.

870 Nach dem Tod Lothars I. regeln die überlebenden Söhne Ludwigs des Frommen im **Vertrag von Meersen** die Aufteilung Lotharingiens, des fränkischen Mittelreichs.

877 Nach dem Tod Karls des Kahlen zerfällt das Westfränkische Reich in Fürstentümer. Während Karolinger und Robertiner sich über mehr als ein Jahrhundert auf dem Thron des Westfrankenreichs ablösen, können sich die Könige nicht zu einer starken Zentralmacht aufschwingen.

880 Im **Vertrag von Ribemont** werden die fränkischen Reichsteile abermals neu strukturiert. Ganz Lotharingien fällt an das Ostfran-

kenreich, während Ludwig III. und sein Erzkanzler Gauzlin Franzien und Neustrien erhalten und Karlmann und Hugo, dem Abt, Burgund, Aquitanien und Gothien zugesprochen wird.

MEILENSTEIN

900 **Blühendes Handelszentrum an der Schlei**
Bis ins ferne Byzanz und nach Schweden entsandten die Wikinger ihre Schiffe von ihrer Siedlung Haithabu an der Schlei, die sich bis zum Beginn des 10. Jh. zum bedeutendsten Handelszentrum im westlichen Ostseeraum entwickelte. Schätzungsweise 1500 Menschen lebten in der Stadt, die nach einem Besuch Ottos I., des Großen, 948 zum Bischofssitz erhoben wurde. Der wirtschaftliche Aufschwung wurde durch die verkehrsgünstige Lage zwischen dem Frankenreich und Skandinavien sowie zwischen Nord- und Ostsee begünstigt. Stellvertretend für andere Handelsplätze des Ostseeraums, so das schwedische Birka, zeugt Haithabu vom kaufmännischen und handwerklichen Geschick der Wikinger. Vor allem Tonwaren, Glas und Werkzeuge wurden hier hergestellt. In seiner Blütezeit trafen selbst arabische Reisende und Händler, mit denen die Wikinger im Orient einen schwunghaften Sklavenhandel betrieben, in Haithabu ein. Nachdem Haithabu in der zweiten Hälfte des 11. Jh. von den Slawen verwüstet worden war, verschwand die Handelsmetropole bis zu ihrer archäologischen Wiederentdeckung zu Beginn des 20. Jahrhunderts.

909/910 Das Kloster Cluny in Burgund wird von Herzog Wilhelm III. gestiftet. In der Folgezeit reformieren die Cluniazenser das benediktinische Mönchtum.

911 Mit dem Tod Ludwigs IV., des Kindes, erlischt die karolingische Dynastie im Ostfränkischen Reich.

919

# Im Schatten von Burgen und Kathedralen
## Hohes und spätes Mittelalter

**919–1495**

Rechts des Rheins entwickelte sich ab dem 10.Jh. aus dem Ostfränkischen Reich das »Regnum Teutonicum«, das »Deutsche Reich«. Ottonen, Salier und Staufer stellten bis ins 13. Jh. die Könige. Erlangten sie die Kaiserwürde, beanspruchten sie eine Vorrangstellung in Europa – auch gegenüber dem Papst.

1495

# Die Herausbildung des »Regnum Teutonicum«

918 Auf dem Sterbebett bestimmt **Konrad I.**, der 911 nach dem Aussterben der ostfränkischen Karolinger zum König gewählt worden war, den Sachsenherzog Heinrich zu seinem Nachfolger. Den Ausführungen des Geschichtsschreibers **Widukind von Corvey** zufolge erklärt der sterbende Herrscher, Heil und Tugend seien nicht länger mit den Franken, sondern mit den Sachsen. Durch diesen Akt geht das bisher von den Franken als Nachfolger beherrschte »Reich der Römer« an die Sachsen über (»Translatio imperii«).

919 Vier Monate nach dem Tod Konrads I. wählen die Großen des Reichs **Heinrich I.** in Fritzlar zum König. Im Ostfränkischen Reich beginnt die Herrschaft der **Ottonen**.

Heinrichs Regierung ist gekennzeichnet durch eine Politik, die auf Festigung der neuen, ottonischen Herrschaft in Ablösung der Karolinger abzielt. Mit diplomatischem Geschick wie durch demonstrative Stärke ist der König gezwungen, den Großen im Reich zu zeigen, dass nunmehr die Sachsen zum königstragenden Volk aufgestiegen sind. Daneben ist der Beginn der ottonischen Herrschaft gekennzeichnet durch eine effektive Sicherung der Reichsgrenzen, die sowohl durch Einfälle der Normannen wie auch der Magyaren gefährdet sind.

MEILENSTEIN

921 **Königstreffen auf dem Rhein**

7. November Die Mitte des Stroms schien den Königen der geeignete Ort zu sein, um die seit über einem Jahrzehnt schwelenden Streitigkeiten beizulegen. Als die Linie der Karolinger mit dem Tod Ludwigs des Kindes im Ostfränkischen Reich erloschen und Konrad I. zum Herrscher erhoben worden war, bedeutete

dieser Akt eine tief greifende Zäsur für das karolingische Westfrankenreich. Im Vertrag von Bonn bemühten sich Heinrich I. und der westfränkische König Karl der Einfältige um einen Konsens. Symbolisierte schon der Treffpunkt mitten auf dem Rhein die Gleichrangigkeit der beiden Monarchen, so erkannten sie in dem Freundschaftsvertrag ihre legitime Herrschaft wechselseitig an – und damit ebenso ihre territorialen Besitzungen. Schon wenig später versicherte sich Karl zumindest der Neutralität der Schwurfreundschaft, indem er inmitten seiner Auseinandersetzung mit dem westfränkischen Adel eine Handreliquie des heiligen Dionysius an Heinrich schickte.

926 Der Osten des Reiches wird durch Einfälle plündernder **Magyaren** bedroht. Gegen Zahlung von Tribut gelingt es Heinrich I., einen neunjährigen Waffenstillstand zu erwirken. Der König nutzt die Atempause, um einen systematischen Burgenbau an der östlichen Grenze durchzuführen.

933 Unter Zustimmung der Großen des Reichs auf dem Hoftag in Erfurt stellt Heinrich I. die Tributzahlungen an die Magyaren ein und provoziert so bewusst einen militärischen Schlagabtausch. Am 15. 3. besiegt der König die Magyaren bei Riade an der Unstrut. Mit sich ins Feld führt er die **Heilige Lanze,** die ihm Rudolf II. von Hochburgund geschenkt hatte.

935 Der bereits schwer kranke König Heinrich I. erwirkt auf dem Hoftag in Erfurt die Unterstützung der Großen zur Wahl seines ältesten Sohnes Otto zum Nachfolger. Noch zu Lebzeiten gelingt es ihm damit, die Herrschaft über das Reich erstmals ungeteilt zu übertragen und die Dynastie der (später nach Otto benannten) Ottonen zu stärken.

936 Ottos Nachfolge wird durch die Großen bereits im Rahmen der Beisetzungsfeierlichkeiten für König Heinrich I. in Quedlinburg durch Huldigung bestätigt. Einige Wochen später erfolgt die Wahl in Aachen, mit der **Otto I., der Große,** bewusst an die von

Karl dem Großen begründete Tradition anknüpft. Mit Ottos Herrschaft, der auf einer durch seinen Vater gefestigten Grundlage regieren kann, beginnt nach Auffassung einiger Historiker die eigenständige Geschichte eines »Deutschen Reichs« Gestalt anzunehmen.

937 Zurückgekehrt nach Quedlinburg, gründet Otto I. das **Mauritiuskloster** an seinem Lieblingsort **Magdeburg.** In der Folgezeit baut der König Magdeburg zu seiner Hauptresidenz aus. Wenig später gelingt es dem neuen König, innerfamiliäre Streitigkeiten um seine Thronfolge beizulegen und auch die Opposition der Söhne des verstorbenen Bayernherzogs Arnulf zu brechen.

939 Wenig später muss sich Otto I. abermals einer Gruppe opponierender Adliger unter Führung seines Bruders Heinrich stellen, der sich mit den Herzögen **Giselbert von Lothringen** und **Eberhard von Franken** verbündet. Die Unterstützung Hermanns von Schwaben sichert dem König den Sieg bei **Andernach am Rhein.** Otto nimmt seinen abtrünnigen Bruder Heinrich daraufhin wieder auf und setzt ihn als Herzog von Lothringen ein. Das vakante Herzogtum Franken wird unmittelbar der Krone unterstellt.

941 Heinrich kann sich als Herzog von Lothringen nicht halten. Er spinnt weiter Intrigen gegen seinen Bruder Otto I. An Pfingsten wird die nächste, dieses Mal von sächsischen Adligen unterstützte Verschwörung aufgedeckt. Am Weihnachtsfest unterwirft sich Heinrich erneut seinem königlichen Bruder.

947 Otto I. übergibt seinem Bruder Heinrich das Herzogtum Bayern, auf das dieser durch sein Ehebündnis mit der Luitpoldingerin Judith Ansprüche geltend machen kann. Durch eine geschickte Heiratspolitik gelingt es Otto, alle Herzogtümer in die Hand der königlichen Familie zu bringen.

951/952 Der König zieht zur Unterstützung von Adelheid, der Witwe des italienischen Königs Lothar, nach Italien. Widerstandslos zieht Otto I. in Pavia ein und wird dort zum **»König der Langobarden«** gekrönt.

MEILENSTEIN

955 **Sieg im Glanz der Heiligen Lanze**

10. August Den Magyaren war die Gelegenheit günstig erschienen, um ein weiteres Mal innerhalb kurzer Zeit einen umfangreichen Beutezug nach Westen zu unternehmen. Otto I. schien ihnen nach Niederschlagung des weitreichenden Aufstands, in dem sich der Süden seines Reiches gegen ihn gestellt hatte, zu schwach für eine effektive Abwehr. Dennoch gelang es dem Herrscher, Truppenkontingente aus Bayern, Franken und Schwaben zusammenzuziehen, dem sich noch Kämpfer aus Böhmen anschlossen. Auf dem Lechfeld, südlich von Augsburg, kam es zur entscheidenden Schlacht, in der gemäß der Tradition der Augsburger Bischof Ulrich wie auch Handwerker aus der Stadt eine bedeutende Rolle spielten. Die Heilige Lanze, die im Kampf mitgeführt worden war, beflügelte den Ausführungen der Chronisten zufolge das Heer Ottos. In dreitägigem Kampf wurden die Magyaren vernichtend geschlagen. Die Schlacht auf dem Lechfeld setzte den jahrzehntelangen Raubzügen der Magyaren ein Ende. In der Folge wurden diese sesshaft und wenig später christianisiert.

962 Otto I. wird in der Peterskirche zu Rom zum Kaiser gekrönt. Das **Kaisertum im Westen,** das in seiner engen Anbindung an das Papsttum den Blick der Nachfolger Ottos auf die Herrschaft über Italien und Rom richtete, ohne dass für die damit einhergehenden Belastungen ein institutioneller Ausgleich geschaffen worden war, ist damit erneuert; heraufbeschworen wurde mit diesem Schritt zudem wieder die Konkurrenz zum in Konstantinopel residierenden Kaiser des Byzantinischen Reichs.

Nur wenige Tage später erlässt der Papst eine Enzyklika, in der Magdeburg zum Erzbistum und Merseburg zum Bistum erhoben wird. Der Bischof von Halberstadt, auf dessen territoriale Kosten dieser Schritt geht, verweigert sich. Die Umsetzung des Plans scheitert damit vorerst. Der frischgebackene Kaiser sichert sich jedoch weitreichende Rechte bei der Papstwahl. Das neue

Kirchenoberhaupt darf erst nach Ablegung des Treueeides vor einem kaiserlichen Gesandten geweiht werden. Wenig später ringt Otto den Römern die Zusicherung ab, dass vor der Wahl eines neuen Papstes künftig die Zustimmung des Kaisers einzuholen ist.

968 Sechs Jahre später als geplant gelingt es Otto I., die Gründung des **Erzbistums Magdeburg** auf der Synode von Ravenna durchzusetzen. Die **Reichskirche,** als deren damals bedeutendste Vertreter Ottos Bruder Bruno, Erzbischof von Köln, und sein Sohn Wilhelm, Erzbischof von Mainz, gelten, etabliert sich als Stütze der königlichen Herrschaft.

972 **Theophanu**, die Nichte des byzantinischen Kaisers **Nikephoros Phokas,** wird in Rom mit dem Thronfolger Otto II. vermählt.

973 Otto I. stirbt nach kurzer Krankheit in der Pfalz Memleben und wird seinem Wunsch gemäß an der Seite seiner ersten Gattin Editha im Dom zu Magdeburg beigesetzt.

Sein erst 18-jähriger Sohn **Otto II.** folgt ihm auf den Thron und festigt in der dritten Generation die familiäre Erbfolge. Auch unter seiner Herrschaft übt der König weiterhin maßgeblichen Einfluss auf die Papstwahl aus. Innerhalb seiner vergleichsweise kurzen Regentschaft bleibt ihm jedoch nur wenig Zeit, von eigener Hand gefestigte politische Herrschaftsstrukturen zu etablieren. Durch die Übernahme des alten römischen Kaisertitels hebt der mit einer Byzantinerin verheiratete Otto II. das westliche Kaisertum gegenüber dem östlichen, byzantinischen im Wert an.

976 In einer spanischen Handschrift lässt sich erstmals die Verwendung der arabischen Zahlen in Europa nachweisen.

978 Auf dem Magdeburger Hoftag wird der Aufstand des Bayernherzogs Heinrich des Zänkers, des Augsburger Bischofs Heinrich und des Heinrich von Kärnten, bekannt auch als der **»Aufstand der drei Heinriche«,** endgültig beigelegt. Durch die Abtrennung Kärntens und dessen Erhebung zu einem eigenen Herzogtum soll die zuvor starke Stellung Bayerns geschwächt werden.

981 Otto II. zieht nach Italien, um gegen die Araber vorzugehen. In Tarent nimmt er den römischen Kaisertitel an und nennt sich fortan »Romanorum imperator Augustus«. Die Thronwirren in Byzanz erlauben ihm, in byzantinischem Territorium weitgehend unbehelligt zu operieren. Der bisher dem byzantinischen Basileios vorbehaltene Titel wird nunmehr für den deutschen König als Anwärter auf die Kaiserkrone gebraucht.

983 Ottos II. stirbt infolge einer plötzlich auftretenden Erkrankung und wird als einziger Kaiser in Sankt Peter in Rom begraben. Sein Thronfolger, **Otto III.**, ist beim Tod seines jungen Vaters erst drei Jahre alt, sodass unweigerlich der Streit um die Vormundschaft entbrennt.

Eine wesentliche Rolle bei der Erziehung fällt dabei der Kaiserin Theophanu zu. Während der Minderjährigkeit ihres Sohnes gelingt es ihr, die Kaiserherrschaft in Italien zu sichern. Zugleich findet der Aufbau des Reichskirchensystems seinen Höhepunkt. Dieses ermöglicht Otto III., entscheidenden Einfluss auf die Papstwahlen auszuüben und seine Kandidaten an die Spitze zu bringen.

987 Die karolingische Dynastie endet im Westfränkischen Reich mit dem Tod Ludwigs V. **Hugo Capet** wird mit Unterstützung des Erzbischofs **Adalbero von Reims** zum König gewählt und begründet die Dynastie der Kapetinger.

991 Theophanu stirbt in Nimwegen und wird in Sankt Pantaleon zu Köln beigesetzt.

994 Otto III. wird im Alter von 14 Jahren mündig und damit auf dem Hoftag von Solingen regierungsfähig erklärt.

996 Der jugendliche Otto III., der Zeit seines kurzen Lebens von der »Wiederherstellung des Römischen Reiches« unter deutscher Herrschaft träumt, zieht mit großem Gefolge von Regensburg gen Italien. Im Mai wird er vom Papst in Sankt Peter zu Rom gekrönt und führt fortan den Titel »Kaiser der Römer«.

998 Der Kaiser beginnt mit dem Bau einer Pfalz am Palatin und macht sich daran, eine Verwaltung nach römisch-byzantinischem Muster aufzubauen. Gleichzeitig greift er die Form metallener Siegel wieder auf, die sowohl die Karolinger als auch sein Großvater, Otto I., gebraucht hatten. Seine erste Büste ziert die Frauenbüste der Roma, umrahmt von der Umschrift »Renovatio imperii Romani« (»Erneuerung des Römischen Reichs«).

999 Der gelehrte Cluniazenser Gerbert von Aurillac besteigt als Papst Silvester II. den Stuhl Petri. Als einer der ersten Abendländer hatte er auf der Iberischen Halbinsel das Rechnen mit arabischen Zahlen kennengelernt. Er konstruiert einen Abakus, mit dessen Hilfe die im römischen Zahlensystem schwierigen Rechenoperationen von Multiplikation und Division durchführbar sind.

vor 1000 In den Städten entlang dem Rhein entstehen bedeutende jüdische Gemeinden. Speyer, Worms und Mainz entwickeln sich zu den geistigen Zentren des abendländischen Judentums.

1000 Der Tag des »Jüngsten Gerichts« den viele Zeitgenossen für den Jahrtausendwechsel befürchtet hatten, bleibt aus.

Im Zeichen der Erweiterung der Einflusssphäre des Reichs im Osten setzt Otto III. auf die Gründung neuer Bistümer. Vor diesem Hintergrund erfolgt die Einrichtung der Erzbistümer Gnesen (1000) und Gran (1001), mit denen zugleich eigene Kirchenprovinzen in Polen und Ungarn entstehen. Otto III. schließt mit Boleslaw Chrobry einen Freundschaftsvertrag. Aus diesem Anlass erhält Boleslaw eine Nachbildung der Heiligen Lanze, die wie das angebliche Original einer Kreuznagelreliquie enthält.

1002 Zu Jahresbeginn stirbt der kaum 21-jährige Otto III. kinderlos auf seinem Zug nach Italien und wird in Aachen beigesetzt – und nicht in Rom, wie er selbst es sich gewünscht hat.

Angesichts der unklaren Nachfolgesituation ergreift der Bayernherzog Heinrich die Initiative und fordert den unter Führung des Erzbischofs Heribert von Köln stehenden Geleitzug des kaiserlichen Leichnams in Polling zur Herausgabe der Insignien und der Überstellung der Heiligen Lanze auf. Heribert wird einstweilen als Geisel genommen. Nachdem schließlich auch die Sachsen einer Nachfolge durch Heinrich zustimmen, kann sich dieser als neuer Herrscher durchsetzen – er wird der letzte Ottone auf dem Thron.

Heinrich II. setzt die übergeordneten Strukturen der Politik seiner Vorgänger fort, konzentriert sein politisches Interesse jedoch weniger auf Italien denn auf das Reich. Nicht einheitlich bewertet wird in der Forschung Heinrichs Haltung zu einer »Renovatio regni Francorum« (»Erneuerung des Fränkischen Reiches«), die er zumindest in der Umschrift seines Siegels zum politischen Programm erklärt. Große Bedeutung spielte die Kirchenpolitik, darunter die Wiedereinrichtung des Bistums Merseburg sowie die Gründung des Bistums Bamberg als neues Zentrum der Mission im Osten und neue Hauptresidenz des Kaiserpaares.

Heinrichs Frömmigkeit, nicht zuletzt die Kinderlosigkeit der Ehe, die von den Zeitgenossen als besonderes Zeichen ehelicher Keuschheit interpretiert wird, führen nur wenige Jahrzehnte nach dem Tod des Kaisers zu dessen Heiligsprechung. Auch seine Gemahlin Kunigunde wird in der Folge heiliggesprochen.

MEILENSTEIN

1007 **Eine Morgengabe wird zum Bistum**

1. November Auf der Reichssynode in Frankfurt am Main nahm der Plan des Königs reale Gestalt an. Bamberg, der Lieblingsort Heinrichs II. und Morgengabe seiner Gemahlin Kunigunde, wurde zum Bistum erhoben. Unproblematisch war dieser Schritt, mit dem der Herrscher sich ein neues, eigenes Machtzentrum innerhalb des Reiches zu schaffen suchte, allerdings nicht. Immerhin gehörte der größte Teil des vorgesehenen Bistumsgebiets zum Gebiet der Würzburger Diözese, ein anderer zum Bistum Eichstätt. Heinrichs diplomatische Bemühungen im Vorfeld der Synode, mit großzügigen Versprechungen den Würzburger Bischof auf seine Seite zu ziehen, schlugen fehl. Der Oberhirte erschien

nicht auf der Versammlung und sein eingesetzter Stellvertreter setzte alles daran, die Stimmung gegen den König anzuheizen. Heinrich II. hingegen verteidigte sein Vorhaben mit dem Verweis auf die Notwendigkeit, ein Missionsbistum für den Osten einzurichten und zugleich das Machtvakuum zu füllen, das sich mit der Unterwerfung Heinrichs von Schweinfurt ergeben hatte. Es war der Mainzer Erzbischof Willigis, der dem königlichen Plan letztlich die Zustimmung der Synode zu sichern verhalf. Bamberg stieg nun zur königlichen Hauptresidenz auf. Das Bistum wurde in der Folge mit reichen Schenkungen ausgestattet und kurz darauf unmittelbar dem Heiligen Stuhl unterstellt.

1024 Auf dem Höhepunkt seiner Macht erkrankt Heinrich II. schwer und stirbt in der Pfalz Grona. Beigesetzt wird er seinem Wunsch gemäß im Bamberger Dom. Mit dem Tod des kinderlos verstorbenen Heinrich II. erlischt das Haus im Mannesstamm. Gemäß dem Erbrecht gibt es indes potenzielle Thronanwärter, aus denen das Geschlecht der Salier triumphierend hervorgeht.

## Dynastiewechsel zu den Saliern

1024 In Kamba wird der 35-jährige Salier **Konrad II.** von einer Versammlung der geistlichen und weltlichen Großen des Reichs zum Nachfolger Heinrichs II. gewählt. Das Herrschaftszentrum des Reichs verschiebt sich nun an den Rhein, wo die Salier um Worms und Speyer begütert sind. In **Speyer** wird nur wenige Monate nach Konrads Thronbesteigung der Grundstein zur Krypta des Kaiserdoms gelegt, der den Saliern als Grablege dient.

Konrad bleibt für die Dauer seiner Regierung ein rastloser Herrscher. Durch seine Präsenz an den Unruheherden versteht er es, die Opposition in Schach zu halten. Außenpolitisch zeigt er sich als geschickter Diplomat, der Spannungen v. a. in Italien – im Gegensatz zu zahlreichen anderen Kaisern des Heiligen Römischen Reichs – nicht immer mit Krieg zu lösen weiß.

Tatkraft und hartes Durchgreifen zeichnen den Herrscher aus. Von besonderer Bedeutung ist seine Gesetzgebung zum Lehenswesen: Die Stellung der Untervasallen, die eine tragende Basis königlicher Herrschaft sind, wird ausgebaut. Konrad festigt die zentrale Macht im Reich, das durch den Zuwachs von Burgund eine herausragende Stellung im Verbund der europäischen Reiche einnimmt. Zugleich gelingt es ihm, die östlichen Reichsgrenzen zu sichern.

1033 Nach dem Tod Rudolfs III. übernimmt Konrad II., wie zuvor im Vertrag von Basel festgelegt, als König die Herrschaft über Burgund. Mit der Angliederung Burgunds an das Reich regiert Konrad in Personalunion als Erster die drei Königreiche »Deutschland«, »Italien« und »Burgund«.

1039 Konrad II. stirbt in Utrecht, wo seine Eingeweide beigesetzt werden. Der Leichnam findet seine letzte Ruhe in der Vorkrypta des Domes zu Speyer.

1046 **Heinrich III.**, der Konrad II. auf den Thron folgt, betreibt mit den **Synoden von Sutri und Rom** entscheidende Schritte zur Kirchenreform. Unter dem Einfluss des Saliers werden die drei Päpste Gregor VI., Silvester III. und wenig später auch Benedikt IX. abgesetzt. Nach der Beseitigung des Schismas geht Heinrich daran, die Vormachtstellung der römischen Familien bei der Besetzung des Stuhles Petri zu brechen. Der Bamberger Bischof Suitger wird an Weihnachten als Papst **Clemens II.** neues Oberhaupt der Christenheit und krönt Heinrich III. zum Kaiser.

1054 Das **»Schisma von 1054«** (»Morgenländisches Schisma«) beginnt, als sich die Oberhäupter der Ost- und der Westkirche vor dem Hintergrund ihres jeweiligen universalen Herrschaftsanspruchs gegenseitig bannen. Damit wird die Christenheit nachhaltig in eine römische und eine orthodoxe Kirche gespalten.

1056 Der erst sechsjährige **Heinrich IV.** wird als Nachfolger seines Vaters König. Die Kaiserwitwe Agnes stützt sich während der Unmündigkeit ihres Sohnes auf einflussreiche Berater, darunter den Abt Hugo von Cluny als Taufpate Heinrichs IV. und den mächtigen Erzbischof **Anno von Köln**.

Die Herrschaft Heinrichs steht unter keinem guten Stern. Zeitlebens muss sich der Herrscher gegen eine starke Opposition behaupten. Prägend für seine Geschicke ist der lange Investiturstreit mit den Reformpäpsten. Durch die Auseinandersetzung mit dem Papst wird die Natur des Königtums selbst infrage gestellt. Der gebannte Heinrich kann durch den Bußgang nach Canossa nur mir knapper Not seiner Absetzung entgehen. Doch auch in der Folgezeit bleibt seine Position im Reich schwierig, bis er am Ende seines Lebens durch den Verrat des eigenen Sohnes von diesem gefangen gesetzt wird und kurz nach seiner Flucht stirbt.

1062 Anno von Köln übernimmt die Führung der Reichsregierung, nachdem er den jungen Heinrich IV. auf einem Schiff bei Kaiserswerth in seine Obhut gebracht hat.

1065 In Worms findet die Schwertleite Heinrichs IV. statt. Der Trierer Erzbischof Eberhard erteilt dabei den Segen. Gottfried der Bärtige trägt den Schild für den jungen König. Einige Monate später übernimmt Heinrich die Regierung. Seine Mutter Agnes zieht sich zur Buße nach Rom zurück.

1066 **Wilhelm der Eroberer**, Herzog der Normandie, setzt mit einer gewaltigen Flotte nach England über, um seine Ansprüche auf den englischen Thron geltend zu machen. In der **Schlacht bei Hastings** bezwingt er seinen Kontrahenten Harold Godwinson. Wilhelm zieht daraufhin nach London und lässt sich zum König krönen. Damit begründet er die Herrschaft der Normannen in England. Die Ereignisse im Umfeld der normannischen Invasion und der Schacht von Hastings werden in einem kostbaren

Wandschmuck, dem **»Teppich von Bayeux«**, für die Nachwelt festgehalten.

1071 In der **Schlacht bei Mantzikert** erleidet das byzantinische Heer eine schwere Niederlage gegen die in Kleinasien vorrückenden Seldschuken. Das Byzantinische Reich erlebt daraufhin eine schwere innenpolitische Krise.

1073 Der Benediktinermönch Hildebrand besteigt als Papst **Gregor VII.** den Stuhl Petri und macht sich daran, die Reform des Papsttums energisch voranzutreiben. Seine Kampfansage gilt der Simonie, d.h. der Verleihung geistlicher Ämter gegen Geld, der Priesterehe und der Laieninvestitur, d.h. der Einsetzung in das geistliche Amt durch weltliche Regenten.

1075 Teil von Gregors VII. Reformplänen ist es, den universalen Herrschaftsanspruch des Papstes gegenüber den weltlichen Herrschern durchzusetzen. Dieses legt Gregor im Memorandum **»Dictatus Papae«** nieder, demzufolge das Oberhaupt der Kirche zur Absetzung weltlicher Herrscher berechtigt ist. Mit diesem Anspruch untergräbt der Papst die Auffassung von einem gottgewollten Königtum, was die Herrscher zu Reaktionen herausfordert. Heinrich IV. gerät dabei in den Mittelpunkt des Konflikts.

1076 Heinrich IV. lässt nach Einberufung einer Reichsversammlung nach Worms zwei Briefe verfassen, in denen er mit Härte auf das Memorandum des Papstes reagiert. In dem einen Schreiben ruft er in seiner Funktion als weltlicher Schutzherr (»patricius«) Roms die Römer auf, gegen den Papst vorzugehen. Weiterhin verlangt er von Gregor VII., den Stuhl Petri zu verlassen, auf den er kein Anrecht habe. In noch schärferem Ton wird das zweite, direkt an den Papst gerichtete Schreiben formuliert. Darin wird Gregor als »Hildebrand, nicht mehr Papst, sondern falscher Mönch« angeredet. Direkt fordert Heinrich IV. Gregor zur Abdankung auf und beschuldigt ihn, durch Gewalt und Simonie zu seinem Amt gelangt zu sein. Damit beginnt der sogenannte **Investiturstreit.** In seinem Mittelpunkt steht die Frage, wer zur

Einsetzung der Bischöfe und Äbte sowie zur zeremoniellen Verleihung von Ring und Stab berechtigt ist.

Die Antwort des Papstes auf Heinrichs Schreiben lässt nicht lange auf sich warten. Auf der **Fastensynode im Lateran** wird der König von Gregor VII. exkommuniziert und für abgesetzt erklärt. Heinrichs Untertanen entbindet der Papst von allen gegenüber dem Herrscher geleisteten Eiden. Die Fürsten schwören sich daraufhin bei einer Versammlung in Tribur gegenseitig, Heinrich nicht länger als König anzuerkennen, wenn dieser nicht innerhalb eines Jahres und eines Tages nach dem päpstlichen Bannspruch wieder in den Schoß der Kirche aufgenommen wird.

1077 In Forchheim wählt eine schwäbisch-sächsische Fraktion mit Rudolf von Rheinfelden den ersten Gegenkönig der deutschen Geschichte – sein Herrschaftsanspruch endet 1080 nach der Schlacht an der Weißen Elster in Thüringen, in der Rudolf den Tod findet.

MEILENSTEIN

1077 **Ein König barfuß im Schnee**

25. Januar Tagelang soll König Heinrich IV. barfuß und nur mit dem Büßergewand bekleidet vor der Burg von Canossa ausgeharrt haben, um Papst Gregor VII. endlich zur Aufhebung des Kirchenbanns zu bewegen. Viel Zeit blieb ihm nicht mehr. Im Oktober des Vorjahres hatte eine Versammlung der Fürsten in Tribur entschieden, dass sich der König bis zum Jahrestag des Bannspruchs von der Exkommunikation lösen müsse, wenn er seiner Absetzung entgehen wolle. Die Frist nahte heran. Die Versammlung hatte den Papst für den 2. 2. nach Augsburg eingeladen, um den Streit beizulegen. Drei Tage lang ließ Gregor VII. den König im Schnee warten, bis er diesen vom Bann löste und mit diesem Schritt wieder in die Kirchengemeinschaft aufnahm. Maßgeblichen Anteil daran hatte die Fürsprache Mathildes von Tuszien wie auch des Abtes Hugo von Cluny, des Taufpaten Heinrichs IV. Der Bußgang nach Canossa wird in der historischen Forschung sehr unterschiedlich beurteilt. Während manche Historiker die

These vertreten, dass Heinrichs Bußgang nach Canossa einen nachhaltigen Prestigeverlust königlicher Herrschaft bedeutete, betonen andere, dass der gebannte König den Papst mit seiner theatralischen Inszenierung in Wahrheit nur »genarrt« habe.

1085 König **Alfons VI.** erobert die alte westgotische Hauptstadt Toledo von den Muslimen zurück und treibt damit die Reconquista der Iberischen Halbinsel weiter voran.

um 1087 Der aus Nordafrika stammende und nach Italien geflohene Gelehrte **Constantinus Africanus** stirbt, nachdem er die wichtigsten medizinischen Werke aus dem Arabischen ins Lateinische übersetzt hat. Damit werden die Wissensschätze aus dem Orient erstmals im Abendland zugänglich.

1095 Auf dem Konzil von Clermont ruft Papst Urban II. zur Teilnahme am **Kreuzzug** auf. Unter dem jubelnden Ruf der Massen, »Gott will es!«, beginnt der erste Kreuzzug in die Levante. Während die Ritter ihren langen Marsch sorgfältig vorbereiten, machen sich die Horden des »Volkskreuzzugs« umgehend auf den Weg. Die Ritterheere ziehen einige Monate später auf unterschiedlichen Routen los. An ihrer Spitze stehen hohe Adlige, jedoch kein König.

MEILENSTEIN

1096 **Judenmassaker am Rhein**

Frühjahr Der Beginn der Kreuzzüge zum Ende des 11. Jh. bedeutete für die Juden unter christlicher Herrschaft einen tiefen Einschnitt und bildete den Auftakt zu einer Vielzahl von Pogromen. Viele Zeitgenossen gaben den Juden die Schuld am Kreuzestod Christi. Für diesen Frevel Rache zu nehmen, erschien vielen Kreuzfahrern als Teil ihres »gottgewollten« Werkes. Eine ausschlaggebende Rolle für die Judenmassaker im Umfeld des ersten Kreuzzuges spielte aber nicht zuletzt die Aussicht auf Plünderung jüdischer Habe. Nachdem die jüdische Gemeinde von Rouen in der Normandie als erste von den Horden des »Volkskreuzzugs« heimgesucht worden war, traf es im Frühling des Jahres 1096 die blühenden Gemeinden entlang dem Rhein. Kaiser Heinrich IV. war zu dieser Zeit aufgrund des Konflikts mit Welf II. in Italien gebunden. In Speyer gelang es dem Bischof, die Gewalt abzuwenden und die Juden weitgehend vor Übergriffen zu schützen. Doch in Mainz, Worms und anderen Städten am Mittelrhein verübten Teilnehmer des Volkskreuzzuges, angeführt von Graf Emicho von Leiningen sowie dem Prediger Folkmar und angetrieben von der unheilvollen Kombination aus religiöser Inbrunst und Beutegier, ein Blutbad.

1098 **Robert von Molesme** gründet das Kloster Cîteaux. Die Zisterzienser treten in ihrer Bedeutung als geistige Richtungsgeber allmählich die Nachfolge der Cluniazenser an, die für die Vorbereitung des ersten Kreuzzuges eine tragende Rolle spielten.

Die Kreuzfahrer erreichen den Vorderen Orient. Nach monatelanger Belagerung gelingt die Eroberung von **Antiochia.** In **Edessa** wird die erste Kreuzfahrerherrschaft eingerichtet.

1099 Im Sommer erobern die Kreuzfahrer Jerusalem und verüben ein Massaker unter den Einwohnern der Heiligen Stadt. Der Herzog von Niederlothringen, Gottfried von Bouillon, wird erster lateinischer Herrscher. Nicht letztlich gesichert ist, dass er auf den Königstitels verzichtete und sich stattdessen **»Advocatus sancti sepulchri«** (»Beschützer des Heiligen Grabes«) nennt. Angeblich will er in der Stadt, in der Christus die Dornenkrone aufs Haupt gesetzt wurde, keine Krone aus Gold tragen. Gottfried regiert nur kurz. Sein Bruder Balduin folgt ihm nach und lässt sich in Bethlehem zum König des Lateinischen Königreichs Jerusalem krönen.

1105 Heinrich V. nimmt seinen Vater Heinrich IV. auf der Burg Bockelheim an der Nahe gefangen. Auf einer Versammlung in Ingelheim zwingt er ihn wenig später zur Abdankung.

1106 Heinrich IV. kann aus der Gefangenschaft fliehen, stirbt aber kurze Zeit später in Lüttich. **Heinrich V.** übernimmt die Herrschaft im Reich. Er ist der erste Herrscher, der seinen Vater absetzt und sich durch die Unterstützung des Papstes zum Herrscher krönen kann. Bei seinem Herrschaftsantritt ist der Investiturstreit noch immer nicht beigelegt. Anfangs setzt der neue Herrscher den von seinem Vater eingeschlagenen Konfliktkurs fort, bevor im Wormser Konkordat schließlich eine Lösung gefunden wird. Am Ende seiner Herrschaft ist die Stellung des Königtums stark geschwächt, während besonders im östlichen Teil des Reichs weltliche wie geistliche Fürsten an Macht gewinnen. Daneben bereitet die Herrschaft Heinrichs V. dem späteren Aufstieg der Staufer den Weg.

1107 In Frankreich wird der Investiturstreit beigelegt. In England wird ein Konkordat geschlossen, durch das die Querelen um die Investitur ebenfalls beigelegt werden.

1111 Heinrich V. erklärt im **Vorvertrag von Turri und Sutri** seinen Verzicht auf das Recht der Investitur. Papst Paschalis II. verpflichtet sich im Gegenzug, alle Bischöfe und geistlichen Würdenträger zur Rückgabe der königlichen Rechte und Güter anzuhalten.

um 1119 Unter Führung **Hugos von Payns,** eines Adligen aus der Champagne, schließen sich Ritter zu einer Gemeinschaft zum Schutz der Pilgerwege zwischen Jerusalem und der Küste zusammen. König Balduin überlässt ihnen den sogenannten Templum Salomonis, die Al-Aksa-Moschee, auf dem Jerusalemer Tempelberg als Hauptquartier. In der Folge entwickelt sich aus der Gemeinschaft rasch der Orden der **Templer.**

MEILENSTEIN

1122 **Das Ende des Investiturstreits**

23. September Der Papst, und nur er allein, hatte das Recht, die Investitur der Bischöfe und Äbte mit Ring und Stab vorzunehmen. Im Wormser Konkordat legten Papst Calixt II. und Hein-

rich V. den schon über Jahrzehnte währenden Investiturstreit formal bei. Der dort formulierte Kompromiss sah vor, dass der König freie Wahlen und Weihen der Bischöfe und Äbte zuließ und das Kirchengut zurückerstattete, das er und sein Vater Heinrich IV. an sich gezogen hatten. Im Gegenzug räumte Calixt II. dem König ein, bei der Bischofswahl anwesend zu sein. Ferner sollte der Gewählte im Reich noch vor seiner Weihe die sogenannte Regalieninvestitur mit dem Zepter durch den König erhalten. In diesem Zusammenhang fand erstmals der Begriff »Deutsches Reich« (»Regnum Teutonicum«) Verwendung, der sich in der Folgezeit durchsetzte. Jeder Investierte war dem Monarchen zum Königsdienst (»servitium regis«) wie zur Leistung des Treueeides verpflichtet – Bischöfe und Äbte nahmen nunmehr den Rang königlicher Vasallen ein.

1122 Nachdem die Übereinkunft des Wormser Konkordats vor den Toren der Stadt verlesen worden war, löst der Papst den Bann über Heinrich V. und nimmt den König mit der Feier des Abendmahls wieder in die Gemeinschaft der Kirche auf.

1125 Heinrich V. stirbt kinderlos in Utrecht, womit die Dynastie der Salier erlischt. Sein Leichnam wird nach Speyer überführt und im Kaiserdom beigesetzt. Seine Witwe Mathilde kehrt nach England zurück. Sie heiratet den Grafen Gottfried von Anjou. Aus der Eheverbindung entstammt der spätere englische König Heinrich II. Der von Heinrich V. auf dem Totenbett zum Nachfolger designierte Herzog Friedrich von Schwaben wird von den Fürsten nicht unterstützt. Ein vierzigköpfiges Wahlmännergremium wählt stattdessen den 52 Jahre alten, kinderlosen Herzog von Sachsen, **Lothar III.**, zum König – mit diesem Akt, in dem rivalisierende Fürstengruppen die Thronfolge zu objektivieren trachten, beginnt der Streit zwischen Welfen und Staufern.

# Könige und Kaiser der Staufer

1127 **Roger II.** gründet in Süditalien das normannische Königreich beider Sizilien.

1138 Nach langem Streit um die Thronfolge wird schließlich **Konrad III.**, der sich als Gegenkönig gegen den 1137 verstorbenen Lothar III. erhoben hatte, als erster Staufer zum König des Reichs gewählt. Seine Macht steht auf einer schwachen Grundlage, die Konrad durch geschickte Heiratspolitik und Förderung etwa der Städte und Orden wie der Zisterzienser zu stärken sucht. Einen Mittelpunkt seiner Herrschaft nimmt die Auseinandersetzung mit den mächtigen Welfen ein, die dem König erfolgreich die Stirn bieten und an seinen Kräften zehren. Eine zusätzliche Schwächung bringt die glücklose Teilnahme am zweiten Kreuzzug, in dessen Rahmen sich der Versuch der Eroberung von Damaskus als entscheidender Strategiefehler erweist. Immerhin gelingt es Konrad, die dynastische Folge zu sichern.

1144 Die Kreuzfahrerherrschaft Edessa wird von den Muslimen unter Führung des Atabek Zengi zurückerobert. Der Papst ruft in der Folge zum zweiten Kreuzzug auf.

1146 Der charismatische Zisterzienserabt **Bernhard von Clairvaux** überredet Konrad III., das Kreuz zu nehmen.

1148 Der Zug ins Heilige Land endet erfolglos. Nachdem die Kreuzfahrer einen Angriff auf **Damaskus** starten, müssen die unzureichend vorbereiteten Christen die Belagerung aufgeben. Konrad III. reist nach Europa zurück. Heinrich II. wird von Papst Eugen III. heiliggesprochen.

1152 Konrad III. stirbt noch, bevor die Streitigkeiten mit **Heinrich dem Löwen** beigelegt sind. Der König wird im Bamberger Dom beigesetzt. Auf dem Königsthron folgt ihm **Friedrich I. Barbarossa** nach. Nicht zuletzt durch seine lange Regierungszeit von nahezu vier Jahrzehnten ist Friedrich I., der Kaiser mit dem »roten Bart«

(»Barbarossa«), eine der prägendsten Herrschergestalten des deutschen Mittelalters. Es gelingt ihm durch ebenso kluges diplomatisches Taktieren wie durch politische Stärke, die langjährigen Auseinandersetzungen mit den Welfen beizulegen. Dabei verbringt der Kaiser einen großen Teil seines Lebens im Sattel, um sowohl im Reich als auch in Italien die Verhältnisse in seinem Sinn zu ordnen.

Kennzeichnend für die Herrschaft Friedrichs I. ist die Hinwendung zu einem »Heiligen Reich« (»Sacrum Imperium«), die sowohl durch die Überführung der Gebeine der Heiligen Drei Könige nach Köln als auch durch den Versuch der Heiligsprechung Karls des Großen äußerlich Gestalt annimmt. Das »Heilige Reich«, so wurde mit der Bezeichnung zum Ausdruck gebracht, sei dabei kein Ableger der »heiligen Kirche«, sondern eine eigenständige, gleichwertige Größe.

Aus dem »Sacrum Imperium«, 1157 erstmals in Urkunden Friedrichs I. Barbarossa erwähnt, entwickelt sich die 1254 erstmals in den Königsurkunden auftauchende Bezeichnung »Sacrum Romanum Imperium«; in deutscher Sprache tritt dieses »Heilige Römische Reich« erstmals bei Karl IV. auf. Der Zusatz »deutscher Nation« (»Nationis Germanicae«) ist erstmals 1486 in einem Reichsgesetz belegt und wurde als Gesamtformel ab 1512 gebräuchlich – als Einschränkung der »deutschen Lande« gegenüber den Reichsteilen Italien und Burgund. Bereits im 11. Jh. aufgekommen war die Bezeichnung »Römischer König« (nicht: »Deutscher König«) für den noch nicht zum Kaiser gekrönten König im Heiligen Römischen Reich.

Um regieren zu können, sind die Könige des Heiligen Römischen Reichs auf die Mitwirkung der großen Reichsfürsten – etwa der Herzöge von Sachsen, Bayern, Schwaben – angewiesen. Bedingt durch die föderale Struktur, die das Reich von anderen Monarchien Europas grundlegend unterscheidet, ringen sie mit Landesregenten um die Macht – beginnend bei der Frage, wer in der

»Wahlmonarchie« überhaupt zum König gewählt werden soll und zu welchen in der »Wahlkapitulation« genannten Bedingungen der Prätendent die Thronfolge antreten kann.

1154 Friedrich I. bricht zu seinem ersten Italienzug auf und wird von Papst Hadrian IV. zum Kaiser gekrönt. Dennoch werden die Spannungen mit dem Papsttum ebenso offensichtlich wie die Konflikte mit den oberitalienischen Städten, die die Kräfte des Herrschers immer wieder binden.

MEILENSTEIN

1164 **Die Heiligen Drei Könige von Köln**

23. Juli Ein besonders kostbares Geschenk brachte der Reichskanzler und Erzbischof von Köln aus Italien mit an den Rhein. Während der Belagerung von Mailand hatte Kaiser Friedrich I. Barbarossa 1158 die Gebeine der Heiligen Drei Könige, die der frommen Überlieferung zufolge seit Jahrhunderten in der Kirche des heiligen Eustorgius ruhten, heben und zunächst in das innerstädtisch gelegene Gotteshaus von Sankt Georg bringen lassen. Kurz darauf übergab er die wertvollen Reliquien in die Obhut seines Reichskanzlers. Die Symbolkraft, die der Besitz der heiligen Gebeine der »ersten christlichen Könige« gleichsam programmatisch für das Reich bedeutete, lässt sich kaum überschätzen. Sie war gegenüber dem Heiligen Stuhl ein deutliches Zeichen von staufischer Machtentfaltung und ein Herrschaftsverständnis, das sich auch durch die Hebung der Gebeine Karls des Großen manifestierte. Die Gebeine der Heiligen Drei Könige, für die ein prächtiger, goldener Schrein gefertigt wurde, bescherten Köln in der Folgezeit Ströme von Pilgern. Der Ansturm der Gläubigen war ein Grund für den Bau einer neuen, großen Kathedrale.

1165 Nach der von Rainald von Dassel inspirierten Aufhebung der Gebeine Karls des Großen lässt Friedrichs I. Barbarossa den Karolinger durch den Gegenpapst Paschalis II. heiligsprechen. Die Heiligsprechung wird jedoch nicht allgemein anerkannt.

1167 Bei der Belagerung von Rom grassiert eine Seuche im Heer Friedrichs I., der viele weltliche und kirchliche Würdenträger zum Opfer fallen, darunter auch der Kölner Erzbischof Rainald von Dassel.

1176 In der **Schlacht bei Legnano** wird das Heer Friedrichs I. Barbarossa von den lombardischen Truppen besiegt, als Friedrichs Vetter, Heinrich der Löwe, unerwartet seine Hilfe verweigert. In der Folge kommt es zu Verhandlungen und Friedensschlüssen zwischen Friedrich und Papst Alexander III. sowie dem Lombardenbund.

1178 bis 1181 Heinrich der Löwe, der im Nordwesten des Reichs nach einer königsgleichen Stellung strebende Herzog von Sachsen und Bayern, bleibt eine Quelle der Unruhe im Reich. Der Welfe wird von seinem Vetter Friedrich I. Barbarossa im Rahmen zweier Prozesse seiner Lehen enthoben.

1179 Das dritte Laterankonzil erlässt umfangreiche Bestimmungen über den Umgang mit Leprakranken. Diese sollen nicht mit Gesunden zusammenleben, sondern gemeinschaftlich in einem eigenen Haus untergebracht sein. Dazu kommen ein eigenes Gotteshaus sowie ein eigener Friedhof.

**Hildegard von Bingen** stirbt hochbetagt in ihrem Kloster Rupertsberg. Zeit ihres Lebens hat sie Visionen, die sie ebenso wie ihre Konzepte zur Krankenbehandlung niederschreibt. Ihre Werke finden bei den Zeitgenossen weite Verbreitung.

MEILENSTEIN

1184 **Prunkvolle Schwertleite der Königssöhne**

20. Mai Es war ohne Frage der glanzvollste Hoftag unter seiner Herrschaft. Kaiser Friedrich I. Barbarossa nutzte die einstweilige Ruhe nach Beilegung der Zwistigkeiten in Italien, um nun auch die schwelenden Unruheherde im Reich zu löschen, und lud nach Mainz. Höhepunkt des Mainzer Hoftages war die Schwertleite der beiden Söhne Friedrichs I., Heinrichs und Friedrichs,

am Pfingstmontag. Graf Balduin von Hennegau fiel die ehrenvolle Aufgabe zu, das Schwert in einer feierlichen Prozession zu Erzbischof Konrad von Wittelsbach in den Mainzer Dom zu bringen. Scharen von Menschen aus dem Reich und den umgebenden Ländern strömten an den Rhein, um Zeugen des prunkvollen Schauspiels zu werden. In der Rheinebene hatte der Kaiser eigens eine hölzerne Feststadt errichten lassen, wo Narren, Dichter, Gaukler und Spielleute die Festgäste mit ihrer Kunst erfreuten. Der Hoftag verfehlte seinen Zweck nicht. So kam auch Heinrich der Löwe nach Mainz, um Friedrich I. ein englisches Bündnisangebot gegen Frankreich zu unterbreiten. Zwar resultierte hieraus keine Versöhnung der beiden Kontrahenten, doch wies der Kaiser den Bündnisvorschlag nicht von der Hand.

1187 Das größte Heer, das das Lateinische Königreich Jerusalem aufzubieten hat, wird von Sultan **Saladin** in der **Schlacht bei den Hörnern von Hittin** in Galiläa nahezu vollständig aufgerieben. Wenig später fällt Jerusalem in die Hand der Muslime. Der Fall Jerusalems löst den dritten Kreuzzug aus.

1189 Friedrich I. Barbarossa bricht ebenso wie der englische König **Richard I. Löwenherz** und der französische König **Philipp II. Augustus** zum Kreuzzug in den Orient auf. Auf dem Zug ertrinkt der 70-jährige Barbarossa wenige Monate später im Fluss Saleph.

MEILENSTEIN

1190 **Im Feldlazarett vor den Toren von Akko**

Medizinische Hilfe war während der monatelangen Belagerung der Hafenstadt Akko durch die von Richard I. Löwenherz und dem französischen König Philipp II. Augustus angeführten Kreuzfahrer oft vonnöten. Nach den tragischen Ereignissen auf ihrem Marsch hatte nur ein kleines Kontingent deutscher Kreuzfahrer das Heilige Land erreicht und an der Eroberung Akkos teilgenommen. Einige von diesen schlossen sich angesichts der Verwundeten, Kranken und Bedürftigen zu einer Spitalbruderschaft zusammen, aus der sich in der Folgezeit der Deutsche Orden entwickeln sollte. Dabei folgte der geistliche Ritterorden dem Beispiel der Johanniter und Templer. Im Unterschied zu diesen international geprägten Gemeinschaften gehörten dem Deutschen Orden v. a. Brüder aus dem deutschsprachigen Reichsgebiet an. Das Hauptspital des Deutschen Ordens in der Levante war kleiner als das der Johanniter, verfügte jedoch ebenso über Heilkundige zur Behandlung der Kranken. Nach dem Fall des Heiligen Landes bezog der Orden zunächst ein neues Hauptquartier in Venedig und verlegte dieses im Jahr 1309 ein weiteres Mal – in die Marienburg in Ostpreußen.

1194 In Jesi in der Mark Ancona erblickt **Friedrich II.** das Licht der Welt. Der spätere König und Kaiser besucht das Reich nur selten. Er ist seiner süditalienischen, multikulturellen Heimat verwurzelt, die auch sein Leben maßgeblich prägt. Zu jung, um die Nachfolge seines Vaters bereits anzutreten, wird er zunächst zur Schachfigur in einem Spiel unterschiedlicher Interessen. Kennzeichnend für seine spätere Herrschaft sind sowohl die Härte, mit denen er seine Ziele verfolgt, wie eine exquisite Bildung auf der anderen Seite. Er fördert die Wissenschaften, in denen er sich selbst betätigt. Dies bringt ihm in den Augen feindlich gesinnter Zeitgenossen den Ruf einer unheimlichen Aura.

Wohl kein zweiter Herrscher ist bereits zu Lebzeiten so zwiespältig beurteilt worden. Für die einen ist er »das Staunen der Welt« (»stupor mundi«), für die anderen ein unheimlicher Ketzer. Er korrespondiert mit orientalischen Herrschern über die Falkenzucht und verfasst auf Anregung seines Sohnes Manfred ein eigenes Buch über die Falkenjagd. Gebannt, weil er seinem Eid entsprechend nicht zum geplanten Zeitpunkt zum Kreuzzug aufbricht, schifft er sich schließlich doch in Richtung auf die Levante ein. Kampflos gelingt es Friedrich, der die arabische Sprache beherrscht, im Vertrag von Jaffa den Sultan al-Kamil zur zeitweiligen Überlassung Jerusalems zu bewegen. Besonders die spätere Herrschaftsphase ist geprägt durch eine lang anhaltende Auseinandersetzung mit dem Papsttum. Friedrich beharrt darauf, dass Gott allein den König bestimmt. Der Kaiser stirbt, ohne dass der päpstliche Bann gelöst ist.

1198 Bei der Doppelwahl im Heiligen Römischen Reich kann sich **Otto IV. von Braunschweig** gegen **Philipp von Schwaben** durchsetzen, wird jedoch später von dem bayerischen Herzog Otto von Wittelsbach ermordet.

um 1200 Im Umfeld des Passauer Bischofs Wolfger von Erla verfasst ein anonymer Dichter das »**Nibelungenlied**«.

1202 Der Italiener **Leonardo Fibonacci** macht in seinem Werk »Liber abbaci« das arabische Zahlensystem im Abendland bekannt.

1212 Friedrich II. wird zum König des Heiligen Römischen Reichs gewählt.

1214 Infolge der verlorenen **Schlacht von Bouvines** verliert der englische König Johann I. »ohne Land« durch den Frieden von Chinon alle Besitzungen nördlich der Loire einschließlich der Normandie. Nur das Herzogtum Aquitanien (Guyenne) bleibt englisches Lehen auf dem Kontinent und wird in der Folgezeit mehrfach zum Gegenstand der Auseinandersetzungen zwischen England und Frankreich. Diese gipfeln in der ersten Hälfte des 14. Jh. im Hundertjährigen Krieg.

1215 In der **»Magna Charta«** zwingen die englischen Barone Johann ohne Land, ihr traditionelles Widerstandsrecht anzuerkennen. Das Dokument mit Verfassungscharakter widmet sich darüber hinaus Fragen des Lehnrechts.

Das vierte Laterankonzil bestimmt, dass Juden sich durch eine bestimmte Kleidung kenntlich machen müssen. An ihrem Gewand sollen sie einen gelben Ring tragen.

1220 Friedrich II. wird zum Kaiser gekrönt.

MEILENSTEIN

um 1224/1225 **Im Spiegel des Rechts**

Das älteste und zugleich wohl bedeutendste Rechtsbuch des deutschen Mittelalters ist der »Sachsenspiegel« des Eike von Repgow. Zunächst in lateinischer Sprache verfasst, wurde das Werk auf Betreiben des Grafen Hoyer von Falkenstein ins Deutsche übersetzt. Damit wurde der »Sachsenspiegel« nicht nur zum ersten überlieferten Rechtszeugnis in deutscher Sprache, sondern zugleich zum herausragenden Frühwerk der deutschsprachigen Prosaliteratur des Mittelalters. Der »Sachsenspiegel« hielt das v. a. mündlich weitergegebene Gewohnheitsrecht schriftlich fest. In seiner ursprünglichen Form umfasste er die zwei Rechtsbereiche des Land- und des Lehnrechts. Das Landrecht regelte als Recht aller Freien einschließlich der freien Bauern alle Grundstücks- und Güterfragen wie auch Erbschafts-, Ehe- und Nachbarschaftsangelegenheiten. Hinzu kamen das Strafrecht und die Gerichtsverfassung. Demgegenüber bezog sich das Lehnrecht auf die Rechtsverhältnisse der Stände untereinander sowie die Königswahl und Verpflichtungen durch Lehen.

1226 **Franz von Assisi**, der Begründer des Franziskanerordens, stirbt und wird nur zwei Jahre nach seinem Tod heiliggesprochen.

MEILENSTEIN

1226 **Deutscher Orden in Preußen angekommen**

Im März Ein goldenes Siegel, Bulle genannt, prangte unter der feierlichen Urkunde, die Kaiser Friedrich II. im italienischen Rimini ausstellen ließ. Darin bestätigte der Staufer dem Hochmeister des Deutschen Ordens, Hermann von Salza, und den Brüdern die Herrschaft über das im heutigen Polen gelegene Kulmerland. Dieses war dem Orden von Herzog Konrad I. von Masowien überantwortet worden. Vom Kulmerland aus sollten die Ritterbrüder gegen die heidnischen Preußen in die Schlacht ziehen und diese unterwerfen. Alle Gebiete, die im Rahmen der Feldzüge erobert wurden, sollten laut den Bestimmungen der Goldenen Bulle an den Orden fallen. Zugleich wurde diesem souveräne Herrschaft über das Eroberungsgebiet nebst eigener Gerichtsbarkeit zugesichert. Damit legte die »Goldene Bulle von Rimini« den Grundstein für die Herausbildung einer Herrschaft des Deutschen Ordens über Preußen. Nicht zuletzt aufgrund der weitreichenden Machtbefugnisse, die das Dokument dem Orden einräumte, wie auch der fehlenden Datierung wurde die Echtheit der »Goldenen Bulle von Rimini« lange Zeit infrage gestellt. Inzwischen wird diese jedoch allgemein anerkannt.

1229 Friedrich II. krönt sich in der Grabeskirche selbst zum König von Jerusalem. Durch den Vertrag von Jaffa hat der Kaiser die Heilige Stadt für einige Jahre für die Christenheit zurückgewonnen.

1231 Durch das **»Statutum in favorem principum«** wird Heinrich VII., der 1220 von den Reichsfürsten zum König gewählte Sohn Friedrichs II., auf dem Hoftag von Worms genötigt, den weltlichen Fürsten die gleichen Rechte wie den geistlichen zuzugestehen. Friedrich II. bestätigt das Statut ein Jahr später.

Papst Gregor IX. legt die Durchführung der **Inquisition** in die Hände der Bettelorden. Insbesondere die Dominikaner tun sich in der Folgezeit darin hervor.

1235 Zum ersten Mal wird in deutscher Sprache im **Mainzer Reichslandfrieden** ein Reichsgesetz erlassen, das auf eine Sicherung der königlichen Gerichts- und Herrschaftspraxis abzielt.

MEILENSTEIN

1248 **Baubeginn an der längsten Baustelle der Welt**

15. August Lange war der Plan gereift, nun wurde er in die Tat umgesetzt. Die kostbaren Gebeine der Heiligen Drei Könige in Köln sollten ein größeres, würdigeres Haus bekommen. Zunächst war das Vorhaben kläglich gescheitert, den alten Dom umzubauen und zu diesem Zweck den Ostchor durch einen kontrollier-

ten Brand abzureißen. Das Feuer zerstörte nahezu den ganzen Bau, sodass ein neuer Dom errichtet werden musste. Nach den Plänen des Dombaumeisters Gerhard von Rile ging man ans Werk. Bei seinen Entwürfen hatte die Kathedrale von Amiens Pate gestanden. Auch nachdem die Kölner die bischöfliche Oberherrschaft in der Schlacht bei Worringen abgeschüttelt hatten und der Erzbischof den Dom nur noch selten aufsuchte, ging der Bau ungehindert voran. Am 27.9. 1322 wurde der Chor geweiht, wohin die Reliquien der Heiligen Drei Könige überführt wurden. Es dauerte jedoch noch nahezu ein Jahrhundert, bis die erste Glocke im Südturm aufgehängt werden konnte. In der Folgezeit wurden die Bauarbeiten nur noch schleppend vorangetrieben, bevor sie in der ersten Hälfte des 16. Jh. einstweilen vollends zum Erliegen kamen. Das Bild des unfertigen Doms prägte vorerst die Kölner Stadtsilhouette. Erst 1880 wurde der Dombau vollendet.

1250 Mit dem Tod Friedrichs II. löst sich die staufische Herrschaft im Reich und in Süditalien auf.

1254 Nach dem Tod Konrads IV. beginnt die kaiserlose Zeit des **Interregnums**. Angesichts der Unsicherheit im Reich kommt es zur Gründung eines ersten Rheinischen Städtebundes, dem 59 Städte angehören. Nachdem die Fürsten jedoch schon zwei Jahre später nicht mehr auf der Bundesversammlung erscheinen, zerfällt das Bündnis wieder.

1260 Die Mamluken besiegen die Mongolen bei den Goliathsquellen. Damit verlieren die Invasoren aus den Steppen Asiens den Ruf ihrer Unbesiegbarkeit.

1268 **Konradin,** der letzte Staufer, wird hingerichtet. Mit seinem Tod endet die Dynastie der Staufer, deren Epoche von der älteren deutschen Geschichtsschreibung zur »Blütezeit deutscher Kaiserherrlichkeit« geadelt worden ist.

1271 Der venezianische Kaufmannssohn **Marco Polo** bricht an der Seite seines Vaters Nicolo und seines Onkels Maffeo zum Mongolenkaiser Kublai-Khan nach China auf. Nach über zwanzig Jahren kehrt er in seine Heimat zurück und diktiert während seiner Gefangenschaft in Genua seine Erlebnisse einem Mitgefangenen, der diese in mittelfranzösischer Sprache niederschreibt.

## Aufstieg der Habsburger

1273 Mit der Wahl des im Südwesten des Reichs begüterten **Rudolfs I.** besteigt der erste Habsburger den Thron des Heiligen Römischen Reichs; seine Wahl beendet das mit dem Tod des Staufers Konrad IV. begonnene »Interregnum«. Es gelingt dem tatkräftigen Monarchen, die Ordnung und das Gleichgewicht der Kräfte im Reich wiederherzustellen. Indem er die Herzogtümer Österreich, Steiermark und Krain an seine Söhne verleiht, legt Rudolf den Grundstock für die Hausmacht der Habsburger im Südosten des Reichs und den Aufstieg seiner Dynastie.

MEILENSTEIN

1281 **Neue Hanseniederlassung in London eröffnet**

Die Bleiplomben der Tuchballen gaben der neuen Hanseniederlassung in London ihren Namen. Der »Stalhof« sicherte künftig die Interessen der deutschen Kaufleute im Handel mit den Engländern. Als der englische König Heinrich II. um 1157 einer Vereinigung Kölner Kaufherren umfangreiche Privilegien nebst der Erlaubnis des ungehinderten Warenhandels in London erteilte, wurde damit ein wichtiger Grundstein für die Entwicklung der Hanse gelegt. Wenige Jahre später schlossen sich westfälische, lübische und sächsische Fernkaufleute, die regelmäßig die Insel Gotland aufsuchten, zu einer Genossenschaft zusammen. Lübeck wurde zum »Haupt der Hanse«. Am Ende des 12. Jh. begannen die Hansekaufleute, deutsche Kaufmannsniederlassungen an den Zentren ihrer Handelsaktivitäten zu gründen. Der erste dieser

Auslandsstützpunkte, später Petershof genannt, entstand in Nowgorod. Es folgten der Londoner »Stalhof«, ein Haus in Brügge sowie 1350 die »Deutsche Brücke« im norwegischen Bergen. Wenig später ist in den Schriftstücken erstmals die Rede von den »Kaufleuten der deutschen Hanse« (»düdesche Hanse«). Während ihrer Blütezeit im 14. Jh. umfasste die vom Kaufmanns- zum Städtebund avancierte Gemeinschaft rund 200 Städte.

1288 In der **Schlacht bei Worringen** besiegen die Kölner an der Seite des Herzogs von Brabant sowie u. a. der Grafen von Jülich, Berg und Kleve den Kölner Erzbischof Siegfried von Westerburg und seine Verbündeten. Die Stadt Köln schüttelt die bischöfliche Herrschaft ab. Der Erzbischof kann seine Machtentfaltung in Westfalen nicht weiter fortsetzen.

1291 Mit der Hafenstadt Akko fällt der letzte Stützpunkt der Kreuzfahrer im Heiligen Land.

Die drei Gemeinden Uri, Schwyz und Unterwalden formieren sich zu einem Bund **(»Eidgenossenschaft«)** gegen die Expansionsbestrebungen der habsburgischen Landeshoheit.

1302 In der **Sporenschlacht bei Kortrijk** wird das französische Reiterheer von den Flamen vernichtend geschlagen.

1307 Der französische König **Philipp IV., der Schöne,** lässt durch einen Geheimbefehl alle Templer in seinem Reich verhaften. Eine lange Liste von Anklagen wird gegen die Brüder erhoben. Dazu zählen u. a. Ketzerei, das Betreiben schwarzer Magie, Götzendienst und Homosexualität. Nach einem spektakulären Prozess wird der Orden einige Jahre später aufgelöst. Der letzte Großmeister, **Jacob von Molay,** wird in Paris verbrannt.

1309 Im Rahmen der Templerprozesse lässt sich Papst **Clemens V.** in Avignon, an der Grenze zum Königreich Frankreich, nieder. Damit beginnt die **»Babylonische Gefangenschaft der Kirche«.**

1314 **Ludwig IV., der Bayer,** obsiegt nach der verhängnisvollen Doppelwahl im Reich gegen seinen Widersacher **Friedrich den Schönen.**

Die Basis für seine Herrschaft ist schwach. Auf dem Schlachtfeld vermag Ludwig seine Stellung jedoch zu behaupten, seine Erb- und Heiratspolitik festigen die dünne Machtgrundlage zusätzlich. Im Mittelpunkt seiner Politik steht die Förderung der Städte. Er sieht in ihnen potenzielle Verbündete im Kampf gegen die oppositionellen Fürsten. Wie wenig gefestigt sich die Position des Wittelsbachers letztlich zeigte, demonstriert der Kampf um die Macht mit den Habsburgern wie den Luxemburgern. Diese gehen am Ende siegreich aus dem Konflikt hervor.

1315 Ein habsburgisches Ritterheer wird in der Schlacht von Morgaten von der Schweizer Eidgenossenschaft besiegt. In der Folge wächst die Eidgenossenschaft um zahlreiche weitere Gemeinden wie Zürich, Luzern und Bern an.

1337 Die Streitfragen um die französische Thronfolge, das Herzogtum Guyenne und die Anerkennung der Lehenshoheit führen zum **Hundertjährigen Krieg.** Frankreich wird hart von den Kriegskampagnen getroffen. Erst 116 Jahre später wird der Dauerkonflikt beigelegt.

1338 Der **Kurverein von Rhense** gibt eine grundlegende Richtline für die Modalitäten der Königswahl im Heiligen Römischen Reich. Demnach ist nur eine Wahl durch die Mehrheit der Kurfürsten rechtens. Der Gewählte soll keiner päpstlichen Bestätigung bedürfen. Einzig der Krönungsakt selbst bleibt dem Papst vorbehalten.

1346 Der Luxemburger **Karl IV.** wird von den Kurfürsten zum König des Heiligen Römischen Reichs gewählt. In die Zeit seiner Herrschaft fallen nachhaltige Reformen, darunter die »Goldene Bulle«, die nicht nur die Rechte und Pflichten des Königs, des Adels sowie der Städte, sondern auch die Modalitäten der Königswahl durch die sieben Kurfürsten festschreibt. Karl, ein hochgebildeter, in Frankreich sozialisierter Herrscher widmet sich intensiv dem Ausbau seiner Hausmacht in Böhmen; besonders Prag baut er – als erste Residenz des Heiligen Römischen

Reichs, das (anders als die westeuropäischen Monarchien) keine Hauptstadt besitzt – prachtvoll aus. 1355 zum Kaiser gewählt, gelingt es ihm – als erster Herrscher seit den Staufern – seinen Sohn Wenzel zum Nachfolger wählen zu lassen (1376).

MEILENSTEIN

1348 **Die erste Universität auf dem Boden des Reichs**

7. April Vergleichsweise spät wurde mit der »Alma mater Carolina« in Prag die erste Universität im Heiligen Römischen Reich gegründet. Die Hochschulen in Bologna oder Padua, Montpellier oder Oxford blickten zu dieser Zeit bereits auf eine mehr als hundertjährige, ruhmreiche Geschichte zurück. Mit der Universitätsgründung setzte Karl IV. ein weiteres Glanzlicht in seiner aufblühenden Residenzstadt Prag. Die Organisation der Hochschule orientierte sich am Vorbild von Paris. Der Lehrbetrieb widmete sich vier Fakultäten: der juristischen, der theologischen, der medizinischen sowie der Artistenfakultät. Wie an anderen mittelalterlichen Universitäten waren die Studierenden auch in Prag nach ihrer geografischen Heimat in vier verschiedene »Nationen« (»nationes«) geteilt. So gab es eine böhmische, eine polnische, eine bayerische und eine sächsische Nation. Die an der Hochschule von Beginn an zahlenmäßig am stärksten vertretene böhmische »Nation« erwirkte 1409 von König Wenzel IV. im Kuttenberger Dekret eine Privilegierung, die ihre Stimmen mit denen der drei übrigen »Nationen« aufwog. In der Folge kehrten zahlreiche Studenten und Professoren der sich benachteiligt fühlenden »Nationen« Prag den Rücken.

1348 bis 1352 Mit dem **Schwarzen Tod** bricht ein Massensterben bislang unbekannten Ausmaßes über Europa herein. Die Seuche bildet den Auftakt zu einer langen Reihe verheerender Pestepidemien, die die Städte in der Folgezeit immer wieder heimsuchen sollten. Viele Zeitgenossen glauben, durch Frömmigkeitsbezeigungen die durch göttlichen Zorn heraufbeschworene Seuche abwenden zu können. Diese Auffassung vertreten auf spektakuläre

Weise die »Geißler«, die in großen Scharen durch das Land ziehen, Bußpsalmen singen und sich selbst mit Geißeln peitschen. Der Heilige Stuhl gebietet dem Treiben, das die Stimmung zusätzlich anheizt, schließlich Einhalt. Die Ärzte sind machtlos gegen den Schwarzen Tod. Sie erklären das Phänomen mit schlechten Ausdünstungen (Miasmen) in Kombination mit einer ungünstigen Planetenkonstellation.

MEILENSTEIN

1348 **Der apokalyptische Reiter in Europa**

Begonnen hatte der Schrecken im Frühjahr 1347 in der genuesischen Handelsniederlassung Caffa, dem heutigen Feodosia, auf der Krim. Caffa wurde von den Tartaren belagert, in deren Heer plötzlich rätselhafte Todesfälle auftauchten. Doch die Belagerer zogen nicht unverrichteter Dinge ab: Sie schleuderten die Körper der Toten in die belagerte Stadt, in der rasch das Seuchensterben einsetzte. Der Schilderung des Chronisten Gabriele de Mussis nach schleppten Schiffsbesatzungen aus dem verseuchten Caffa den Schwarzen Tod in Italien ein. Sich seinen Weg nordwärts bahnend, erreichte der Schwarze Tod im Sommer 1349 den Oberrhein. Zahlreiche deutsche Städte wurden in den folgenden Monaten nahezu entvölkert. Anderen wie Würzburg, wohl auch Augsburg und München, blieb dieses Schicksal aus noch ungeklärten Gründen erspart. Im Umfeld des unerklärlichen Massensterbens tauchte v. a. im deutschsprachigen Reichsgebiet das Gerücht auf, Juden hätten die Brunnen vergiftet und so den Schwarzen Tod ausgelöst. Noch bevor die Seuche überhaupt ausbrach, wurden die jüdischen Einwohner in den meisten Städten des Deutschen Reichs Opfer der blutigsten Pogrome vor dem Holocaust.

MEILENSTEIN

1356 **Der König und die Kurfürsten**

10. Januar Das Ringen um die Modalitäten der Königswahl im Heiligen Römischen Reich hatte in der prächtigen Urkunde ein

für alle Parteien rechtlich bindendes Ende gefunden. Die »Goldene Bulle« bestimmte die Bischöfe von Köln, Mainz und Trier, den Markgrafen von Brandenburg, den Herzog von Sachsen, den Pfalzgrafen bei Rhein sowie den König von Böhmen zu den sieben Kurfürsten und bestätigte zugleich die dynastische Erbwahl. In aller Ausführlichkeit wurden das Wahlverfahren wie auch die Wahlordnung festgelegt. Dies begann bei den Modalitäten für das Geleit der Kurfürsten, setzte sich mit Bestimmungen zur Einberufung und der Sitzordnung sowie Fragen der Stimmmehrheit fort. Frankfurt am Main wurde als Wahlort festgeschrieben. Die Bedeutung der »Goldenen Bulle« war nachhaltig: Als erstes reichsumfassendes Gesetz regelte sie bis zum Ende des Alten Reiches 1806 verbindlich die Formalitäten der Wahl zum König. Daneben legte die »Goldene Bulle« u. a. eine Reihe von Verfügungen zum Zoll- und Münzwesen fest.

1368 In Augsburg sichern sich die Handwerker infolge eines Zunftaufstandes politische Mitsprache im Stadtregiment. Sie setzen die Aufstellung einer Zunftverfassung nach dem Beispiel anderer Städte durch. Hans Fugger aus dem Lechfelddorf Graben lässt sich in Augsburg nieder. Der Weber legt den Grundstein für den beispiellosen Aufstieg der Familie zu den wohlhabendsten Kaufleuten in Europa.

MEILENSTEIN

1370 **Die Macht der Hanseaten**

24. Mai Es ging um nicht weniger als die dänische Thronfolge. Fern von Kaiser und Hof nahmen die Hanse und ihr Haupt Lübeck im bewaffneten Konflikt mit dem dänischen König Waldemar IV. Atterdag eine Rolle als Kriegspartei ein, die es ihnen ermöglichte, im Frieden von Stralsund eigenständig zu handeln. Nachdem Waldemar ein gutes Jahrzehnt zuvor auf der Insel Gotland gelandet war und den bedeutenden Handelsplatz Visby eingenommen hatte, fürchtete die Hanse angesichts des dänischen Expansionsdrangs um ihre wirtschaftlichen Interessen in der Ost-

see. Der Krieg zwischen Dänen und Hanse begann. Dieser trat 1367 in seine entscheidende Phase, als die Hanseaten in der Kölner Konföderation ein Militärbündnis gegen das Königreich Dänemark begründeten und Waldemar IV. Atterdag in die Knie zwangen. Im Frieden von Stralsund wurde der Hanse nach dem Tod des Herrschers das Recht auf Mitsprache bei der dänischen Thronfolge verbrieft. Darüber hinaus erlangten die Hanseaten die Kontrolle über die für den Handel in der Ostsee strategisch wichtigen Schlösser am Öresund, auch wenn Gotland einstweilen in dänischer Hand blieb.

1378 Im großen »**Abendländischen Schisma**« zerfällt die Einheit der katholischen Christenheit für mehrere Jahrzehnte in verschiedene Obödienzen. Während Frankreich und seine Anhänger den Papst in Avignon anerkennen, folgen das Heilige Römische Reich und seine Verbündeten dem Papst in Rom. Schließlich wählt das Konzil von Pisa noch einen dritten Papst.

MEILENSTEIN

1381 **Städte verteidigen ihre Freiheit gegen die Fürsten**

20. März Es war eine Frage der Macht, als sich die Städte Straßburg, Speyer, Worms, Mainz, Frankfurt und Hagenau zum zweiten Rheinischen Städtebund zusammenschlossen. Das Bündnis, das den Zweck hatte, städtische Souveränität gegen die wachsenden Ansprüche v. a. der Landesherren zu sichern, war ebenso kurzlebig wie sein Vorgänger. Der erste Rheinische Städtebund, dem 59 Städte angehört hatten, hatte sich nach kaum drei Jahren 1257 in Wohlgefallen aufgelöst, als die Fürsten die Bundesversammlungen nicht mehr besuchten. Kaum länger hatte der zweite Rheinische Städtebund Bestand. Noch im Jahr seiner Gründung verschmolz er mit dem Schwäbischen Bund zum großen Süddeutschen Städtebund. Nach erbitterten Kämpfen gegen die Fürsten behielt der Adel schließlich die Oberhand und schlug die verbündeten Städte 1388. Im Landfrieden von Eger erwirkten die Fürsten und Herren schließlich das Verbot der Städtebünde.

1386 Bei Sempach wie auch zwei Jahre später bei Näfels siegt das Heer der Schweizer Eidgenossenschaft über die Habsburger.

Die Universität Heidelberg wird gegründet; nach Prag (1348) und Wien (1365) ist sie die drittälteste Universität im Heiligen Römischen Reich.

MEILENSTEIN

1396 **Niederlage gegen die Osmanen**

25. September Den taktischen Fehlern und dem Leichtsinn folgte die Niederlage des deutsch-ungarisch-französischen Heeres. Johann ohne Furcht, der Sohn Herzog Philipps des Kühnen von Burgund, führte das französische Truppenkontingent an. In maßloser Selbstüberschätzung bestand er darauf, den ersten Schlag gegen die Osmanen ohne das durch Sigismund von Luxemburg befehligte deutsch-ungarische Heer zu führen. Blindlings liefen die Franzosen in die Falle, die Sultan Bayezid ihnen gestellt hatte. Nicht besser erging es darauf dem geschwächten deutsch-ungarischen Heer. Während Johann ohne Furcht in osmanische Gefangenschaft geriet und für ein hohes Lösegeld freigekauft werden musste, gelang Sigismund mit knapper Not die Flucht per Schiff über die Donau. Angesichts der schweren Niederlage sahen sich die christlichen Reiche vorerst außerstande, dem Vordringen der Osmanen auf dem Balkan Einhalt zu gebieten.

1400 Mit **Wenzel** wird erstmals ein König des Heiligen Römischen Reichs abgesetzt. Die vier rheinischen Kurfürsten werfen ihm Untätigkeit und die Vernachlässigung der Reichsangelegenheiten vor. Als sein Nachfolger wird Ruprecht von der Pfalz eingesetzt.

1402 Vor Helgoland gelingt es der Hanse, die Hauptleute der sogenannten Vitalienbrüder gefangen zu nehmen, darunter vermutlich **Klaus Störtebeker.** Die Piraten werden in Hamburg geköpft. Im Lauf des 15. Jh. laufen flämische und englische Kaufleute (»merchant adventurers«) den Hanseaten auf See allmählich den Rang ab.

1410 Der zweite Sohn Karls IV., **Siegmund,** wird zum König des Heiligen Römischen Reichs gewählt.

Der Deutsche Orden unterliegt in der **Schlacht bei Tannenberg,** einer der größten Schlachten des Mittelalters, gegen ein polnisch-litauisches Heer. Im ersten Thorner Frieden (1411) kann der Deutsche Orden sein Territorium jedoch behaupten.

MEILENSTEIN

1414 **Zu viele Päpste auf dem Stuhl Petri**

5. November Kriege und die drohende Spaltung der Christenheit waren die nicht länger hinnehmbaren Folgen des »Abendländischen Schismas«, das das unter der Schirmherrschaft Siegmunds von Luxemburg nach Konstanz einberufene Konzil zu beenden trachtete. Mit Gregor XII., Benedikt XIII. und Johannes XXIII. beanspruchten gleich drei Päpste den Stuhl Petri für sich. Im April 1415 verabschiedete das Konzil ein Dekret, in dem es die Oberhoheit über den Papst verkündete und infolgedessen zunächst Johannes XXIII. absetzte. Einige Monate später konnte die Versammlung auch Gregor XII. zum Rücktritt bewegen. Dieser hatte das Konzil zwar nicht anerkannt, sich zwecks Beendigung des Schismas aber per Eid zur Abdankung verpflichtet. Lediglich der Gegenpapst Benedikt XIII. weigerte sich hartnäckig, seinen Anspruch auf den Stuhl Petri aufzugeben und der Absetzung durch das Konzil Folge zu leisten. Er floh auf die Iberische Halbinsel nach Peñiscola, wo er bis zu seinem Tod blieb. Nun war der Weg frei für einen Neuanfang. Das Konzil wählte einen neuen Papst, der den Namen Martin V. annahm und in der Folge das Schisma beendete.

1415 **Jan Hus** und Hieronymus von Prag erscheinen auf dem **Konstanzer Konzil.** Trotz Zusicherung freien Geleits werden beiden zum Tod auf dem Scheiterhaufen verurteilt. Die Hinrichtung vermag jedoch den Zulauf zur hussitischen Bewegung in Böhmen nicht zu unterbinden. In der Folge kommt es zu anhaltenden kriegerischen Auseinandersetzungen. Die »Hussitenkriege« treffen besonders das böhmische Grenzgebiet hart.

1431 Das **Konzil von Basel** widmet sich Fragen einer kirchlichen Reform und wird nach jahrelangen Zusammenkünften durch den Papst aufgelöst. Dieser setzt damit ein Zeichen seiner Machtansprüche gegen den Konzilsgedanken, der später durch Papst Pius II. als Ketzerei verdammt wird.

## Aufbruch in eine neue Zeit

1440 **Friedrich III.** besteigt als König den Thron des Heiligen Römischen Reiches und regiert von allen deutschen Herrschern am längsten. Der zaudernde König verharrt in alten Strukturen und konzentriert seine Kraft v. a. darauf, die von den Luxemburgern hinterlassenen Konfliktfelder zu beseitigen.

MEILENSTEIN

um 1450 **Eine technische Revolution hält Einzug**

Ein lang gehegter Traum wurde durch die bahnbrechende Erfindung des Johannes Gensfleisch, genannt Gutenberg, zur Wirklichkeit. Dank des von ihm entwickelten Druckverfahrens mit beweglichen Lettern mussten Texte nicht mehr mühsam von Hand abgeschrieben werden, sondern konnten rasch in großer Stückzahl vervielfältigt werden – diese »Medienrevolution« machte in der Folge etwa die Durchsetzung der Reformation erst möglich. Nach vielen Fehlversuchen und herben Rückschlägen gelang es Gutenberg kurz nach der Mitte des 15. Jh., die berühmte 42-zeilige Bibel als erstes Werk in Mainz zu drucken. Die technische Neuerung bestand darin, die Buchstaben des Alphabets als erhabene Formen auf rechteckige Metalltypen aus Blei anzubringen, wobei die Lettern beliebig in Zeilen angeordnet werden konnten. Gehalten wurden die Zeilen für jeweils ein

Druckblatt durch einen Rahmen. Dieser Druckstock wurde mit Tinte eingefärbt und mithilfe einer Presse auf Papier oder Pergament gedrückt. Während sich die ersten Drucker bemühten, die Form der zeitgenössischen Handschrift in ihren Drucktypen nachzuempfinden, entwickelten sich schon bald eigenständige Schrifttypen.

1453 Der Hundertjährige Krieg zwischen England und Frankreich findet ein Ende. Die Osmanen erobern Konstantinopel.

1466 Nach verlustreichen Niederlagen sieht sich der Deutsche Orden im zweiten **Thorner Frieden** zur Aufgabe seiner souveränen Hoheitsansprüche gezwungen und unterstellt sich der Lehnshoheit der polnischen Könige.

1476 Die aggressive Politik des Burgunderherzogs **Karl des Kühnen** führt zu einer Reihe kriegerischer Auseinandersetzungen mit den Nachbarterritorien. Auch die Schweizer Eidgenossenschaft beteiligt sich an den Kriegen gegen Burgund. Sie kämpft siegreich in den Schlachten von Grandson und Murten. Im Folgejahr fällt Karl in der Schlacht bei Nancy. Seine Tochter **Maria von Burgund** wird mit Maximilian von Habsburg verheiratet.

1486 Der Habsburger **Maximilian I.**, der heute noch als »letzter Ritter« gilt, wird zum König des Heiligen Römischen Reichs gewählt. Er versucht, das Reich zu reformieren. Es gelingt Maximilian dabei durch geschickte Heiratspolitik sein Territorium um die spanische Krone sowie die Anwartschaft auf Böhmen und Ungarn für das Haus Habsburg entscheidend zu vergrößern und damit die Grundlagen für ein Reich zu legen, in dem nach Zugewinn der südamerikanischen Besitzungen die »Sonne niemals untergeht«.

MEILENSTEIN

1486 **Wegbereiter des Hexenwahns**

In tiefstem Innern überzeugt von der Existenz dunkler Zauberkräfte und Hexerei, verfasste der Dominikaner Heinrich Kramer, genannt auch Institoris, mit seinem »Hexenhammer« (›Malleus maleficarum‹) das grundlegende Werk des europäischen Hexenwahns. Gegliedert in drei Teile, nahm der »Hexenhammer« zunächst Bezug darauf, was eine Hexe ausmache, und brandmarkte dabei v. a. Frauen als für das Übel der schwarzen Magie anfällige Wesen. Im zweiten Teil des Werkes widmete sich der Dominikaner magischen Praktiken, um schließlich im dritten Teil Richtlinien für den Ablauf von Hexenprozessen nebst Beschreibung beispielhafter Fälle aufzuzeichnen. Die Abfassung des »Hexenhammers« erfolgte im zeitlichen Umfeld der sogenannten Hexenbulle Papst Innozenz' VIII. Bis in das 17. Jh. erschienen nicht weniger als 29 Auflagen des »Hexenhammers«, worin sich die nachhaltige Wirkung von Kramers Gedankengut auf die Zeitgenossen widerspiegelt.

1488 Zur Sicherung des Landfriedens kommt es erneut zur Gründung eines Städtebundes. Der **Schwäbische Bund** ist eine Vereinigung der schwäbischen Reichsstände, der später auch die Kurfürsten von der Pfalz, Mainz und Trier, ferner Hessen, Bayern und die meisten oberdeutschen Stände beitreten; Hauptort ist Ulm. Die Reformation führt zu einer Aufweichung des Schwäbischen Bundes, der sich schließlich 1533/1534 auflöst.

1489 Als drittes Kollegium nehmen die Reichsstädte neben weltlichen und geistlichen Fürsten regelmäßig an den Reichstagen teil.

1492 In Spanien endet die **Reconquista** mit dem Fall Granadas. Alle Juden werden ausgewiesen. Christoph Kolumbus betritt die »Neue Welt«.

1494 Der Petershof, die älteste ausländische Niederlassung der Hanse in Nowgorod, wird geschlossen.

1495

## Luther und die Folgen
## Konfessionelles Zeitalter

**1495–1648**

Die Reformation erschütterte nicht nur die einst geistige Vormachtstellung der Kirche. Auch die deutschen Fürsten nutzten sie, um ihre Territorialmacht auf Kosten kaiserlicher Zentralgewalt zu vergrößern. Das konfliktreiche Jahrhundert mündete 1618 in einen dreißig Jahre andauernden Krieg.

1648

# Frühe Zeichen am Horizont

1495 Um finanzielle Hilfen der Reichsstände für einen beabsichtigten Romzug zu erhalten, beruft Maximilian I. den **Reichstag nach Worms** ein. Berthold von Henneberg, als Erzbischof von Mainz zugleich Erzkanzler des Reichs, versucht, durch Bewilligungsversprechen Reformmaßnahmen zu erreichen, die auf die Einschränkung königlicher Macht zugunsten der Stände zielen und zugleich die Einheit des Reichs stärken sollen. Wichtigste Ergebnisse der Versammlung, die wegen des Zusammentreffens aller Stände als erster wirklicher Reichstag überhaupt gilt, sind die Verkündung eines »Ewigen Landfriedens«, die Errichtung des **Reichskammergerichts,** das ab 1526 in Speyer, ab 1693 in Wetzlar tagen wird, und die Einrichtung von zunächst sechs (ab 1512 zehn) **Reichskreisen.** Die Etablierung eines Reichsregiments als dauerhafte ständische Mitregierung der Reichsstände und die vom König gewünschte Einziehung einer allgemeinen Reichssteuer (»Gemeiner Pfennig«) scheitern dagegen.

**MEILENSTEIN**

1495 **Kaiser und Fürsten beschließen eine Reichsreform**

7. August Damit der von Maximilian I. in Worms verkündete »Ewige Landfrieden« auch Wirklichkeit werden konnte, verabschiedeten die auf dem Reichstag zu Worms zusammengekommenen Territorialherren, die Reichsstände, gemeinsam mit dem Kaiser einen Kompromiss zur Reform der Reichsverfassung. Damit jeder seine Ansprüche zukünftig nicht mehr durch das überkommene mittelalterliche Fehderecht, sondern auf einem geordneten Rechtsweg durchsetzen konnte, sah der Beschluss die Einrichtung eines vom Kaiser unabhängigen Reichskammergerichts vor. Auch wenn der zweite wichtige Beschluss, die Neuordnung des Reichstags, zu Verfahrensfragen und Besetzung der Gremien noch keine konkreten Regelungen traf, so veränderten die Be-

schlüsse langfristig die politischen Machtstrukturen im Reich: Geschwächt wurde die kaiserliche Macht zugunsten der allmählich stärker werdenden Landesfürsten. Der hier etablierte Staatsaufbau auf zwei Herrschaftsebenen, der in der föderalistischen Tradition und Kompetenz der »deutschen Lande« steht, ließ manche Historiker gar von einer »Wormser Republik« sprechen.

1498 Der Portugiese **Vasco da Gama** entdeckt, nachdem er das Kap der Guten Hoffnung umsegelte, den Seeweg nach Indien. Langfristig sollte diese Seereise die mittelalterlichen Handelsströme im Deutschen Reich und in Europa grundlegend verändern. Der Handel mit Importwaren aus Asien verlagert sich von den Mittelmeerhäfen zu denen am Atlantik.

1499 Maximilian I. gesteht im **Frieden von Basel** den Schweizer Eidgenossen nach der Niederlage im Schweizerkrieg die faktische Loslösung vom Heiligen Römischen Reich zu. Der Kaiser muss nun akzeptieren, dass für die Schweizer die Reichsverfassungsreform von 1495 nicht gilt. Eine allseits anerkannte Souveränität erhalten die Eidgenossen jedoch erst mit dem Westfälischen Frieden (1648).

1508 Auch wenn er de facto seit seinem Regierungsantritt im Jahr 1493 schon kaiserliche Aufgaben übernahm, nimmt **Maximilian I.** erst jetzt am 6. 2. im Dom von Trient den Titel eines »Erwählten Römischen Kaisers« an – ein untrügliches Zeichen dafür, dass kaiserliche Macht und Anspruch nicht mehr ohne Weiteres von den Großen des Reiches akzeptiert werden.

MEILENSTEIN

1509 **Der Mann, der die Zeitmessung transportabel machte**

16. November Peter Henlein wollte das Schlosserhandwerk erlernen. Nach der Ausbildung zahlte der mittlerweile 29-Jährige an jenem Novembertag dem Rat der Stadt Nürnberg die üblichen drei Gulden und konnte sich fortan Meister nennen. Eigentlich

ein alltäglicher Vorgang. Wäre da nicht die bahnbrechende Idee gewesen, die er wenige Jahre zuvor gehabt hatte und nun umzusetzen gedachte. Eine von ihm erdachte und konstruierte sehr kleine Spiralfeder sollte den Antrieb einer Uhr, nicht größer als eine Pillendose jener Jahre, ermöglichen. Waren doch die bisherigen riesigen Zeitmesser von einem schweren Gewichtsantrieb und damit von der Schwerkraft abhängig. Henleins Erfindung ermöglichte es fortan manchem Bürger, seine Uhr überall mit hinzunehmen. Auch weil Peter Henlein die Mechanik seiner gebauten Uhren bis zu seinem Tod im August 1542 immer weiter verbesserte, machte ihn seine mechanische Pionierleistung zum vermögenden Nürnberger Bürger.

1512 Auf dem Reichstag zu Köln wird die Durchführung des 1495 in Worms verkündeten »Ewigen Landfriedens« den zehn neu gebildeten Reichskreisen übertragen. Die Grenzen dieser Kreise, Bindeglieder gewissermaßen zwischen dem Heiligen Römischen Reich und den Landesherrschaften, orientieren sich an den Fürstentümern des Reichs. De facto überträgt damit der Kaiser den Landesherren die Durchführung von Reichsrechten.

**Martin Luther** erhält an der Wittenberger Universität »Leucorea« eine Professur für Bibelauslegung. In den folgenden fünf Jahren als Universitätslehrer entwickelt er seine neue Theologie der Rechtfertigungslehre: Die Gnade Gottes und die Rechtfertigung des Menschen vor Gott sind allein, so Luther, durch den Glauben bestimmt. Die bisherige theologische Auffassung der Strafgerechtigkeit Gottes dagegen lehnt er ab.

1514 Die Krise der Kirche im 16. Jh. nimmt ihren Anfang: Albrecht von Brandenburg, Bischof von Mainz, Magdeburg und Halberstadt, erlaubt in seinen Bistümern den **Verkauf von Ablässen.** Die Einnahmen fließen auf die Bankkonten der Fugger, die sie nach Rom weiterleiten, um dort den kostspieligen Lebenswandel von Papst und Kurie zu finanzieren.

**MEILENSTEIN**

1516 **Die Post ist da!**

12. November In elf bis zwölf Tagen würden die kaiserlichen, in Brüssel verfassten Briefe ihr Ziel in Rom erreichen! Ein gewagtes Versprechen zu einer Zeit, in der der Zustand der Wege je nach Jahreszeit eher einem Schlamm- oder einem staubigen Trampelpfad als einem gut ausgebauten Wegenetz entsprach. Doch genau diese Zusicherung hatte Franz von Taxis Kaiser Maximilian im Postvertrag von 1516 gegeben. Der kaiserliche Hauptpostmeister konnte aber sicher sein, dass seine Postreiter, die auf vorgegebenen Routen die Briefe von Poststation zu Poststation transportierten, ihn nicht im Stich lassen würden. Hatte er doch schon 1490 die erste kaiserliche Postlinie zwischen Innsbruck und dem nahe Brüssel gelegenen Mecheln aufgebaut. Auch damals schon war schnelle Informationsvermittlung von Vorteil. Und so transportierte die taxissche Post ab 1505 auch die Post der Augsburger Handelshäuser. Eine schnelle Kommunikation versprach eben zusätzliche Gewinne.

1517 Am 31.10. schreibt Luther an hohe kirchliche Würdenträger einen Brief mit seinen berühmten **95 Thesen** gegen den Missbrauch des Ablasses. Die Thesen sind eine konsequente Ableitung von Luthers Rechtfertigungslehre. Dass er sie an die Tür der Schlosskirche zu Wittenberg genagelt haben soll, gehört vermutlich in das Reich der Legendenbildung.

## Die Krise nimmt ihren Lauf

1518 In Rom erhebt im Mai der Dominikanerorden offiziell Anklage wegen Ketzerei gegen Martin Luther. Damit wird ein förmliches, kirchliches Strafverfahren gegen den Mönch aus Wittenberg eingeleitet.

**Adam Ries,** der in jenem Jahr eine Rechenschule in Erfurt führt, veröffentlicht sein erstes Rechenbuch mit dem Titel »Rechenung auff der Linihen«. Bewusst hat Ries dieses Buch in Deutsch verfasst, um damit besonders Handwerker und Kaufleute anzusprechen.

Im Oktober wird Luther in Augsburg durch den päpstlichen Beauftragten **Cajetan** verhört. Luther argumentiert, dass er mit seinen Thesen lediglich Missstände beseitigen und nicht die Autorität des Papstes infrage stellen wollte. Durch den Tod des Kaisers im Januar 1519 ruht nun erst einmal das Verfahren gegen den Reformator, da der Papst die Nachfolgeregelung in seinem Sinn beeinflussen will.

1519 Weniger sind es die Bürgschaften der Fugger für Bestechungsgelder an die Kurfürsten, die den Ausschlag zur Wahl Karls V., des Enkels von Maximilian, zum König und Kaiser am 28.6. geben. Vielmehr ist es das Misstrauen der Fürsten gegen seinen Rivalen, den französischen König Franz I. Die Fürsten ahnen nicht, dass sie mit **Karl V.** nicht nur einen strammen Verfechter der katholischen Sache, sondern auch der universalen Reichsgewalt wählen. Der kaiserliche Machtanspruch erfährt in der von Großkanzler Mercurino Arborio di Gattinara wesentlich mitgeprägten Idee der Universalmonarchie (»Monarchia universalis«) ihre Zuspitzung. Die Kronen Frankreichs und Spaniens konkurrieren jedoch mit diesem Konzept.

1520 Im Lauf des Jahres veröffentlicht Martin Luther seine drei großen reformatorischen Programmschriften: »An den christlichen Adel deutscher Nation«, »Von der babylonischen Gefangenschaft der Kirche« und »Von der Freiheit eines Christenmenschen«. Wie ein roter Faden durchzieht diese Schriften Luthers Forderung nach einer Kirche aller Gleichgestellten, in der nicht eine kirchliche Hierarchie den Willen Gottes verkündet.

Am 10. 12. scheint es Luther endgültig auf eine Konfrontation mit Rom anzulegen: Die vom Papst verkündete Widerrufsfrist lässt

Luther, der eine große Popularität im Volk, aber auch die Unterstützung einiger Reichsfürsten besitzt, verstreichen und verbrennt öffentlich in Wittenberg die Bannandrohungsbulle **»Exsurge Domine«.**

**MEILENSTEIN**

1521 **»Will ich nichts widerrufen«**

18. April Da stand er nun, der Mönch aus Wittenberg, vor einem der damals mächtigsten Männer des Erdenkreises und sollte seine Lehren widerrufen. Kaiser Karl V. hatte ihm freies Geleit zugesichert. Doch dies nur, da Martin Luther von mächtigen Gönnern, allen voran Kurfürst Friedrich der Weise von Sachsen, unterstützt wurde. Luthers Ansichten bargen genügend Sprengstoff: Im Kern hatte Luther in jenen Schriften das tiefe Unbehagen großer Bevölkerungsgruppen gegenüber der allmächtigen und jedem Reformansatz verschlossenen römischen Kirche und Kurie in eine neue Lehre gegossen. Luther musste sich in Worms der Unterstützung einflussreicher und nach Teilsouveränität gegenüber Kaiser und Papsttum drängenden Fürsten sicher gewesen sein: Denn vor dem Kaiser verfällt Luther weder in Demut noch widerruft er. So wies Luthers Auftreten in Worms schon auf Entwicklungen zukünftiger Jahre hin: die Verbindung reformatorischer Bestrebungen mit dem Wunsch vieler Landesherren nach Souveränität.

1521 Kurfürst **Friedrich III., der Weise, von Sachsen** weiß, dass Kaiser Karl V. ein Gegner der Schriften Martin Luthers ist. Aus Sorge um den Reformator, über den der Kaiser tatsächlich wenige Tage nach Worms die Reichsacht verhängt, bringt der Kurfürst Luther auf die Wartburg in Sicherheit, der hier nun beginnt, die Bibel ins Deutsche zu übertragen.

1522 Kaiser Karl V. siegt am 24. 4. über seinen Erzrivalen, den französischen König Franz I., in der **Schlacht von La Bicocca** in Oberitalien. Die Auseinandersetzungen zwischen dem Kaiser und Frankreich, die sich über mehrere Jahrzehnte hinziehen und in denen es um Territorialfragen in Italien, Burgund und Südfrankreich geht, halten Karl V. davon ab, sich intensiv und zufriedenstellend um eine Lösung der Konfessionsfrage im Reich zu bemühen.

1524 Im Sommer kommt es in Schwaben zu ersten Bauernunruhen, die sich im Lauf des kommenden Jahres auf Franken, Thüringen, das Elsass und bis nach Tirol und Salzburg ausweiten. Der **Bauernkrieg** 1524/1525, die erste vom Buchdruck geförderte Massenbewegung, die im Namen des »gemeinen Mannes« besonders in Oberschwaben, Franken, Thüringen und Tirol etwa 100 000 Menschen mobilisiert, ist der größte Sozialkonflikt in der deutschen Reichsgeschichte.

1525 Auch wenn Kaiser Karl die Zeichen der Zeit, die im Reich eindeutig auf Sturm stehen, nicht erkennen will, kann er außenpolitisch punkten: In der Schlacht von Pavia am 24.2. fällt König Franz I. in seine Gefangenschaft. Nicht zuletzt deswegen scheitern die französischen Ansprüche auf Mailand und die Lombardei.

Die **Reformation** zeigt erste wichtige politische und territoriale Erfolge: Am 8.4. säkularisiert Kurfürst Albrecht von Brandenburg den Deutschordensstaat und empfängt ihn als Herzog von Preußen vom polnischen König zu Lehen.

Im thüringischen **Frankenhausen** zerschlagen die Reichsstände den Traum der Bauern nach ein wenig Freiheit: Ein fürstliches Landsknechtsheer besiegt am 15. 5. das Aufgebot vieler Tausend Bauern. Tausende von ihnen werden im Kampf erschlagen oder wenig später hingerichtet. **Thomas Müntzer,** ihr Anführer, wird am 27.5. in Mühlhausen enthauptet.

MEILENSTEIN

1525 **Zwölf Artikel der Bauernschaft veröffentlicht**

20. März Ihre Forderungen waren konkret: So ging es ihnen um eine Besserstellung im Rahmen ihrer Leibeigenschaft, um Nut-

zungsrechte von Wald und Flur, aber auch um Strafen bei Verstößen gegen landesherrliche Bestimmungen. Doch werden die ökonomischen und sozialen Forderungen, die die fünfzig Abgesandten von oberschwäbischen Bauern an jenem Märztag in Memmingen verabschiedeten, heute als rückwärtsgerichtetes Denken mit Hoffnung auf eine bessere Gesellschaft eingeschätzt. Denn in jenen Jahren, als in vielen Regionen des Reichs die Bauern den Aufstand wagten, hatte der Adel schon längst damit begonnen, im Mittelalter gewachsene bäuerliche Selbstverwaltungen zugunsten landesherrschaftlicher und damit zentralistischer Strukturen zurückzudrängen. Ganz ungehört jedoch blieben die Forderungen der Bauern, die sich auch auf Reformation und Bibel beriefen, nicht: Noch im 16. Jh. räumten die Landesherren ihnen die Möglichkeit ein, ihre Rechte vor Gerichten einzuklagen.

1526 In der **Schlacht bei Mohács** am 29. 8. fällt König Ludwig II. von Ungarn und Böhmen im Kampf gegen die Osmanen unter Sultan Süleiman II.; sein Reich zerfällt, die böhmische Krone gelangt an seinen Schwager, Erzherzog Ferdinand, den späteren Kaiser und Begründer der habsburgischen Donaumonarchie.

1527 Auch innenpolitisch führt die Reformation zu ersten Folgen: Mit der umfangreichen Kirchen- und Schulvisitation, die der sächsische Kurfürst Johann der Beständige in seinem Territorium durchführt und eine Überprüfung aller kirchlichen Angelegenheiten einschließlich des Wissensstandes der Pfarrer nach sich zieht, bildet sich im Reich erstmalig ein **evangelisches Landeskirchentum.** Viele Territorialherren folgen im Lauf des 16. Jh. dem Beispiel Sachsens.

Auf Sold wartende Landsknechtstruppen Karls V. plündern das mit Frankreich verbündete päpstliche Rom (»Sacco di Roma«).

1528 **Albrecht Dürer** stirbt am 6. 4. in seiner Heimatstadt Nürnberg. In seinen Gemälden, Holzschnitten und Kupferstichen sowie in seinen kunsttheoretischen Schriften hat Dürer spätgotisches

und 1505–1507) erfahrenen Renaissance fruchtbar verbunden.

Herkommen mit der von ihm auf zwei Italienreisen (1494/1495 und 1505–1507) erfahrenen Renaissance fruchtbar verbunden.

1529 Als der Habsburger Ferdinand, Bruder und Vertreter des Kaisers im Reich, auf dem Speyrer Reichstag ein Verbot aller Glaubensneuerungen in den Reichsterritorien verkündet und damit eindeutig gegen einen Reichstagsbeschluss von 1526 verstößt, legen die protestantischen Reichsstände dagegen offiziellen Protest ein. Von diesem Speyrer Protest leitet sich fortan die Bezeichnung **»Protestanten«** ab.

Im selben Jahr kommt es vor den Toren Wiens zur ersten Belagerung der Stadt durch die Türken unter ihrem Sultan **Süleiman.** Auch wenn diese Belagerung wohl wegen eines frühen Wintereinbruchs abgebrochen wird, bleiben für die Stadt an der Donau und die habsburgischen Kernlande die türkischen Angriffe eine dauerhafte Gefahr. Bis weit in das 17. Jh. hinein wird Österreich und ganz besonders Wien unter den türkischen Expansionsplänen zu leiden haben.

1530 Nach mittelalterlicher Tradition wird am 24. 2. Karl V. in Bologna vom Papst zum Kaiser gekrönt. Karl V., der sich schon kurz nach seiner Ernennung im Jahr 1519 den Titel »Kaiser« zulegte, wird der letzte Kaiser sein, der vom Papst die Kaiserkrone empfängt.

**MEILENSTEIN**

1530 **»Gepredigt im reinen Verständnis«**

25. Juni Die Botschaft klang versöhnlich: Kaiser Karl V., der den immer heftiger schwelenden Konfessionsstreit im Reich endlich lösen wollte, forderte im Vorfeld des Augsburger Reichstages alle Beteiligten auf, ihre Glaubensgrundsätze dort vorzutragen. Das daraufhin von Melanchthon verfasste und von allen sich zur lutherischen Reformation bekennenden Reichsständen unterzeichnete Dokument wurde am 25. 6. in Augsburg vor dem Reichstag verlesen. Obwohl die Unterzeichner der »Confessio Augustana«, des »Augsburger Bekenntnisses«, mit dieser Glaubensschrift einen vielleicht letzten Versuch unternahmen, eine mögli-

che Spaltung der Kirche doch noch zu verhindern, blieben sie in theologischen Fragen den lutherischen Thesen treu. Die Antwort der katholischen Seite kam umgehend: Brüsk lehnte sie das Bekenntnis der Lutheraner ab. Das Undenkbare war in den Bereich des Möglichen gerückt: die Spaltung der Christenheit. Nicht zuletzt deswegen stellt die »Confessio« eine entscheidende historische Zäsur da.

## Die Krise eskaliert

1531 Nach dem für die evangelischen Reichsstände verheerenden Ausgang des Augsburger Reichstages vereinbaren diese in dem thüringischen Ort Schmalkalden die Bildung eines Beistandsbündnisses. Am 27.2. tritt er offiziell in Kraft. Die Protestanten scheinen zu ahnen, dass der Kaiser an einer friedlichen Lösung des Konflikts nicht mehr interessiert ist. Wie sehr die Bündnispartner des **Schmalkaldischen Bundes** recht behalten sollen, wird wenige Jahre später deutlich.

Auch in der Schweiz steht es um die Sache der Reformation nicht gut: Die evangelisch geführten Kantone erleiden in der Schlacht von Kappeln am 11. 10. eine empfindliche Niederlage gegen das Aufgebot der katholischen Eidgenossen. Auch der Reformator **Ulrich Zwingli** kommt dabei ums Leben. Dieser Krieg gilt als einer der ersten, der um die Sache der Reformation geführt wurde.

MEILENSTEIN

1532 **Das erste deutsche Strafgesetzbuch wird verkündet**

27. Juli Konnte das Gericht dem Angeklagten einen Mord nachweisen, so sollte der Delinquent aufs Rad geflochten werden.

Kam das Gericht jedoch zur Überzeugung, der Täter habe im Affekt gehandelt und somit nur einen Totschlag begangen, drohte ihm das Schwert des Henkers. Dies jedenfalls sah die »Constitutio Criminalis Carolina« vor, die nach langjährigen Verhandlungen endlich auf dem Regensburger Reichstag verabschiedet und von Kaiser Karl V. unterzeichnet wurde. Neu war nicht nur, dass für bestimmte Straftaten ein einheitliches Strafmaß vorgegeben wurde. Wichtiger noch war die Reform des Strafverfahrens: Nicht mehr der Angeklagte hatte seine Unschuld zu beweisen, sondern das Gericht musste ihn der Tat überführen. Auch wenn nicht zuletzt wegen der Zulässigkeit von Folter dieses erste Strafgesetzbuch noch lange nicht unserem heutigen Rechtsempfinden entsprach, so gilt die »Carolina«, auch »Peinliche Gerichtsordnung« genannt, als wichtiger Schritt zum modernen Strafrecht.

1534 In Münster errichtet ein gewisser Melchior Hoffmann das sogenannte **Täuferreich von Münster.** Weite Teile der Bürgerschaft unterstützen nicht nur die Wiedertäuferbewegung, die im Reich letztlich nur eine Randerscheinung der reformatorischen Lehre darstellt, sondern errichten in der Stadt eine Gewaltherrschaft, die zu grausamen Exzessen gegenüber Andersgläubigen ausartet. Erst 1535 beenden Truppen der Reichsstände gewaltsam das Täuferreich. Den Namen »Wiedertäufer« leitet diese christliche Gruppierung von ihrer Grundüberzeugung ab, dass ein Mensch sich nur als Erwachsener in voller Glaubensüberzeugung, aber nicht als Säugling taufen lassen kann. Darum muss jedes Mitglied der Gemeinschaft noch einmal »wiedergetauft« werden.

Der wenig später zum Priester geweihte **Ignatius von Loyola** gründet am 15. 8. die Gesellschaft Jesu. Unter einem anderen Namen soll diese Gemeinschaft in wenigen Jahren zur argumentativ schärfsten Waffe der Päpste im Zug der Gegenreformation werden: dem des Jesuitenordens.

MEILENSTEIN

1534 **Dank Luther kann jeder nun die Bibel lesen**

4. Oktober Mag sein, dass es für manchen Bürger eine Offenbarung war. Sicher aber ist, dass ab dem Herbst des Jahres 1534 die Menschen nicht mehr auf einen Priester oder Mönch angewiesen waren, wollten sie das Wort des Herrn verstehen. Denn mit dem Erscheinen der von Martin Luther ins Deutsche übersetzten Gesamtausgabe der Bibel konnte sich ab sofort jeder sein eigenes Bild von den Heiligen Schriften machen. Unbestritten ist auch, dass durch Luthers Bibelübersetzung die Reformation in weiten Teilen der Bevölkerung einen enormen Zuspruch erhielt. Dank Gutenbergs Erfindung des modernen Buchdrucks wurde die Bibel nun zehntausendfach gedruckt und verkauft. Auch wenn Luther nicht als Schöpfer der neuhochdeutschen Schriftsprache gilt, so hat er sie mit der Bibelübersetzung, die er bewusst in einem der Volkssprache nachempfundenen Stil verfasste, zur Vollkommenheit geführt. Luthers Bibeltext genießt heute Weltliteraturgeltung.

Die am 3. 11. unter König Heinrich VIII. erlassene Suprematsakte begründet die **englische Nationalkirche**.

1536 Neben der Bibelübersetzung ins Deutsche sind es auch die wichtigen Schriften bedeutender Reformatoren, die der antipäpstlichen Bewegung Kraft verleihen, so die des bedeutenden Schweizer Reformators **Johannes Calvin.** In diesem Jahr erscheint sein Hauptwerk, »Unterweisung in der christlichen Religion«. 1541 setzt er seine Thesen in die Praxis um und führt in Genf eine reformierte Kirchenordnung ein.

1538 Als Gegengewicht zum Schmalkaldischen Bund bilden in Nürnberg katholische Reichsstände einen eigenen Bund. Auch wenn der Kaiser diese Vereinigung nicht unterstützt, entwickelt sich die Konfessionsfrage immer mehr zu einem politischen und militärischen Kräftemessen der Reichsstände untereinander.

1539 Was die Großen des Reichs nicht schaffen, erreichen ausländische Mächte, wenn auch nur indirekt: Um einen Krieg gegen die Türken führen zu können, ist Karl V. auf finanzielle Unterstützung aller Reichsfürsten angewiesen. Angesichts dessen drängen die Berater den Kaiser, Ausgleichsgespräche der konfessionell verfeindeten Reichsstände mit dem Ziel eines Kompromisses zu befürworten. Nur widerwillig stimmt Karl diesem **Frankfurter Anstand** zu.

1541 Die Gegensätze zwischen Katholiken und Protestanten scheinen unüberbrückbar: Alle Beteiligten, die konfessionellen Reichsstände, die römische Kurie, aber auch Luther, lehnen eine Weiterführung der vor zwei Jahren vereinbarten Ausgleichsgespräche ab. Obwohl die Delegationen schon zu zentralen religiösen Fragen eine gewisse Annäherung erreicht hatten, scheitern die Verhandlungen letztlich an der Sakramentenfrage.

MEILENSTEIN

1543 **Im Mittelpunkt steht die Sonne und nicht die Erde**

24. Mai Nikolaus Kopernikus, Domherr zu Frauenburg in Ostpreußen, wollte es so: Erst nach dem Tod des nunmehr Siebzigjährigen im Mai 1543 wurde sein bahnbrechendes Hauptwerk »De revolutionibus orbium coelestium« veröffentlicht. In ihm versuchte Kopernikus zu beweisen, dass die Planeten, und damit auch die Erde, die Sonne umkreisen und nicht, wie es das bis dahin vorherrschende Weltsystem des Ptolemäus behauptete, die Sonne die Erde. Sogar die Kirche stand zuerst seinen schon 1514 in einem ersten Entwurf geäußerten Thesen wohlwollend gegenüber. Erst einhundert Jahre später setzte die römische Kurie das Hauptwerk des Kopernikus auf den Index – vielleicht gerade deswegen, weil wenige Jahrzehnte später Johannes Kepler mit seinen Planetengesetzen die grundsätzlichen Thesen des heliozentrischen Weltsystems bestätigte. Er korrigierte nur Kopernikus' Annahme der kreisförmigen Planetenbahnen und wies nach, dass sie die Form einer Ellipse haben.

1544 Nach einem vierten Krieg gegen Frankreich zwischen 1542 und 1544 schließen Karl V. und der französische König Franz I. in

**Crépy** endlich Frieden. Neben Mailand verzichtet Franz auch auf die Lehnshoheit über Flandern. Der Kaiser will sich nach diesem Sieg über seinen einstigen Gegner nun verstärkt um eine Lösung der Konfessionsfrage im Reich kümmern.

1545 Papst Paul III. eröffnet das **Konzil von Trient**. Die letzte Tagungsperiode dieser Zusammenkunft aller Bischöfe und Kardinäle endet erst 18 Jahre später im Jahr 1563. Das »Tridentinum« berät über Glaubenslehre und Kirchenreform. Viele erhoffen sich von diesem Konzil positive Impulse zur Überwindung der Glaubensspaltung im Reich. Doch es soll anders kommen: In Trient werden die Fundamente für die Gegenreformation, den Kampf der katholischen Kirche gegen Abweichlertum und Reformation, gelegt.

1546 Martin Luther stirbt in Eisenach. Am 18. 2. ist jener Mann tot, der mit seinen Thesen und Schriften ein ganzes Jahrhundert in Aufruhr versetzte und, ohne dass er es eigentlich wollte, die christliche Kirche spaltete.

Der Streit zwischen den Reichsständen eskaliert zum offenen Krieg. Der Regensburger Reichstag ächtet Kursachsen und Hessen. Ob er es darauf angelegt hat, ist umstritten: Jedenfalls nutzt Karl V. die Verhängung der Reichsacht aus und beginnt gegen die beiden protestantischen Landesfürsten den **Schmalkaldischen Krieg.**

MEILENSTEIN

1546 **Wahre Fürsten unter den anderen Kaufleuten**

Stellen Sie sich vor, die einhundert größten Unternehmen Deutschlands wären heute in der Hand eines einzigen Konzerns. Unvorstellbar? Im 16. Jh. gab es solch einen Firmenverbund: die Unternehmen der Fugger. 1546 hatte das Firmenimperium seinen Zenit erreicht: Anton Fugger, der Neffe jenes legendären Jakob Fugger, der den Beinamen »der Reiche« erhielt, verfügte über ein Gesellschaftsvermögen, das die in Europa, Asien und Amerika agierende Firma in späteren Jahren nie mehr erreichte.

Spricht die Geschichtsforschung heute vom »Frühkapitalismus«, so meinen diese Erklärungsversuche zuallererst Unternehmungen wie die der Fugger oder der Welser, Kaufmannsfamilien eben, die durch den Fernhandel ein Vermögen verdient hatten. »Geld muss arbeiten«, sagten sie und verliehen es an Fürsten und Kaiser, investierten in Edelmetallbergwerke, gründeten frühneuzeitliche Gewerbeunternehmen und erhielten so noch mehr Kapital.

1547 Kaiser Karl siegt am 24. 4. in der **Schlacht von Mühlberg** an der Elbe über Kurfürst Johann Friedrich von Sachsen. Wenig später ergibt sich auch Philipp von Hessen. Beide Fürsten müssen nun lange Haftstrafen antreten. Der Sachse wird außerdem gezwungen, auf seine Kurfürstenwürde zu verzichten.

1548 Der Kaiser, der nun auf dem Höhepunkt seiner Macht ist, hofft, trotz gegensätzlicher Nachrichten aus Trient, dass das Konzil ausgleichende Beschlüsse fassen möge. Auf dem **»Geharnischten Reichstag«** verkündet Karl V. deswegen das »Augsburger Interim«, das eine Übergangsreligion für die Protestanten bis zur Entscheidung des Konzils ermöglichen soll.

Mit Zustimmung der Reichsstände gelten in den habsburgisch-niederländischen Besitzungen nicht mehr die Beschlüsse des Reichstages und des Reichskammergerichts. Dieser Burgundische Vertrag ist für die späteren Niederlande ein wichtiger Schritt zur Loslösung vom Reich und damit zur Souveränität.

1552 Erneut kommt es zum Krieg der Konfessionen, der alle Bemühungen des Kaisers zunichte macht. Ab März führt Kurfürst Moritz von Sachsen, gemeinsam mit mehreren protestantischen Fürsten, den **Fürstenkrieg** gegen Karl V. Der Kaiser muss von Innsbruck nach Villach in Kärnten flüchten. Außerdem erreicht der Kurfürst die vorläufige Aussetzung der Beschlüsse des Trienter Konzils.

Wiederum ist es die Türkenbedrohung, die die Habsburger zum Einlenken zwingt. König Ferdinand und die Fürsten einigen sich im **Passauer Vertrag** auf die Aufhebung des Augsburger Interims. Außerdem werden in Passau die Weichen zum Augsburger Frieden gestellt: Alle Parteien einigen sich darauf, Verhandlungen mit dem Ziel eines dauerhaften Friedens zu führen.

1553 Kaiser Karl V., der seit Februar zurückgezogen in Brüssel lebt, scheint zu resignieren. In das Reich wird er nie mehr zurückkehren. Drei Jahre später, im Jahr 1556, tritt der Kaiser endgültig ab und zieht sich nach Spanien in die Nähe des Klosters San Gerónimo de Yuste zurück. Sein Nachfolger wird sein Bruder **Ferdinand I**. Am 21. 9. 1558 stirbt der erklärte Widersacher des Reformators Martin Luther.

MEILENSTEIN

1555 **»Cuius regio, eius religio«**

25. September »Wem das Land gehört, der bestimmt auch die Religion.« Dieser Satz nun steht eben nicht in jenem Friedenswerk, das der Augsburger Reichstag 1555 verabschiedete. Rechtsprofessoren haben ihn, um das Werk des Augsburger Religionsfriedens auf eine griffige Formel zu bringen, wenige Jahre später formuliert. Dennoch sagt er viel über den Kompromiss aus, den die Reichsstände in Augsburg suchten und fanden. War ihnen einerseits bewusst, dass eine Religionseinheit kaum noch möglich war, so versuchten sie wenigstens mit dem Abkommen eine machtpolitische Gemeinsamkeit für das Reich herzustellen. Doch nicht der Untertan konnte über seine Konfessionszugehörigkeit entscheiden, sondern nur der Herr, der jenes Territorium besaß, auf dem der Untertan wohnte. Und noch ein Passus machte den Frieden so brüchig: Geistliche, katholische Besitzungen waren von dem Kompromiss ausgeschlossen. Nicht zuletzt deswegen war bei manchem Reichsfürsten der Friedenswille wenige Jahrzehnte später verflogen.

# Nach Augsburg: die Ruhe vor dem Sturm

1555 **Philipp II.,** Sohn von Karl V. und König von Spanien, übernimmt nun auch offiziell die Herrschaft in den habsburgischen Niederlanden. Schon kurz danach nehmen dort die Repressionen gegen die Protestanten zu. Eine große Anzahl der Verfolgten flüchtet aus den Niederlanden in das Heilige Römische Reich. Viele von ihnen gründen wenige Jahre später in deutschen Handelsstädten große Bank- und Kaufmannshäuser.

MEILENSTEIN

1559 **Die Reichsmünzordnung ordnet das Chaos**

19. August Der Euro hat einen Nennwert von einem Euro. Sein Metallwert beträgt dagegen nur ein Bruchteil des Nennwerts. Als der Reichstag zu Augsburg eine Neuordnung des Münzwesens anstrebte, kannte man noch nicht dieses Prinzip der »Scheidemünzen«. Ein Taler bestand aus Silber, ein Goldgulden aus Gold. Der Metallwert einer Münze entsprach damit seinem Nennwert. Wollte jedoch der Kaufmann einen Wertvergleich der unterschiedlichen Münzen vornehmen, benötigte er dafür ein Münzgrundgewicht. 1524 hatte der Reichstag daher die »Kölner Mark« als Münzgewicht festgelegt. Doch seitdem viele Fürsten die Oberhoheit des Kaisers über das Goldmünzregal unterliefen und die unterschiedlichsten Silbermünzen prägten und in Umlauf brachten, herrschte im Reich ein heilloses Münzchaos. So blieb dem Reichstag keine andere Wahl, als sich dem Faktischen zu beugen: Ab dem August 1559 galt erstmals, zusätzlich zum Golddukaten, Silber in Form des Reichsgulden als offizielle Währungseinheit.

1563 Nach der Zerschlagung eines Adelsaufstandes in Bayern, dessen Ursache Herzog Albrecht V. in der Verschwörung gegen sein katholisches Regiment sieht, erlaubt er dem Jesuitenorden in seinem Herzogtum, verstärkt eine Katholisierung der Bevölkerung durchzuführen. Bayern als Vorreiter erlebt damit die erste große Welle der **Gegenreformation.**

In der Kurpfalz, einem Zentrum reformatorischer Kirchenpolitik, veröffentlichen Kaspar Olevian und Zacharius Ursinus den **Heidelberger Katechismus.** Dieses Lehrwerk für Protestanten orientiert sich stark an den theologischen Lehren Johannes Calvins. Das Jahr der Veröffentlichung ist kein Zufall: So soll der Katechismus dem Wirken des Jesuitenordens im Reich entgegenwirken.

1567 Unabhängig von der Konfessionsfrage vollzieht sich im Reich eine weitere, doch ebenso wichtige Entwicklung. Die Hinrichtung des fränkischen Reichsritters Wilhelm von Grumbach, der sich in einem offenen Aufstand gegen die Zunahme landesherrlicher Privilegien in den Territorien auf Kosten des niederen Adels zur Wehr setzte, macht deutlich, dass die Territorialfürsten nicht mehr bereit sind, ihre neu gewonnenen landesherrlichen Rechte aus der Hand zu geben.

1568 Mit der Hinrichtung des niederländischen Grafen von Egmont durch den spanischen Herzog Alba beginnt in den Niederlanden der **Achtzigjährige Krieg.** Was mit einem Aufstand beginnt, entwickelt sich in den kommenden Jahrzehnten zum Freiheitskampf der Niederländer um die Loslösung von der spanischen Krone. Erst im Westfälischen Frieden (1648) wird den Niederländern die volle Souveränität zugestanden.

1569 Der Geograf Gerhard Mercator, seit 1552 in Duisburg ansässig, veröffentlicht seine große Weltkarte. Auch heute noch rühmt man die Genauigkeit dieses Werkes. Mercator hat in der Karte die Kontinente nach der nach ihm benannten **»Mercatorprojektion«** ausgerichtet. Um eine winkelgetreue Abbildung der Weltkugel zu erreichen, richtet er die Kontinente entlang der Nord-Süd-Achse einer Zylinderprojektion aus. Auch wenn er damit eine starke Verzerrung der Polarregionen in Kauf nimmt, bedeutet diese neue Darstellung einen riesigen Fortschritt für die Seefahrt.

1582 Papst Gregor XIII. führt die später nach ihm benannte **Kalenderreform** durch. Doch ohne die in den letzten Jahrzehnten neu gewonnenen astronomischen Erkenntnisse hätte der Papst die Reform nicht einleiten können. Denn nur das Wissen um die Planetenbahnen ermöglicht eine genaue Berechnung der Tage, der Wochen und der Monate. Im julianischen Kalender lässt Gregor zehn Tage überspringen und passt ihn so den neuen Gegebenheiten an. Unter den Katholiken schnell verbreitet, wird der »neue Stil« der Kalenderrechnung im Reich erst 1700 allgemein verbindlich (»Reichsstil«).

1583 Wie sehr die Konfessionsfrage auch jetzt noch das Heilige Römische Reich beschäftigt, wird im **Kölner Krieg** überdeutlich. Die Entscheidung des Kölner Erzbischofs und Kurfürsten Gebhard Truchsess, sein Territorium evangelisch zu machen, stößt auf den erbitterten Widerstand des Landtages und des Domkapitels, die ihn nach regionalen Kämpfen absetzen und einen katholischen Nachfolger aus dem Haus Wittelsbach bestimmen. So verhindert der Sieg der katholischen Rheinländer eine Verschiebung der Stimmenmehrheit im das den Kaiser wählenden Kurfürstenkolleg zugunsten der Protestanten.

1598 Das **Edikt von Nantes** beendet die französischen Religionskriege: Es bestätigt den Katholizismus als Staatsreligion, gewährt den Protestanten (»Hugenotten«) aber Gewissensfreiheit, zudem das Recht, Gottesdienste abzuhalten und Truppen an »Sicherheitsplätzen« zu unterhalten. Die Aufhebung des Edikts durch Ludwig XIV. (1685) führt zu einer Auswanderungswelle der Hugenotten nach Deutschland und in die Niederlande.

1600 Um die Jahrhundertwende vollzieht sich in der Musik ein Wandel. Die Stilrichtung der **Polyfonie,** die mit ihrem mehrstimmigen und instrumental begleiteten Gesang die Musik der Renaissance bestimmte, wird nun zunehmend von der Monodie abgelöst. Der monodische Stil, ein einstimmiger Gesang mit Akkordbegleitung, beeinflusst in Zukunft zunehmend die Musik des aufkommenden Barock. Einer der führenden Vertreter dieses musikalischen Wandels ist der Italiener Claudio Monteverdi.

1601 Johannes Kepler wird am Hof Kaiser Rudolfs II. Hofmathematiker. Kepler, der durch die Beobachtung der Gestirne die Gesetzmäßigkeiten ihrer Umlaufbahnen errechnete, leitete davon seine drei **keplerschen Gesetze** ab. Mit dieser empirischen Ableitung naturwissenschaftlicher Gesetze, die Kepler ja nur durch seine Beobachtung der Sterne aufstellen konnte, wird der Astronom Wegbereiter der neuzeitlichen Naturwissenschaft.

1603 **Elisabeth I.**, seit 1558 Königin von England, stirbt. Unter ihrer Regierung hat England einen großen wirtschaftlichen Aufschwung und eine geistige Blütezeit erlebt. Der Sieg über die spanische Armada (1588) hat dem Land, das außenpolitisch die Protestanten unterstützte, zudem den Aufstieg zur Weltmacht geebnet.

## Vorboten des Krieges

1606 Der **Friede von Zsitvatorok** beendet den »Langen Türkenkrieg« (1593–1606) und stellt Habsburger und Osmanen diplomatisch auf dieselbe Stufe.

MEILENSTEIN

1608 **Protestanten und Katholiken formieren sich**

14. Mai Der Geist von Augsburg, der noch 1555 in der Konfessionsfrage zu einem – wenn auch fragilen – Status quo im Reich geführt hatte, schien endgültig verflogen. Unversöhnlich waren die katholischen und protestantischen Lager nur noch darauf bedacht, durch gezielte Provokationen das Feuer endgültig zu entfachen. Provokativ war nicht nur die Verhängung der Reichsacht über das protestantische Donauwörth durch die katholische Mehrheit im Reichstag, sondern auch ihre Forderung, die nunmehr protestantischen Bistümer in Norddeutschland zu rekatholi-

sieren. Die Antwort kam umgehend: Am 14. 5. beschlossen die süddeutschen protestantischen Fürsten in Auhausen ein Bündnis, die »Union«, dem sich wenig später Brandenburg und weitere Reichsstände anschlossen. Als Reaktion gründeten im darauffolgenden Jahr die katholischen Stände unter Führung Bayerns, jedoch ohne Österreich, in München die »Liga«. Sehenden Auges steuerten beide Seiten der Katastrophe entgegen.

1608 Ein **Bruderzwist im Haus Habsburg** bricht zwischen Kaiser Rudolf II. und Erzherzog Matthias aus. Mit der Entscheidung, dem ungarischen Adel freie Religionsausübung einzuräumen, stößt Matthias auf den erbitterten Widerstand seines Bruders. Um ihre Unterstützung in den nun folgenden Auseinandersetzungen mit seinem Bruder zu gewinnen, macht Matthias der Ständeopposition in den Habsburger Territorien umfangreiche Zugeständnisse.

1609 In der Auseinandersetzung mit seinem Bruder sucht auch Rudolf II. Unterstützung. So sichert er im Majestätsbrief den böhmischen Ständen vollständige Religionsfreiheit zu. Gerade die Zugeständnisse an die böhmischen Stände werden es sein, die den Streit zwischen Habsburg und Böhmen eskalieren lassen und damit den Dreißigjährigen Krieg auslösen.

Auch um die im Nordwesten des Reichs gelegenen vereinigten Herzogtümer Kleve, Jülich und Berg bricht mit dem Tod des kinderlosen Herzogs Johann Wilhelm ein **Erbfolgestreit** aus. Neben ausländischen Herrschern und dem Kaiser sind vor allem das protestantische Brandenburg und das katholische Pfalz-Neuburg an der Erbschaft interessiert. In dem fünf Jahre andauernden Konflikt, der auch mit Waffengewalt ausgetragen wird, stehen sich erstmalig auch die konfessionellen Schutzbündnisse der Liga und der Union gegenüber. Nicht zuletzt deswegen gewinnt der Streit an reichspolitischer Bedeutung. Im **Vertrag von**

**Xanten** im Herbst 1614 einigen sich die Konfliktpartner auf eine Aufteilung der umstrittenen Territorien.

1617 Die böhmischen Stände wählen den habsburgischen Erzherzog Ferdinand, den späteren Kaiser Ferdinand II., zum König von Böhmen. Auch wenn im Reich eine Lösung der Konfessionsfrage in weite Ferne gerückt ist und vieles auf eine gewaltsame Konfrontation der katholischen und der protestantischen Stände hindeutet, scheint in Böhmen zwischen dem Haus Habsburg und den Ständen Einvernehmen zu herrschen.

Doch der Schein trügt: Denn noch nicht einmal ein Jahr später wird die Katastrophe des Dreißigjährigen Krieges in Prag ihren Anfang nehmen.

MEILENSTEIN

1618 **Zündschnur am Pulverfass**

23. Mai Die beiden kaiserlichen Statthalter, die den »Prager Fenstersturz«, den Wurf aus einem Fenster im Prager Hradschin, überlebten, landeten nicht sanft auf einem Misthaufen, wie eine weitverbreitete Mär uns weismachen will. Tatsache ist aber, dass der Habsburger Kaiser Matthias wenige Wochen zuvor das konfessionelle Zugeständnis, das sein Bruder, Kaiser Rudolf II., neun Jahre zuvor den protestantischen böhmischen Ständen verbrieft hatte, mit voller Überzeugung gebrochen hatte. Der Zorn der mehrheitlich protestantischen Böhmen war groß: In Prag kam es zu einem Aufstand, in dessen Verlauf eine große Anzahl böhmischer Ständevertreter zum Hradschin zog und nach einer improvisierten Gerichtsverhandlung die beiden kaiserlichen Statthalter kurzerhand aus dem Fenster warf. Das mag vielleicht eine im Affekt und Zorn vollzogene Lynchjustiz gewesen sein, ihre Auswirkung jedoch war katastrophal. Konfessioneller Starrsinn auf allen Seiten und politischer Unverstand führten nun geradewegs in ein dreißigjähriges blutiges Chaos.

## Der Böhmisch-Pfälzische Krieg

1619 In Böhmen überschlagen sich nun die Ereignisse. Die Stände setzen Ferdinand als König von Böhmen ab. Wenige Tage später wählen und krönen sie den Führer der protestantischen Union im Reich, Kurfürst **Friedrich V. von der Pfalz**, zum neuen König. Spätestens mit dieser Wahl eskaliert der böhmische Konflikt zur Reichsangelegenheit.

Der inzwischen am 28. 8. zum Kaiser gewählte **Ferdinand II.** sucht Verbündete, um den Aufstand in Böhmen niederzuschlagen. Nicht ganz bedingungslos stellt sich Herzog **Maximilian I. von Bayern,** der Führer der katholischen Liga, an seine Seite. Als Preis für seine Hilfe verlangt er die Erstattung sämtlicher Kriegskosten und, im Fall eines Sieges über Friedrich von der Pfalz, die Übertragung der pfälzischen Kurwürde auf das Haus Wittelsbach. Da der Kaiser auf die Forderungen des Bayern eingeht, sind nun die Schutzbünde der katholischen Liga und der protestantischen Union zum ersten Mal Kriegsparteien, die sich gegenüberstehen.

Auch wenn der Konflikt der Konfessionsparteien mit den Mitteln des Krieges ausgetragen wird, hat diese Entwicklung vorerst noch kaum Auswirkungen auf den Handel und die Wirtschaft. In Hamburg zeichnet sich mit der Gründung der ersten **»Girobank«** sogar noch eine Entwicklung ab, die für das Handels- und Finanzwesen im Reich weitreichende Auswirkungen hat. Denn die einzige Aufgabe dieser Girobank ist es, eine unausgemünzte Währungseinheit, die »Mark Banco«, zu schaffen. Diese Währung, die damit nur in den Büchern der Bank und ihrer Kunden als virtuelle Verrechnungseinheit zu finden ist, ermöglicht es den Kaufleuten, ohne Rücksicht auf die Vielzahl der in Europa existierenden Münzen, mit nur einer Währungseinheit zu rechnen.

1620 Die erste Schlacht im Dreißigjährigen Krieg wird auf dem **Weißen Berg bei Prag** geschlagen. Das Heer der katholischen Liga besiegt vernichtend das böhmisch-pfälzische Aufgebot. Friedrich V., über einen Winter hinweg König von Böhmen, muss aus Prag fliehen. Nachdem über ihn die Reichsacht verhängt wird, flüchtet der »Winterkönig« in die Niederlande.

1621 Nach dem Sieg über die protestantischen Stände setzt in Böhmen eine umfangreiche Rekatholisierung ein. Die Rache Ferdinands trifft besonders den Landadel. Durch Enteignung verlieren viele Grundbesitzer ihr Land, das nun an kaisertreue Anhänger aus dem Reich verteilt wird. Auch das Blutgericht, das Ferdinand über die Führer der Ständeerhebung verhängt, ist fürchterlich. 27 Personen werden am 21. 6. in Prag hingerichtet. Ihre Köpfe werden anschließend zur Abschreckung auf den Prager Brücken öffentlich zur Schau gestellt.

Obwohl einige Söldnerführer der Union den Kampf um die **Ober- und Kurpfalz** des geächteten Friedrich von der Pfalz weiterführen, können Ligatruppen gemeinsam mit spanischen Einheiten unter Führung von Johann von Tilly das Kurfürstentum erobern und besetzen. Die Residenz Heidelberg fällt 1622.

1623 Herzog Maximilian I. von Bayern erhält nun den Lohn für seinen Beistand an der Seite des Kaisers. Ferdinand II. überträgt ihm die Oberpfalz und die pfälzische Kurwürde als Pfandbesitz. Gerade dieser Vorgang und der Konflikt, der sich durch den Übergang der Kurfürstenwürde an die Wittelsbacher ergibt, wird zu einem jahrelangen Streit im Reich führen und das Kriegsgeschehen weiter antreiben. Sogar bei den Friedensverhandlungen in Münster wird er einer der wichtigsten Problemfelder darstellen. Das Problem wird im Vertrag von 1648 so gelöst, dass die Wittelsbacher die **Kurwürde** wie auch die Oberpfalz behalten dürfen und den Nachkommen des ehemaligen Pfälzer Kurfürsten ein verkleinertes Territorium mit einer eigenen Kurwürde zugestanden wird.

1624 Mit der Übertragung der Leitung der französischen Politik an Kardinal **Richelieu** beginnt in Frankreich die »Herrschaft der

Kardinäle«. Sie bestimmen fortan für viele Jahrzehnte die Grundlinien französischer Innen- und Außenpolitik. Auch für den späteren Frieden im Reich wird das diplomatische Geschick des Kardinals von Vorteil sein. Maßgeblich wird er am Zustandekommen des Westfälischen Friedens beteiligt sein.

## Der Dänisch-Niederländische Krieg

1625 Auch wenn nun Kaiser Ferdinand II. die Macht im Reich mit Unterstützung der katholischen Liga sicher in den Händen hält, ahnt er, dass ihm neues Ungemach droht. Denn im Norden des Reichs stellt der dänische König **Christian IV.** ein großes Heer gegen den Kaiser auf. In seiner Funktion als Herzog von Holstein ist der Dänenkönig Oberster des niedersächsischen Reichskreises. Unterstützung erhält Christian IV. auch von der englischen Krone und den Niederlanden, die immer noch im Unabhängigkeits- und Freiheitskampf gegen die habsburgisch-spanische Krone stehen. Die Ziele dieses Bündnisses, der **Haager Allianz,** sind vielfältig. Das erklärte Ziel sieht Christian IV. jedoch in der Rückeroberung der böhmischen Krone für Friedrich V., der inzwischen Schwiegersohn des englischen Königs ist.

Mit der Unterstützung der protestantischen Reichsstände durch Christian IV. tritt der Krieg, der bisher auf Böhmen und die Pfalz beschränkt blieb, in eine neue Phase ein: der des Dänisch-Niederländischen Krieges.

MEILENSTEIN

1625 **Die Kriegsgeschäfte des Herrn von Wallenstein**

7. April Es versprach, ein einträgliches Geschäft zu werden: Der zum Katholizismus konvertierte böhmische Edelmann Albrecht von Wallenstein schlug dem in Geldnot versinkenden Kaiser Fer-

dinand II. vor, ihm ein Heer von 50000 Mann zur Verfügung zu stellen, finanziert von ihm, dem Böhmen. Für den nötigen Geldfluss sorgte der Bankier des Herrn von Wallenstein, der Flame Hans de Witte. Der hatte schon im Vorfeld Finanziers und Kreditgeber ausfindig gemacht, die eine prächtige Rendite erwarteten. Doch kein Kredit ohne Sicherheiten: Die sagten Wallenstein und de Witte ihren Geldgebern durch das Einziehen von Kontributionen, die sie dem Adel und dem gemeinen Volk in den besetzten Gebieten aufzwingen wollten, zu. Am 7. 4. willigte der Kaiser, nicht zuletzt wegen der Gefahr, die ihm durch den Eintritt des dänischen Königs Christian IV. in den Krieg drohte, ein und ernannte Wallenstein zum Oberbefehlshaber aller Truppen und zum Herzog von Friedland. Ende des Jahres befehligte der Böhme über 50000 Soldaten. Warum wohl nannte man diesen Krieg den »Krieg der Gulden«?

1626 Trotz der gewaltigen Streitmächte, die der Dänenkönig Christian IV., aber auch Ernst von Mansfeld als Oberbefehlshaber der Unionstruppen aufstellen können, bleiben ihnen Erfolge versagt. Ja, das Gegenteil dessen tritt ein: Gegen das Heer der Liga unter Johann von Tilly erleidet Christian IV. in der **Schlacht bei Lutter** am Barenberge bei Salzgitter eine bittere Niederlage. Auch von Mansfeld kann nichts gegen das kaiserliche Aufgebot Wallensteins und dessen überragende Kriegstaktik ausrichten. In der Schlacht an der Elbbrücke bei Dessau wird sein Heer vernichtend geschlagen.

Nach den Schlachterfolgen vereinigen Tilly und Wallenstein ihre Armeen und unterwerfen gemeinsam die norddeutschen protestantischen Territorien. Dem Dänenkönig Christian IV. bleibt keine andere Wahl: Er zieht sich aus Deutschland zurück. Im **Frieden von Lübeck** wird sich drei Jahre später Dänemark verpflichten, keinen Einfluss mehr auf die inneren Streitigkeiten im Reich zu nehmen.

1628 Der Dank des Kaisers ist **Wallenstein** nach seinen Erfolgen gewiss: Ferdinand II. ernennt ihn zum »General des Baltischen und Ozeanischen Meeres« und zum Herzog von Sagan. Wallenstein ist nun nicht mehr nur Feldherr und Kriegsunternehmer, sondern mit kaiserlicher Unterstützung auch zum Herzog (ab 1629 auch Herzog von Mecklenburg) aufgestiegen. Die beispiellose Karriere des böhmischen Edelmannes, protegiert vom Haus Habsburg, erregt das Misstrauen aller Reichsstände, im Besonderen aber auch das der katholischen Fürsten.

1629 Kaiser Ferdinand II., der durch die Siege Wallensteins und Tillys den Einflussbereich der Habsburger bis an die Ostsee ausdehnt, ist nun auf dem Höhepunkt seiner Macht. Sich dieser kaiserlichen Macht bewusst, erlässt er am 6. 3. das **Restitutionsedikt.** Damit ordnet Ferdinand II. die Rückgabe aller seit dem Jahr 1552 von den protestantischen Landesherren eingezogenen geistlichen Güter an. Von Anfang an ist dieses Edikt als einseitiger kaiserlicher Akt bei allen Reichsständen, unabhängig von der konfessionellen Zugehörigkeit, umstritten. Der Kaiser ahnt noch nicht, dass er mit diesem Beschluss, der den Konfessionsstreit zugunsten des Katholizismus verschiebt, den Bogen überspannt hat.

1630 Die Reichsstände sehen in den kaiserlichen Erfolgen und dem damit einhergehenden Machtzuwachs Ferdinands II. allmählich eine Bedrohung ihrer eigenen Privilegien. Maximilian I. von Bayern – eigentlich der engste Weggefährte Ferdinands II. – und weitere Fürsten wollen nun auf dem **Kurfürstentag zu Regensburg** dem Kaiser seine Grenzen aufzeigen. So zwingen sie Ferdinand II., Wallenstein aus seinen Diensten zu entlassen. Ihre Forderungen gehen aber weiter: Der Kaiser soll zukünftige Entscheidungen zur Kriegsführung und zur Außenpolitik den Reichsständen vorlegen.

# Der Schwedische Krieg

**MEILENSTEIN**

1630 **Die weiße Lilie unterstützt den Löwen aus Mitternacht**

26. Juni Die Prophezeiung aus dem 16. Jh. schien in Erfüllung zu gehen: Da sollte aus dem hohen Norden, den man damals Mitternacht nannte, ein Löwe kommen und den Adler bekämpfen. Das Wappentier des Kaisers war ein Adler. Soweit die Mystik, nun die Wirklichkeit: Der schwedische König Gustav II. Adolf war ein überzeugter Protestant. Mit Unbehagen musste er zusehen, wie das katholische Österreich seine Macht bis an die Ostsee ausgedehnt hatte. Der Schwede aber, der dadurch sein Herrschaftsgebiet bedroht sah, brauchte Geld, wollte er aktiv in den Krieg eingreifen. Also nahm er Kontakt zur französischen Krone auf, der die Macht der Habsburger schon immer ein Dorn im Auge war. Frankreich erklärte sich umgehend bereit, die Kriegszüge Gustav Adolfs zu finanzieren. Als am 26. 6. die schwedischen Truppen unter Führung des Königs auf der Ostseeinsel Usedom landeten, war damit der einstmals innerdeutsche Konflikt endgültig zum europäischen Krieg eskaliert.

1631 Im Januar beschließen Schweden und Frankreich im **Bündnisvertrag von Bärwalde** auch offiziell und formell die Unterstützung der schwedischen Intervention durch die französische Krone. Gustav II. Adolfs Unterstützung, die den Beginn der dritten Phase des Krieges markiert, wird unterdessen von den protestantischen Reichsständen mit Begeisterung aufgenommen. So verbündet sich Kurfürst Johann Georg I. von Sachsen mit dem Schwedenkönig und führt seine Truppen in Absprache mit ihm gegen Böhmen.

Auch wenn Gustav II. Adolf noch versucht, der bedrängten Stadt Magdeburg zu helfen, und seine Truppen dorthin verlagert, kann er den Fall der Stadt nicht mehr verhindern. Wenige Monate später jedoch, am 17. 9., stellt er das Heer Tillys bei **Breitenfeld** in der Nähe von Leipzig und besiegt die Ligaarmee. Zum ersten Mal im Verlauf des Dreißigjährigen Krieges wird mit diesem Sieg die bisherige Erfolgsserie von Kaiser und katholischer Liga unterbrochen.

Doch nicht nur die Schweden, die nach dem Erfolg bei Breitenbach ohne Widerstand zum Rhein vordringen, zeigen Ferdinand II. auf, dass er den Höhepunkt seiner Macht überschritten hat. Auch die sächsischen Truppen unter Kurfürst Johann Georg I. von Sachsen können mit der **Einnahme Prags** einen großen Erfolg verbuchen.

MEILENSTEIN

1631 **»Rinnt allzeit frisches Blut«**

20. Mai Der Kaiser wollte ein Exempel statuieren! Mit der Eroberung Magdeburgs, des großen und einflussreichen Handelszentrums an der Elbe, mit der Einnahme jener protestantischen Stadt, die ein Bündnis mit dem Schwedenkönig eingegangen war, wollte Ferdinand endgültig beweisen, dass er es ernst meinte mit der Restitution, der Rückführung aller deutschen Lande zum wahren Glauben, dem katholischen. Nebenbei hätte die Eroberung der reichen Stadt ihn ein wenig von seiner chronischen Finanznot erlöst. Doch es kam anders. Nach einer monatelangen Belagerung stürmten am Morgen des 20. 5. die kaiserlichen Truppen Magdeburg. Unter der Bevölkerung der in Flammen stehenden Stadt richtete eine entfesselte Soldateska ein dermaßen blutiges und grauenhaftes Gemetzel an, dass es, liest man die Berichte der Überlebenden, jeden erstarren und schaudern lässt. 1639 zählte die dem Erdboden gleichgemachte Stadt nur noch 450 Einwohner.

1632 Mit dem ungehinderten Vordringen der schwedischen Armee nach Süddeutschland wird deutlich, welche bedrohlichen Ausmaße der Kriegseintritt des Schwedenkönigs für den Kaiser, aber noch mehr für seinen engsten Verbündeten, den bayerischen Kurfürsten Maximilian I., annimmt. Am 15. 4. treffen die Armeen

Gustav Adolfs II. und Tillys erneut in **Rain am Lech** aufeinander. Verzweifelt versucht Tilly, den Übergang der schwedischen Truppen über den Lech zu verhindern. Doch auch hier besiegt Gustav Adolf II. den gegnerischen Feldherrn und erzwingt so den Übergang über den Fluss. Tilly, der in dieser Schlacht schwer verwundet wird, stirbt wenig später an seinen Verletzungen.

Durch diesen Sieg steht dem Schwedenkönig auf seinem Zug in die Residenzstadt München kein Widerstand mehr im Weg. Am 17. 5. übergibt der Stadtrat Gustav Adolf II. die Stadtschlüssel. Die Demütigung für den bayerischen Kurfürsten Maximilian I., der wenige Tage vorher nach Salzburg flüchtete, kann nicht größer sein. Denn mit dem Schwedenkönig reitet auch der einst schärfste Gegenspieler des Bayern, der Pfalzgraf und Winterkönig Friedrich V., in die Stadt ein.

Die bedrohlichen Umstände sind es jetzt, die den Kaiser zwingen, die Entlassung Wallensteins rückgängig zu machen. Ferdinand II., der den General zwei Jahre zuvor sowieso nur auf Druck der Reichsfürsten entließ, stattet **Wallenstein** mit umfassenden Vollmachten aus: Der Herzog tritt sein Amt »in absolutissima forma« an. Auch jetzt wieder zeigt sich das taktische Geschick des Feldherrn. Nachdem Wallenstein zunächst die Sachsen aus Böhmen vertreibt, zieht er mit seiner Armee nach Norden. Am 6. 11. kommt es bei **Lützen** in der Nähe von Breitenfeld zum Aufeinandertreffen der kaiserlichen Armee mit den Truppen des Schwedenkönigs. Auch wenn die Schlacht für beide Seiten ohne erkennbaren Sieger endet, mündet sie für die Schweden in einer Katastrophe: Durch eine Kugel wird Gustav Adolf II. tödlich getroffen.

**MEILENSTEIN**

1632 **»Reiß ab, wo Schloss und Riegel für«**

Im Juni Überall brannten sie in jenen Jahren: die Scheiterhaufen des Hexenwahns, der zu Tausenden Frauen, Männern und sogar Kindern das Leben kostete. Durch die Folter presste man den Menschen Geständnisse ab, die jedem aufgeklärten Denken Hohn sprachen. Einer der wenigen, die diese Barbarei kritisierten, war der Jesuitenpater Friedrich Spee von Langenfeld. In vielen Städten erlebte er den Wahn der Hexenprozesse hautnah mit. Im Juni 1632 veröffentlichte er anonym in einer von ihm überarbeiteten zweiten Auflage der »Cautio Criminalis« seine Kritik an der Folterpraxis der Hexenprozesse. Durch Folter, so Spee, würde jeder alles gestehen, dessen man ihn beschuldigen würde. Spee, der im Alter von 44 Jahren 1635 starb, war damit einer der wenigen mutigen Menschen, die ihr Wort gegen Folter und Hexenwahn erhoben. Mag sein, dass Spee viele seiner schlimmen Erlebnisse vor Augen hatte, als er sein berühmtes Kirchenlied »O Heiland, reiß die Himmel auf« zu Papier brachte.

1633 Der schwedische Reichskanzler **Oxenstjerna,** der nun als Nachfolger des gefallenen Königs Gustav Adolf II. die schwedischen Aktionen im Heiligen Römischen Reich leitet, versucht nach dem Schock von Lützen zu retten, was zu retten ist. So erreicht er im April den Zusammenschluss der fränkischen, schwäbischen und rheinischen Reichskreise zum **Heilbronner Bund** unter seiner Führung.

1634 Aber auch für Wallenstein scheinen die Sterne, wie ihm sein Astrologe Seni prophezeit, nicht gut zu stehen. Jedenfalls nimmt der Herzog aus Friedland Geheimverhandlungen mit dem gegnerischen Lager ohne Wissen des Kaisers auf. Ob er nun wirklich Frieden sucht oder nur seine eigenen Machtpläne im Sinn hat, sei dahingestellt. Gegner Wallensteins am Wiener Hof, die durch Spitzel im Offizierslager des Friedländers über Wallensteins Pläne informiert sind, tragen diese dem Kaiser vor. Ferdinand II. ächtet daraufhin den einst so mächtigen Feldherrn und enthebt ihn all seiner Ämter.

Im Februar befiehlt der Kaiser die **Ermordung Wallensteins.** Den offenen Konflikt mit seinem einstigen Feldherrn scheint Ferdinand II. zu scheuen. Am 25. 2. wird Wallenstein in seinem Quartier in Eger meuchlings umgebracht. Die Täter erhalten später eine hohe kaiserliche Belohnung.

Auch wenn der Kaiser jetzt ohne seinen überragenden Feldherrn auskommen muss, wendet sich der Kriegsverlauf dennoch zu seinen Gunsten. Im September schlägt die kaiserliche Armee mit Unterstützung spanischer Einheiten das schwedisch-sächsische Heer bei **Nördlingen** in Bayern. Damit ist die schwedische Vormacht in Süddeutschland endgültig gebrochen. Infolge dieser Niederlage löst sich wenig später der Heilbronner Bund auf.

# Der Schwedisch-Französische Krieg

1635 Die protestantischen Reichsstände erkennen nun allmählich, dass der Krieg gegen die kaiserliche Macht immer mehr zu ihren Lasten geht. Auch die katholischen Reichsstände sehen, dass der schon Jahrzehnte andauernde Krieg nur Elend, Hunger und Seuchen über das Land bringt. Hatten die protestantischen Landesherren den Eintritt des Schwedenkönigs in den Krieg fünf Jahre zuvor noch bejubelt, so ist nun Ernüchterung eingekehrt. Schwedische Truppen stehen in ihrem Tun den kaiserlichen in nichts nach. Beide Seiten müssen, wollen sie den Tross ihrer riesigen Armeen ernähren und finanzieren, die Durchzugsgebiete zur Plünderung freigeben oder von den eroberten Gebieten hohe **Kontributionen** abverlangen. So suchen die verfeindeten Parteien nach vielen Jahren Krieg einen Weg, Frieden zu schaffen.

Kaiser und Kursachsen vereinbaren endlich am 30. 5. in Prag einen Friedensschluss. Sachsen sagt dem Kaiser u. a. gegen dessen Verzicht auf die Umsetzung des Restitutionsediktes von 1629 Unterstützung im Kampf gegen die Schweden zu. Die Tatsache, dass fast alle Reichsstände wenig später dem Frieden beitreten, ist ein weiterer Beleg für die katastrophalen Auswirkungen des Krieges, unter dem die Menschen leiden und auch Handel und Wirtschaft schwere Einbußen hinnehmen müssen.

Die Friedensverhandlungen und der **Friede von Prag** zeigen Frankreich überdeutlich, dass die Schweden auch von protestantischen Reichsständen keine Unterstützung mehr erhalten. Das Ziel der französischen Krone ist aber weiterhin, den Einfluss des Hauses Habsburg in Europa zurückzudrängen. So bleibt dem Land im Westen des Heiligen Römischen Reichs keine andere Wahl, als selbst aktiv zu werden. Die Kriegserklärung ergeht nicht an das Reich und die Reichsstände, sondern an Spanien, dessen Krone im Besitz des Hauses Habsburg ist. Mit dieser Entscheidung wird deutlich, dass Frankreich nur die Position des habsburgischen Kaisers schwächen will. Der Eintritt Frankreichs markiert den Beginn der vierten und letzten Etappe des Dreißigjährigen Krieges.

1636 Trotz des Friedensschlusses von Prag bleiben Erfolge im gemeinsamen Kampf von kaiserlichen und kursächsischen Truppen gegen Schweden aus. Wider Erwarten sind die schwedischen Truppen den vereinigten Heeren sogar überlegen: In der **Schlacht bei Wittstock** in Brandenburg siegt die schwedische Armee gegen das kaiserlich-sächsische Heer.

1637 Nach dem Tod von Ferdinand II. übernimmt sein Sohn **Ferdinand III.** die kaiserliche Regentschaft im Heiligen Römischen Reich. Den Wechsel auf dem Kaiserthron nimmt Papst Urban VIII. zum Anlass, eine Friedensinitiative zu starten. Auch wenn der nach Köln einberufene Friedenskongress erst einmal scheitert, hat der Papst damit einen möglichen Weg vorgezeichnet, wie der Frieden im Reich wiederhergestellt werden kann. Nur wenn sich alle Konfliktparteien zusammensetzen, kann ein tragfähiger Friedenskompromiss zustande kommen.

Fast unbemerkt vom Rest Europas erreicht in den benachbarten Niederlanden eine Entwicklung ihren Höhepunkt und Zusammenbruch, die später unter dem Namen »**Tulpenwahn**« in die Geschichte eingehen soll. Nur wenige Niederländer können sich anscheinend dem Reiz der Spekulation mit Tulpenzwiebeln entziehen. Wie an den Börsen mit Wertpapieren gehandelt wird, so spekuliert der kleine Mann, aber auch reiche Kaufleute, mit den Blumenzwiebeln oder Optionsscheinen auf Neuzüchtungen. Im Februar platzt die Spekulationsblase und führt zum finanziellen Ruin vieler Niederländer.

1638 Die Bedeutung, die der französische Eintritt in den Konflikt hat, wird nun am weiteren Kriegsverlauf immer deutlicher. Die kaiserlichen und reichsständischen Truppen geraten zunehmend in die Defensive. Die Franzosen nehmen **Breisach** ein und schwedische Truppen dringen sogar bis nach Prag vor.

1640 Unabhängig vom Verlauf des Dreißigjährigen Krieges markiert der Regierungsantritt von **Friedrich Wilhelm, dem »Großen Kurfürsten«**, den Beginn des Aufstiegs Brandenburg-Preußens zu einer der führenden Mächte in Europa. Der Kurfürst legt mit dem Umbau seines Landes zu einem Staat kalvinistisch-absolutistischer Prägung den Grundstein für die weitere Entwicklung **Brandenburg-Preußens.**

1641 Nicht zuletzt die Erfolge französischer und schwedischer Truppen zeigen nun auch dem Kaiser, dass eine Friedenslösung der einzige noch offene Weg ist, Stabilität im Reich wiederherzustellen. Nachdem sich schon wenige Jahre zuvor Frankreich und Schweden auf einen Friedenskongress in **Münster und Osnabrück** verständigen konnten, stimmt nun auch Kaiser Ferdinand III. unter dem Druck des Faktischen den Friedensverhandlungen zu.

1644 Auch dank venezianischer und päpstlicher Vermittlung können sich die Kriegsparteien in Münster und Osnabrück auf einen gemeinsamen **Verhandlungsprozess** verständigen. Während des nun vier Jahre dauernden Kongresses werden die beiden Verhandlungsorte zu kriegsfreien Zonen erklärt.

MEILENSTEIN

1648 **»Geh aus, mein Herz, und suche Freud«**

24. Oktober Allein die Dauer der Verhandlungen beweist, wie schwierig es für alle Kriegsparteien war, den lang ersehnten Frieden zu finden. Ab 1644 verhandelten der Kaiser und das Reich mit Frankreich in Münster und mit den Schweden in Osnabrück. Als endlich im Oktober 1648 der Westfälische Friede unterzeichnet wurde, besiegelten die Vertragspartner eine Ordnung, die in den wesentlichen Punkten bis zum Ende des Alten Reichs (1806) Bestand haben sollte. Aus den vielen Einzelergebnissen des Vertrages und den Gebietsveränderungen, die er mit sich brachte, ragt besonders der Machtzuwachs, den fortan die Territorialfürsten des Reichs erhielten, heraus. Auch wenn der Kaiser seine Stellung im Reich behielt, so war in Münster ein weiterer Schritt hin zu den souveränen Fürstenstaaten im Heiligen Römischen Reich getan. Dabei bedeutete die reichsständische »Libertät« keineswegs die Aufgabe gemeinsamer Verantwortung für das Reich. Insofern stellt die Verfassung des Westfälischen Friedens einen Kompromiss zwischen Universalmonarchie und Partikularmächten dar. Bedeutsame Folge war die Festigung der föderativen Traditionen Deutschlands und eine insgesamt defensive, friedfertige Außenpolitik des Reichs.

1648 Am Ende des Dreißigjährigen Krieges, der auch aus konfessionellen Motiven geführt worden war, heute jedoch meist als auf deutschem Boden ausgetragener europäischer Staatsbildungskonflikt angesehen wird, steht nicht nur die endgültige Etablierung der drei Konfessionskirchen von Katholiken, Lutheranern und Reformierten in Deutschland. Denn der am 24.10. von 148 Gesandten unterzeichnete **Westfälische Friede** hebt auch nunmehr definitiv anerkannte Staaten aus der Taufe (die Niederlande und die Schweizer Eidgenossenschaft), verhindert die Bildung anderer Staatswesen ebenso definitiv (Böhmen) und schafft mit der Verabschiedung universalmonarchischer Illusionen eine neue europäische Ordnung.

1648

Preußen und Habsburger im Widerstreit

# Ancien Régime

## 1648–1815

Zwischen dem Westfälischen Frieden und dem Wiener Kongress liegt ein Zeitalter, in dem der Ständestaat zum »deutschen Dualismus« und die Aufklärung zum Erstarken des Bürgertums beitrugen. Am Ende besiegelten die Französische Revolution und Napoleon das Ende des Heiligen Römischen Reiches.

1815

# Der Aufstieg der Reichsstände

MEILENSTEIN

1654 **Dreißig Pferdestärken gegen den Luftdruck**

Otto von Guericke, seines Zeichens Magdeburger Bürgermeister, aber auch Naturforscher und Techniker, hätte sich kein erlauchteres Publikum wünschen können. Sein spektakulärer Schauversuch war es aber auch wert, vor allen Mitgliedern des Regensburger Reichstages einschließlich Kaiser Ferdinand III. vorgeführt zu werden. Dreißig Pferde versuchten vergeblich, zwei zusammengefügte Halbkugeln, denen vorher Guericke mithilfe seiner von ihm erfundenen Kolbenpumpe die Luft entzogen hatte, auseinanderzuziehen. Da Guericke während seines Versuchs in den Halbkugeln ein Vakuum geschaffen hatte, konnten die Pferde so viel wie möglich angetrieben werden – gegen den auf die Kugeln wirkenden Luftdruck konnten auch dreißig Pferdestärken nichts ausrichten. Wollte Guericke mit seinem Experiment der beiden »Magdeburger Halbkugeln« eigentlich nur die Existenz des Weltraums als leeren Raums beweisen, gelang dem Techniker mit dieser spektakulären Aktion eine der ersten physikalischen Pioniertaten zu Luftdruck und Vakuum.

1658 Erst nachdem **Leopold I.** den Kurfürsten in seiner »Wahlkapitulation« erhebliche Zugeständnisse eingeräumt hatte, wählen sie ihn am 1. 8. auf dem Kurfürstentag zum neuen Kaiser. Besonders Kurbrandenburg verlangt von dem Habsburger, dass der Kaiser zukünftig ohne Zustimmung der Kurfürsten keine Bündnisse eingehen darf. Auch dass er zukünftig auf die Zustimmung der Kurfürsten bei der Verhängung der Reichsacht angewiesen ist, geht auf manch schmerzvolle Erfahrung der protestantischen Landesherren im Dreißigjährigen Krieg zurück.

Das Misstrauen vieler Reichsstände gegen das Haus Habsburg wird auch durch die Bildung des **ersten Rheinbundes** unter Führung des Mainzer Erzbischofs und Kurfürsten Johann Philipp von Schönborn deutlich. Dem Bund, der auch von Frankreich mit dem Ziel, kaiserlich-habsburgische Politik im Reich zurückzudrängen, unterstützt wird, gehören neben Kurmainz und weiteren Reichsständen auch Kurköln und Pfalz-Neuburg an.

1660 Nachdem wenige Jahre zuvor Brandenburg die Schweden im Polnisch-Schwedischen Krieg (1655) unterstützte und dafür von der schwedischen Krone die Zusicherung über die Hoheit Preußens erhielt, kann **Kurfürst Friedrich Wilhelm** nun einen weiteren Erfolg verbuchen. Im Kloster Oliva bei Danzig erkennen Österreich, Polen und Schweden das Kurfürstentum Brandenburg als souveränen Besitzer über das preußische Territorium an. Die polnische Lehnshoheit wird damit aufgehoben.

MEILENSTEIN

1663 **Der Reichstag tagt ab sofort immerwährend**

20. Januar Der Reichstag schien in Arbeit zu ersticken! Viele der im Westfälischen Frieden vereinbarten Agenden waren fünfzehn Jahre nach Kongressende immer noch nicht in brauchbare Gesetze umgesetzt, die Bedrohung Österreichs durch die Türken musste vom Reichstag behandelt werden und im Reich hatte sich fünf Jahre zuvor mit der Gründung des ersten Rheinbundes eine antihabsburgische Allianz unter Führung des Mainzer Kurfürsten formiert. Um alle diese anstehenden Problemfelder auch nur annähernd lösen zu können, musste Kaiser Leopold I. für den Januar 1663 einen außerplanmäßigen Reichstag nach Regensburg einberufen. Da die Mitglieder des Reichstags weder länger gewillt noch in der Lage waren, wichtige Entscheidungen in ihren eigenen Territorien zugunsten von Reichsaufgaben mehrere Monate zurückzustellen, musste ein Ausweg gefunden werden. So führten die Reichsstände den »Immerwährenden Reichstag« ein, der nun permanent tagte und in dem die Mitglieder durch Gesandte vertreten waren.

1672 Eine der wichtigsten Aufgaben, die der französische »Sonnenkönig« **Ludwig XIV.** seit seinem Regierungsantritt im Jahr 1643 verfolgt, ist der Plan, die Grenze Frankreichs im Westen gegenüber dem Deutschen Reich lückenlos zu schließen. Schon seit 1667 führt er nicht zuletzt deswegen einen Eroberungskrieg gegen die nördlichen Niederlande. Auch wenn sich das Reich und mit ihm die Landesfürsten zurückhaltend gegenüber dieser Expansionspolitik des französischen Königs verhalten, muss Ludwig XIV. seine Truppen ohne Entscheidung aus den Niederlanden abziehen.

Doch nun gilt das Interesse des französischen Königs Grenzgebieten im Westen. So fordert er 1672 die völlige Eingliederung des Elsass und Lothringens in das französische Territorium. Auf Drängen des habsburgischen Kaisers erklärt daraufhin der Regensburger Reichstag Frankreich den Krieg. Die von Ludwig XIV. geführten Expansionskriege (1667–1697) hat man als **»zweiten Dreißigjährigen Krieg«** bezeichnet.

1675 Zwei Ereignisse sind es, die – obwohl nicht jetzt, so aber im kommenden Jahrhundert – die Geschichte Brandenburgs und Österreichs beeinflussen werden. Nachdem in Brandenburg schwedische Truppen eingefallen sind, schlägt Friedrich Wilhelm, der Große Kurfürst, sie entscheidend in der **Schlacht bei Fehrbellin.** Dieser Sieg über Schweden führt zu einem stärkeren Einfluss Brandenburgs im Reich. Das zweite Ereignis betrifft Schlesien: Nach dem Aussterben der Piastendynastie fällt das Territorium an das Haus Habsburg. Gerade Schlesien wird im kommenden Jahrhundert zum Streitobjekt des »deutschen Dualismus« zwischen Habsburg und Brandenburg-Preußen.

Philipp Jacob Speners Schrift »Pia desideria. Oder, Hertzliches Verlangen nach gottgefälliger Besserung der wahren Evangelischen Kirchen« erscheint; in ihr entfaltet der Autor das Programm des lutherischen **Pietismus.**

1679 Eine allgemeine Kriegsmüdigkeit im Reich führt zwischen Frankreich, dem Kaiser und dem Reich zum Frieden von Nimwegen. Seine Ziele, die Grenze Frankreichs im Norden und im Westen abzusichern, erreicht Ludwig XIV. nur ansatzweise. Nur im Norden kann er Teile Westflanderns in das französische Staatsgebiet integrieren. Nicht zuletzt wegen des geringen Erfolges des Königs werden die Auseinandersetzungen um Grenzgebiete im Westen noch bis zum Ende des 17. Jh. andauern.

MEILENSTEIN

1683 **Ein Sieg in »Mariä Namen«**

14. Juli Es war eine riesige Streitmacht, die an jenem 14. 7. begann, Wien zu belagern. Schon einmal hatten die Osmanen die Stadt umstellt. Doch 1529 mussten sie die Umklammerung wegen eines frühen Wintereinbruchs aufgeben. Seit damals hatte das Haus Habsburg immer wieder Krieg gegen das Osmanenreich geführt. Wien sowie die österreichischen Kernlande galten den Türken als das Tor zum Westen, das sie aufstoßen mussten, wollten sie ihre Expansionspläne verwirklichen. Würde Wien fallen, so wäre das Reich in höchster Gefahr gewesen. Und dieser Albtraum schien Realität zu werden. Mehr als 150 000 osmanische Belagerer hatten die Stadt umzingelt. In höchster Not konnte der Kaiser ein Heer aus bayrischen, sächsischen, polnischen und Reichskreistruppen unter Führung des polnischen Königs Johann III. Sobieski aufbieten und in der Schlacht am Kahlenberg am 12. 9. die Stadt aus der Umklammerung befreien. Der Sieg jedoch bedeutete nur den Auftakt eines neuen »Türkenkrieges«.

1684 Wie bedrohlich die europäischen Staaten die türkischen Expansionspläne halten, wird an dem Bündnis deutlich, dass der Papst, der Kaiser, Polen und Venedig in diesem Jahr zur Abwehr schließen. Dieser **Heiligen Allianz** schließt sich zwei Jahre später auch Russland an.

MEILENSTEIN

1685 **Den Wiederaufbau Preußens ermöglichen**

8. November Friedrich Wilhelm von Brandenburg, der »Große Kurfürst«, ahnte, dass er das im Dreißigjährigen Krieg arg zer-

störte Brandenburg nicht ohne fremde Hilfe wiederaufbauen konnte. Denn die brandenburgische Bevölkerung hatte im Krieg, wie viele andere Länder auch, einen erheblichen Blutzoll zahlen müssen. Als dem calvinistischen Kurfürsten zu Ohren kam, dass Tausende von protestantischen Hugenotten Frankreich verlassen wollten, da ihnen neue Gefahr durch die Aufhebung des Toleranzedikts von Nantes (1598) drohte, bot er den Flüchtlingen Aufnahme in Brandenburg an. Als Anreiz räumte er den Verfolgten im Toleranzedikt von Potsdam umfangreiche Steuerprivilegien und weitere Subventionen ein. Mehr als 20000 Hugenotten nahmen das Angebot des Kurfürsten an. Ohne Zweifel hat die Eingliederung der Flüchtlinge zu dem rasanten Aufstieg Brandenburgs mit beigetragen. Und unbestritten geht der Aufstieg Berlins zu einer europäischen Kulturmetropole auf den Einfluss der Hugenotten zurück.

1687 Die Heilige Allianz gegen die türkischen Expansionspläne zeigt erste Erfolge: In der **Schlacht bei Mohács** in Ungarn werden die Türken am 12. 8. von verbündeten Truppen unter der Führung von Prinz Eugen und Karl von Lothringen vernichtend geschlagen. Die Osmanen ziehen sich daraufhin aus Ungarn zurück. Aus Dankbarkeit gegenüber Habsburg spricht der ungarische Adel dem Haus Habsburg das Erbrecht auf die Stephanskrone und damit auf die ungarische Königswürde zu.

Christian Thomasius hält als einer der Ersten eine Universitätsvorlesung in deutscher Sprache.

Der englische Physiker **Isaac Newton** veröffentlicht sein bahnbrechendes Werk »Philosophiae naturalis principia mathematica«. In ihm beschreibt er zum ersten Mal sein »Gravitationsgesetz«. Alle Erscheinungen in der Natur, so Newton, werden von Kräften bestimmt, durch die Körper einander genähert oder voneinander entfernt werden. Newtons Gravitationsgesetz verändert fortan das Bild, das die Menschheit bisher über die Naturerscheinungen hatte.

1688 Aufgrund der Ansprüche, die die französische Krone auf Grenzgebiete im Westen des Reichs erhebt, kommt Europa nicht zur Ruhe. Nach dem Aussterben des Hauses Pfalz-Simmern erhebt Ludwig XIV. für seine Schwägerin Elisabeth Charlotte (»Liselotte«) von der Pfalz Erbansprüche auf diese Territorien. Dadurch kommt es zum **Neunjährigen Krieg** (Pfälzischen Erbfolgekrieg). Der Kaiser verbündet sich mit England, den Niederlanden und später Spanien sowie Savoyen zur Großen Allianz gegen Frankreich.

1689 Nachdem französische Truppen die Pfalz eingenommen und verwüstet haben, verstärkt sich im Reich die antifranzösische Stimmung, umso mehr, nachdem besonders Worms, Speyer, Mannheim und Heidelberg unter dem Krieg und den starken Verwüstungen zu leiden haben. Erst acht Jahre später werden die Kriegsgräuel in den rheinischen Territorien ein Ende finden.

1692 Herzog Ernst-August von Braunschweig-Lüneburg erreicht seine Erhebung zum Kurfürsten; damit gibt es eine **neunte Kurwürde** (»Kurbraunschweig«, »Kurhannover«). Durch seine Heirat mit Sophie von der Pfalz, einer Enkelin König Jakobs I., erwirbt er die Anwartschaft auf die englische Krone, die nach dem Tod der Königin Anna (1714 ) auf seinen Sohn Georg Ludwig (als König von Großbritannien: Georg I.) übergeht.

1694 Die neu gegründete Universität in Halle entwickelt sich um Christian Thomasius, Christian Wolff und August Hermann Francke zu einem Zentrum der **Frühaufklärung.** 1754 promoviert hier Dorothea Christiana Erxleben als erste Frau Deutschlands zum Doktor der Medizin.

1697 Der sächsische Kurfürst **Friedrich August I.,** dem man später den Beinamen »der Starke« gab, ist eigentlich Protestant. Als er vernimmt, dass ihm ein großer Teil des polnischen Adels die Königskrone antragen will, konvertiert Friedrich August I. zum Katholizismus. Denn nur ein Katholik darf die polnische Krone tragen. Der Entrüstung des sächsischen Adels kann der Kurfürst nur dadurch entgegentreten, dass er jedermann in Sachsen die Religionsfreiheit garantiert. Am 27. 6. wird August der Starke als August II. zum polnischen König gewählt.

Der **Friede von Rijswijk** beendet den Neunjährigen Krieg: Frankreich muss Lothringen und die besetzten Gebiete rechts des Rheins aufgeben, behält dafür aber das Elsass.

1699 Endlich endet auch der große Krieg gegen die Türken. Im **Frieden von Karlowitz** am 26. 1. schließen der Kaiser, Polen und Venedig ein Friedensabkommen mit dem Osmanischen Reich. In dem Vertrag werden auch die Ansprüche Österreichs auf Ungarn, Siebenbürgen, Bosnien und Kroatien bestätigt.

## Der Weg zur Aufklärung

1700 In Brandenburg werden erste Anzeichen für ein aufgeklärtes Denken in den führenden Kreisen der Gesellschaft sichtbar. Der sich zu den Ideen der Aufklärung bekennende Universalgelehrte, Philosoph und Mathematiker **Gottfried Wilhelm Leibniz** gründet in Berlin die Kurfürstlich-Brandenburgische Societät der Wissenschaften, die wenig später in Preußische Akademie der Wissenschaften umbenannt wird. Das neue aufgeklärte Denken, das allmählich in allen wissenschaftlichen Bereichen Einzug hält, wird schon dadurch sichtbar, dass die Preußische Akademie in Europa die erste ist, die naturwissenschaftliche Forschungen mit den Geisteswissenschaften zusammenführt.

**MEILENSTEIN**

1701 **König »in Preußen« und nicht »von Preußen«**

18. Januar Nachdem das souveräne, nicht zum Heiligen Römischen Reich gehörende Herzogtum Preußen im November des Jahres 1700 Königreich geworden war und sich Kurfürst Fried-

rich III. von Brandenburg im Januar des darauffolgenden Jahres in Königsberg selbst zum preußischen König Friedrich I. gekrönt hatte, nannte er sich fortan nicht König von Preußen, sondern König in Preußen. Diese feine Nuance galt dem polnischen König, der bis 1660 die Lehnshoheit über Preußen besaß und im Jahr 1701 immer noch im Besitz Westpreußens war. Damit war Friedrich I. nicht König von ganz Preußen, sondern »nur« König in Preußen. Dennoch markiert das Jahr 1701 einen Wendepunkt in den Beziehungen zu den anderen europäischen Mächten: Suchte der Kurfürst noch vor der Königskrönung die Unterstützung des habsburgischen Kaisers, der ihm den neuen Rang wegen der im Spanischen Erbfolgekrieg geleisteten Waffenhilfe zugestand, so verschlechterte sich das Verhältnis zwischen Hohenzollern und Habsburgern im Verlauf des 18. Jh. erheblich.

1701 Als im Jahr 1700 mit Karl II. die spanische Linie der Habsburger ausstirbt, erhebt Philipp von Anjou, ein Enkel Ludwigs XIV., Anspruch auf den spanischen Thron. Als er dann tatsächlich im darauffolgenden Jahr den Thron besteigt, kommt dies einer Kriegserklärung an Habsburg gleich. In der Haager Allianz verbündet sich Österreich daraufhin am 7. 11. mit England und den Niederlanden gegen Frankreich. Der **Spanische Erbfolgekrieg** ist ausgebrochen.

Auch das Deutsche Reich wird in den folgenden Jahren in den Konflikt verwickelt. So werden sich Bayern und Kurköln auf die Seite Ludwigs XIV. schlagen, der nach Verbündeten im Reich sucht. Dreizehn Jahre wird der Erbfolgekrieg andauern, zu wechselnden Erfolgen beider Seiten, aber auch zu immer neuen Bündnissen führen. Erst 1714 wird endlich ein Friedensabkommen geschlossen.

1704 Wie sehr sich eine Gesellschaft verändert, lässt sich häufig nur an Ereignissen festmachen, die unbemerkt von der großen Politik stattfinden. Immer stärker setzt sich ab dem 17. Jh. in gebildeten Kreisen der Wunsch durch, schneller informiert zu sein. Auch wenn seit den frühen Tagen der ersten Postverbindungen die berittenen Boten Nachrichten von Stadt zu Stadt trugen, fehlte es an Organen, die diese Informationen bündelten und unter die Menschen brachten. Erst später boten Verleger Journale zum Kauf an. 1704 erwirbt der Buchdrucker Johann Lorentz die Rechte an solch einer Publikation und veröffentlicht sie neu unter dem Titel »Berlinische Nachrichten von Staats- und Gelehrtensachen«. Später entstand aus diesem Blatt die berühmte und angesehene **»Vossische Zeitung«.**

MEILENSTEIN

1710 **Vorläufer der Fabrik**

23. Januar Natürlich war es auch für Johann Friedrich Böttger, der schon in Berlin das Versprechen abgegeben hatte, Gold herstellen zu können, unmöglich, etwas möglich zu machen, was nicht möglich war. Doch Böttger erfand das »weiße Gold«. Erwiesen ist, dass der ehemalige Apothekergehilfe 1708 eine Masse aus Feinsteinzeug nach einer von ihm entwickelten Rezeptur brannte, die anschließend zu weißem Porzellan erstarrte. Der sächsische Kurfürst, der auch polnischer König war, erkannte das enorme wirtschaftliche Potenzial dieser Erfindung und gründete 1710 die »Königlich-Polnische und Kurfürstlich-Sächsische Porzellan-Manufaktur« in Meißen. Im Merkantilismus jener Jahre, eine vom Staat kontrollierte und gelenkte Wirtschaftsform zur Förderung der heimischen Ökonomie, war eine Manufaktur eine vom Staat geführte Massenproduktionsstätte, quasi ein Vorläufer der beherrschenden Produktionsform des Industriezeitalters, der Fabrik. Das weltberühmte Markenzeichen der Manufaktur, die »gekreuzten Schwerter«, schmückte wenig später jedes in Meißen produzierte Porzellanstück.

1710 Seit 1709 wütet wieder einmal, wie schon so oft in früheren Jahrhunderten, die Pest. Auch in Preußen sind seit dem Ausbruch ganze Landstriche betroffen. Der preußische König Friedrich I. ordnet daraufhin die Gründung eines Lazaretts in Berlin zur

Vorbeugung gegen die Seuche an. Die Pest erreicht Berlin nicht und das Gebäude wird zunächst nur als Militärhospital genutzt. Erst siebzehn Jahre später wird das Hospital zur Krankenpflege für alle Bevölkerungsschichten freigegeben. In späteren Jahrhunderten werden hier berühmte Ärzte und Professoren arbeiten. Der Name dieses Krankenhauses ist bis heute unverändert: die »**Charité**« (»Barmherzigkeit«) in Berlin.

1713 Am 25. 2. tritt **Friedrich Wilhelm I.** die Nachfolge seines Vaters Friedrich I. als preußischer König an. Dieser Wechsel bedeutet nicht nur ein weiteres Datum in der dynastischen Folge des Hauses Hohenzollern, sondern führt zu einer grundlegenden Umgestaltung Brandenburg-Preußens. Um die in Europa vorherrschende Wirtschaftsform des Merkantilismus wissenschaftlich zu untermauern, gründet Friedrich Wilhelm I. 1727 in Halle und in Frankfurt an der Oder zwei Lehrstühle für Kameralistik. Beide Einrichtungen werden einen maßgeblichen Anteil am wirtschaftlichen Aufstieg Brandenburg-Preußens haben und die Entwicklung des Manufakturwesens entscheidend verbessern.

Dass Preußen im weiteren Verlauf der kommenden Jahrzehnte von den übrigen Landesfürsten immer mehr als Modellstaat angesehen wird, ist auch auf den Umbau des Militärwesens zurückzuführen. Friedrich Wilhelm I. baut seine Macht nicht mehr so sehr auf höfischem Zeremoniell als vielmehr auf dem Ausbau einer schlagkräftigen Armee auf. Nicht zuletzt deswegen erhält Friedrich Wilhelm I. den Beinamen »der Soldatenkönig«.

Um eventuellen Erbstreitigkeiten vorzubeugen, die das Haus Habsburg in früheren Jahrhunderten so oft beschäftigt und beschädigt hatten, verkündet Karl VI. als Herrscher von Österreich am 19. 4. die **Pragmatische Sanktion.** Dieses habsburgische Erbfolgegesetz soll fortan die Nachfolge in den Erblanden und Ungarn regeln. Die beiden wichtigsten Regelungen besagen, dass auch Töchter die Erbfolge auf den Thron antreten können und die Unteilbarkeit des Gesamtstaates für alle Zeiten garantiert wird. Nach Ungarn und den Erblanden stimmen auch alle europäischen Großmächte der Pragmatischen Sanktion zu.

1714 Mit dem **Frieden von Rastatt und Baden** am 7. 3. endet der Spanische Erbfolgekrieg. Der Kaiser und auch das Reich erkennen Philipp V. als König von Spanien an. Österreich wird dafür mit Neapel, Mailand, Sardinien und den Spanischen Niederlanden entschädigt. Kurfürst Georg Ludwig von Hannover wird als Georg I. König von England.

MEILENSTEIN

1717 **Schulpflicht in Preußen eingeführt**

28. September Die Order, die Friedrich Wilhelm I. erließ, galt zunächst nur für die königlichen Domänen in Brandenburg und in Preußen. Zu groß waren die Widerstände, die Gutsherren und Eltern, aber auch die Landeskirchen, gegen den Beschluss hegten, allen Kindern zwischen dem fünften und dem zwölften Lebensjahr den Schulbesuch zu ermöglichen. Gerade Kinder galten auf den Agrargütern als willkommene und billige Arbeitskräfte und ihr Lohn bot den meist armen Landfamilien ein zusätzliches Zubrot. Außer den Schulgebäuden, die der König auf Staatskosten errichten ließ, sollte die Unterweisung der Kinder im Lesen, Schreiben und Rechnen sowie v. a. in der Religion unter allen Umständen »kostenneutral« stattfinden. So verpflichtete der Staat v. a. aus dem Militärdienst entlassene Soldaten zum Schuldienst. Auch wenn nicht zuletzt deswegen der Unterricht in den Anfängen weniger auf pädagogischen Prinzipien als vielmehr auf Drill aufbaute, war die Entscheidung des Soldatenkönigs weitsichtig und wegweisend.

1719 Auf Anhieb wird der Roman, der in diesem Jahr in London erscheint, ein Erfolg. Der Autor beschreibt darin das Schicksal eines Seemanns, der nach dem Untergang seines Schiffs an den Gestaden einer unbekannten Insel strandet. Sein Autor ist **Daniel Defoe,** der Roman »Robinson Crusoe« gilt als erster realistischer Roman der Weltliteratur.

1720 Obwohl sich Brandenburg-Preußen in dem um die Vorherrschaft im Ostseeraum geführten **Nordischen Krieg** (1700–1721) zwischen Schweden und einer Allianz aus Polen, Russland und Dänemark neutral verhielt, profitiert das Land dennoch im Frieden von Stockholm von den dort getroffenen Beschlüssen. Brandenburg-Preußen erhält mit Stettin und Teilen Vorpommerns einen weiteren Küstenabschnitt an der Ostsee.

1721 Im September erhält der Markgraf Christian Ludwig von Brandenburg-Schwedt ein Paket aus Köthen zugestellt. Es enthält die Partituren für sechs Konzerte. Beigefügt ist eine umfangreiche Widmung an den Markgrafen. Der Absender ist niemand anderes als **Johann Sebastian Bach**, der den Grafen drei Jahre zuvor in Berlin kennen und schätzen gelernt hatte. In Anlehnung an die Widmung werden die sechs Kompositionen, die mit ihren zukunftsweisenden Satzelementen schon jetzt auf die Genialität des großen Komponisten hinweisen, später den Beinamen »Brandenburgische Konzerte« erhalten. 1723 nimmt Bach in Leipzig die Stelle als Kantor der Thomaskirche an, die er bis zu seinem Tod im Jahr 1750 innehaben wird. In Leipzig komponiert Bach jene großartigen kirchenmusikalischen Werke, die zu den Höhepunkten der Musikgeschichte des Barock zählen.

1730 Schon lange gilt das Verhältnis von Friedrich Wilhelm I. zu seinem Sohn Friedrich als angespannt. Der Vater erzieht den Sohn mit harter Hand. Friedrich jedoch, der eine Vorliebe für französische Musik und Literatur entwickelt, liebt weder den militärischen Drill seines Vaters noch schätzt er dessen Bemühungen, für den Sohn eine Braut auszuwählen.

Nachdem Friedrich von den Plänen seines Vaters erfährt, ihn mit der Tochter des englischen Königs zu vermählen, unternimmt der Prinz gemeinsam mit seinem Freund und Vertrauten Hans Hermann von Katte einen Fluchtversuch. Der Plan jedoch wird vereitelt. Die Strafe Friedrich Wilhelms I. ist hart: Friedrich muss eine Kerkerstrafe in Küstrin verbüßen und Katte lässt der König hinrichten. Auch wenn sich Friedrich zwei Jahre später mit seinem Vater aussöhnt, hinterlassen die Ereignisse von 1730 tiefe Spuren bei dem späteren König **Friedrich II., dem Großen.**

1731 Friedrich Wilhelm I. siedelt in **Ostpreußen,** das durch eine wenige Jahre zuvor ausbrechende Pestwelle stark entvölkert wurde, 20 000 Protestanten aus Salzburg an. Auch diesmal wieder ist es der brandenburgisch-preußische Staat, der mit dieser Aufnahme von Glaubensflüchtlingen Weitsicht beweist und den Ausbau des Staates über religiöse Interessen stellt.

1736 Nachdem es 1734, diesmal um den Streit der polnischen Thronfolge, erneut zum Konflikt zwischen Habsburg und Frankreich gekommen war, hatten französische Truppen Lothringen besetzt, woraufhin der Reichstag Frankreich den Krieg erklärte. Erst 1736 wird dieser Konflikt durch den Präliminarfrieden zwischen Österreich und Frankreich beigelegt. Als Gegenleistung dafür, dass Frankreich der Pragmatischen Sanktion von Karl VI. zustimmt, erklärt der Reichstag den endgültigen Verzicht auf Lothringen zugunsten der französischen Krone.

1739 Schon lange pflegt der preußische Prinz Friedrich einen engen Briefkontakt zu dem einflussreichsten Schriftsteller und Denker der Aufklärung jener Jahre, dem Franzosen Voltaire. **Voltaire** veröffentlicht 1739 den »Antimachiavel«, ein Werk, das sich kritisch mit den staatspolitischen Ideen von Machiavelli auseinandersetzt. Voltaire jedoch veröffentlicht nur das Buch. Geschrieben hat es Friedrich. In der Schrift plädiert der spätere Preußenkönig für eine sittliche Staatsführung und will das Amt des Königs als »premier serviteur de l´Etat«, als »erster Diener des Staates«, verstanden wissen. Dass diese der Aufklärung verpflichteten Grundsätze nicht immer mit der späteren Realpolitik Friedrichs II. übereinstimmen werden, ist auch der »Sucht nach Ruhm« des Königs zuzuschreiben.

1740 Nach dem Tod Friedrich Wilhelms I. wird sein Sohn **Friedrich II.** am 31. 5. preußischer König. Auch in Österreich findet wenige

Monate später ein Thronwechsel statt. Am 20.10. folgt **Maria Theresia** ihrem verstorbenen Vater Karl VI. auf den Thron. Maria Theresia ist jetzt Erzherzogin von Österreich und wird später auch Königin von Ungarn (1741) und Böhmen (1743). Vermählt ist die Königin mit Franz Stephan von Lothringen, der zugleich Mitregent der österreichischen Erblande ist.

MEILENSTEIN

1740 **Der aufgeklärte Philosoph als dem Staat dienender Feldherr**

16. Dezember Friedrich II. war nach dem Tod des Vaters als Thronfolger weder in Preußen noch im Ausland umstritten – wohl aber die österreichische Thronerbin Maria Theresia, die am 20. 10. das Erbe ihres verstorbenen Vaters Kaiser Karls VI. antrat. Trotz der Pragmatischen Sanktion von 1713, die die Rechtmäßigkeit des Thronanspruchs belegte, erkannte besonders der bayrische Kurfürst, der eigene Erbinteressen hegte, den Anspruch Maria Theresias nicht an. Diese instabile Situation in Österreich nutzte nun der junge »aufgeklärte« König Friedrich II. aus, marschierte in das benachbarte, zu Österreich gehörende Schlesien ein und besetzte es. Weder hatte er diese Okkupation vorher diplomatisch angekündigt noch war sie mit den damaligen Völkerrechtsstandards zu vereinbaren. Dieser Überfall auf ein fremdes Territorium führte das Land, das während Friedrichs Regentschaft innere Reformen erlebte, in einen gesamteuropäischen Konflikt.

1741 Am 6. 4. schließt der Preußenkönig Friedrich II. ein Bündnis mit Frankreich. Da Bayern und Sachsen dem Bündnis beitreten, weitet sich der **Erste Schlesische Krieg** zum Österreichischen Erbfolgekrieg aus. Erst sieben Jahre später wird der Konflikt um das habsburgische Erbe beigelegt sein. Im gleichen Jahr noch, nachdem die Verbündeten Prag erobern, lässt sich der bayerische Kurfürst Karl Albrecht von Bayern von den Böhmen als König huldigen.

1742 Für Maria Theresia und die Habsburgermonarchie wird die Situation von Monat zu Monat immer gefährlicher. Am 25. 1. wählen die Kurfürsten des Deutschen Reichs erstmals seit über dreihundert Jahren keinen Habsburger, sondern den Wittelsbacher Kurfürst Karl Albrecht als **Karl VII.** zum Kaiser. Doch die Kaiserwürde der Wittelsbacher steht auf keinem festen Grund. Einzig und allein ist Karl VII. auf preußisch-französische Gnaden angewiesen.

Doch auch Maria Theresia weiß, dass sie gegen das Bündnis von Preußen, Bayern, Sachsen und Frankreich kaum etwas ausrichten kann. Geschickt versucht sie nun, das Bündnis zu spalten. Im **Frieden von Berlin** am 28. 7. tritt sie den größten Teil Schlesiens und die Grafschaft Glatz an Preußen ab. Die so wiedergewonnene Handlungsfreiheit durch das Ende des Ersten Schlesischen Krieges nutzt die Erzherzogin, um gegen Bayern vorzugehen. Ihre Truppen erobern Böhmen zurück und besetzen wenig später große Teile Bayerns. Kaiser Karl VII. muss sein Land fluchtartig verlassen.

1743 Nachdem wenige Monate zuvor Großbritannien an der Seite Österreichs in den Krieg eingegriffen hatte, erreichen nun die Auseinandersetzungen um das habsburgische Erbe eine fast gesamteuropäische Dimension. Die **Pragmatische Armee** aus Österreichern, Briten und Niederländern erringt am 27.6. bei Dettingen zwischen Aschaffenburg und Hanau einen folgenschweren Sieg über Frankreich. Wenig später überqueren österreichische Truppen den Rhein und dringen bis nach Frankreich vor.

1744 Nach diesem für Frankreich unerwarteten Kriegsverlauf sucht die französische Krone einen Bündnispartner, um die Bedrohung durch Österreich abzuwenden. Preußen, das eigene Interessen verfolgt, willigt bereitwillig ein. Friedrich II. fällt in Böhmen ein, das er jedoch wenig später wieder räumen muss. Mit diesem erneuten Einfall in habsburgisches Territorium löst der Preußenkönig aber eine neue Auseinandersetzung, den **Zweiten Schlesischen Krieg,** zwischen den beiden Mächten des »deutschen Dualismus« aus.

1745 Für Bayern zahlt sich die Kaiserkrone nicht aus. Karl VII. hat sein Fürstentum in den finanziellen Ruin getrieben. Nach seinem Tod am 20. 1. verzichtet nicht zuletzt deswegen sein Nachfolger, Kurfürst **Maximilian III. Joseph,** auf die Kaiserkrone und schließt in Füssen am 22. 4. mit Österreich einen Friedensvertrag. Da der bayerische Kurfürst nun die Pragmatische Sanktion anerkennt, erhält er als Gegenleistung die von Österreich besetzten Gebiete zurück.

Auch wenn Friedrich II. unterdessen militärische Erfolge gegen Österreich erzielt, kann Preußen im September die Wahl von **Franz Stephan von Lothringen,** dem Ehegatten Maria Theresias, zum deutschen Kaiser nicht verhindern.

Die Kaiserwahl führt Friedrich II. vor Augen, dass er im Reich kaum auf Unterstützung hoffen kann. So schließt er am 25. 12. in Dresden mit Österreich Frieden. Preußen erkennt nun den Gemahl Maria Theresias als Kaiser an, erhält dafür aber die Bestätigung des schlesischen Besitzes. Mit dem **Frieden von Dresden** endet der Zweite Schlesische Krieg.

1748 Seit dem Eintritt Großbritanniens in den Österreichischen Erbfolgekrieg verlagern sich die Interessen aller Beteiligten zunehmend auf Gebiete, die außerhalb der eigenen Herrschaftsterritorien liegen. Zwischen Frankreich und Großbritannien geht es um kolonialpolitische Interessen, während Österreich an der Rückgabe der von Frankreich besetzten niederländischen Territorien interessiert ist. Im **Frieden von Aachen** am 18. 10., der den Schlusspunkt des Erbfolgekriegs markiert, können zwar die kolonialpolitischen Gegensätze Frankreichs und Großbritanniens nicht endgültig gelöst werden, dafür aber erhält Österreich gegen Zugeständnisse an Frankreich um italienische Besitzungen seine Besitzungen in den südlichen Niederlanden zurück. Endlich erkennt auch Frankreich mit dem Frieden von Aachen die Pragmatische Sanktion an.

1751 Trotz der Kriegshandlungen, die Europa in den letzten Jahrzehnten überzogen und mit dem in wenigen Jahren ausbrechenden Siebenjährigen Krieg (1756–1763) einen weiteren Höhepunkt erreichen werden, breitet sich in Europa der Geist der **Aufklärung** immer mehr aus. Im Lauf von eineinhalb Jahrzehnten erscheinen in Frankreich drei jener großen Werke, die in den folgenden Jahrzehnten den Gedanken der Aufklärung zu ihrem gesellschaftlichen und politischen Durchbruch verhelfen werden. Schon 1748 veröffentlicht **Montesquieu** sein Hauptwerk »De l´esprit de loi«, in dem er seine Theorie von der Lehre der Gewaltenteilung aufstellt. Ab 1751 erscheint die **»Encyclopédie ou Dictionnaire raisonné des sciences, des arts et des métiers«**, die zum Standardwerk der französischen Aufklärung wird. Und das dritte große Werk der französischen Aufklärung veröffentlicht elf Jahre später der Franzose **Jean-Jacques Rousseau**: In seinem »Du contrat social« fordert er die Bindung aller, von Bürgern, Adel und Bauern, an das Gesetz. Die Prinzipien der Aufklärung werden nicht zuletzt wegen dieser Bücher zum alles bestimmenden Faktor der gesellschaftlichen Auseinandersetzungen im 18. und im 19. Jahrhundert.

1756 Auch wenn der Friede von Aachen zu einer kurzen Atempause führte, werden in den kommenden Jahren auch weiterhin große Gebiete Europas vom Krieg überzogen. Den Anstoß dazu liefert der österreichische Staatskanzler **Wenzel Graf von Kaunitz.** Mit dem Ziel der Rückgewinnung Schlesiens kehrt Kaunitz in Verhandlungen mit den europäischen Mächten die bisherige Bündnispolitik um (»Renversement des alliances«). Erfolgreich schmiedet der Kanzler ein gegen Preußen gerichtetes Bündnis mit Frankreich: Der am 1.5. unterzeichnete Vertrag von Versailles, zustande gekommen auch unter dem Eindruck der britisch-französischen Kolonialkonflikte und der Annäherung Großbritanniens an Preußen, legt als »Umsturz der Bündnisse« die Jahrhunderte währende Auseinandersetzung zwischen

Habsburgern und Bourbonen bei. 1757 treten diesem Pakt weitere Staaten zur Seite: neben Russland, Sachsen und Schweden auch die Mehrzahl der Reichsfürsten.

Friedrich II. kommt, wie er es selbst formuliert, einem nun drohenden Angriff der Bündnispartner zuvor: Wiederum überraschend und ohne Kriegserklärung besetzt er Sachsen – damit löst er den **Siebenjährigen Krieg** aus.

1757 Eine breite Reichstagsmehrheit beschließt eine Reichsbewaffnung und die Exekution gegen Preußen. In den folgenden Monaten und Jahren wechseln sich Siege und Niederlagen auf beiden Seiten ab. Erfolgen der Allianz stehen Siege Friedrichs II. bei **Roßbach** und **Leuthen** gegenüber.

Doch Friedrich II. muss auch erkennen, dass er mit seinem Expansionsdrang den Bogen überspannt hat und sich nicht nur auf seine »Kriegskunst« verlassen darf: Am 12. 8. 1759 schlägt ein vereinigtes Heer von russischen und österreichischen Verbänden den Preußenkönig in der Schlacht bei **Kunersdorf** vernichtend.

1759 Nirgendwo anders entfaltet sich die Musik des Barock als Untermalung höfischen Zeremoniells und höfischer Prachtentfaltung so sehr wie in den Werken des in Halle geborenen Komponisten **Georg Friedrich Händel**. An vielen europäischen Höfen gehören seine Kompositionen zum festen Repertoire der fürstlichen Orchester. Händel, der einen Großteil seines Lebens in England verbringt, stirbt am 14. 4. 1759.

1762 Mit dem Tod der russischen Zarin Elisabeth scheint sich für Friedrich II. das »Kriegsglück« zu seinen Gunsten zu wenden. Der Nachfolger der Zarin, Peter III., schließt mit Preußen am 5. 5. Frieden und geht mit dem König sogar ein Bündnis ein. Auch wenn dieser Pakt nicht von langer Dauer sein wird, deutet man später den Wechsel auf dem Zarenthron als **»Mirakel des Hauses Brandenburg«.**

MEILENSTEIN

1763 **Friede nach vielen Jahrzehnten**

15. Februar Auch wenn Friedrich II. den preußischen Staat während des Siebenjährigen Krieges mit seiner Strategie des »Alles oder Nichts« vor der endgültigen Katastrophe bewahren konnte, so wusste auch der preußische König, dass endlich Frieden zu schließen sei. 10 % der preußischen Bevölkerung waren auf den Schlachtfeldern ums Leben gekommen und die ökonomische Situation Preußens mehr als desolat. Auch die Erkenntnis, dass gegen halb Europa kein Krieg zu gewinnen war, mag den König zum Frieden bewogen haben. So willigte Friedrich II. im November 1762 in einen Waffenstillstand zwischen Österreich, Sachsen und Preußen ein. Auch wenn der König dem Frieden von Hubertusburg nur unter der sich anbahnenden Bedrohung eines gegen Preußen gerichteten Bündnisses von Großbritannien, Frankreich und Russland zustimmte, bedeutete der Vertrag dennoch ein Gewinn: Preußen behielt nicht nur Schlesien, sondern etablierte sich endgültig als Großmacht im Konzert der europäischen Staaten.

1764 Ganz allmählich zeichnet sich am Horizont eine neue Ära ab. Viele revolutionäre Erfindungen läuten in den kommenden Jahrzehnten in Europa das Zeitalter der **Industrialisierung** ein. Einer jener technischen Pioniere, die mit ihren revolutionären Erfindungen dazu beitragen, die Produktion von der Handwerksstube in die neue Maschinenwelt zu verlagern, ist der Engländer James Hargreaves. Mit der Konstruktion seiner **»Spinning Jenny«** versucht er, die komplizierten Handbewegungen der Spinnerinnen auf eine Maschine zu übertragen. Für die englische Wirtschaft, die in weiten Teilen auf die Woll- und Tuchproduktion aufbaut, bedeutet die Erfindung von Hargreaves den ersten Schritt hin zu den großen Spinnmaschinen, die wenige Jahrzehnte später in vielen englischen Fabrikhallen vorherrschen werden.

1765 Friedrich II. von Preußen erlässt in diesem Jahr ein Edikt, das zur Gründung der **Königlichen Giro- und Lehnbanco** in Berlin führt. Dieses Institut sollte zur ersten Notenbank in Deutschland werden. Die Akteure im internationalen Warenverkehr rechnen ihre Zahlungen und Anweisungen entweder über Girobanken ab, die mit nicht ausgemünzten Verrechnungseinheiten die Buchungen vornehmen, oder aber immer noch mit Bargeld aus Münzen. Banknoten setzen sich erst ganz allmählich durch. Denn nur der Staat bzw. die Landesherrschaften können für den Wert garantieren, der auf den »wertlosen« Papiernoten vermerkt ist.

Nach dem Tod von Kaiser Franz I. Stephan folgt ihm sein Sohn als Kaiser **Joseph II.** auf den Thron. In den österreichischen Erblanden ist Joseph nur Mitregent neben seiner Mutter Maria Theresia. Erst nach dem Tod der Erzherzogin im Jahr 1780 kann der Kaiser auch in Österreich allein regieren.

1769 Im englischen Patentamt wird die Erfindung unter der Nummer 913 geführt. Eingereicht hat den Antrag ein gewisser **James Watt.** 1769 wird ihm auf jene Maschine das Patent erteilt, die wie keine andere das Bild des aufkommenden Industriezeitalters prägen soll: die **Dampfmaschine.** Eigentlich stammt die Idee dazu nicht von Watt. Wenige Jahre zuvor hatte ihm Thomas Newcomen eine Dampfmaschine zur Reparatur überlassen. Watt verbessert die Energieausnutzung der Maschine entscheidend und erhält dafür 1769 das Patent. Die Erfindung mit der unscheinbaren Patentnummer 913 ist der entscheidende Durchbruch zum Zeitalter der Industrialisierung.

**MEILENSTEIN**

1772 **Die Reise eines Weltbürgers um die Welt**

13. Juli Für den Siebzehnjährigen muss es ein erhebendes Gefühl gewesen sein. An der Seite seines Vaters, eines anerkannten Naturforschers, stand der junge Georg Forster an Deck der HMS Resolution und beobachtete, wie das Schiff den Hafen von Ply-

mouth verließ und unter Leitung von James Cook auf dessen zweite Reise in die Südsee aufbrach. Eigentlich sollte der junge Georg Forster nur Zeichnungen von der Reise anfertigen. Doch nach der Rückkehr der Resolution im Juli 1775 veröffentlichte Georg Forster einen Reisebericht, der ihn mit einem Schlag berühmt machte. Hatte er doch mit seiner Beschreibung der »Reise um die Welt« die neue Gattung einer leicht lesbaren und dennoch wissenschaftlich fundierten Reiseliteratur begründet. Forster, mit vielen wissenschaftlichen Ehren ausgezeichnet, stand dem Geist der Aufklärung offen gegenüber. Zur Mainzer Republik von 1792, die er aktiv unterstützte, fiel ihm der Satz ein: »Die Pressefreiheit herrscht endlich innerhalb dieser Mauern, wo die Buchdruckerpresse erfunden ward.«

1772 Am 13. 3. wird in Braunschweig das von **Gotthold Ephraim Lessing** verfasste Schauspiel »Emilia Galotti« uraufgeführt. Dass Lessing es ein »bürgerliches Trauerspiel« nennt, kommt nicht von ungefähr. Als Anhänger der Aufklärung setzt sich Lessing in seinen Werken immer wieder für ein stärkeres Selbstbewusstsein des aufstrebenden Bürgertums ein. So auch im Schauspiel »Emilia Galotti«: Lessing konfrontiert bewusst die von der Aufklärung geprägten Moralvorstellungen des Bürgertums mit den überkommenen Herrschaftsstrukturen des Adels.

Preußen, Österreich und Russland schließen am 5. 8. einen Vertrag, der zur ersten **Teilung Polens** führt. Preußen erhält das Ermland und Teile Westpreußens. Dieser Teilungsvertrag ist eigentlich, ebenso wie die Teilungen von 1793 und 1795, völkerrechtlich nicht haltbar und kann nur aufgrund der instabilen innenpolitischen Lage in Polen umgesetzt werden.

1776 »In der Wahrheit, dass alle Menschen gleich erschaffen wurden«, erklären am 4. 7. 1776 die dreizehn britischen Kolonien in Nordamerika ihre Unabhängigkeit vom Mutterland. Schon ein Jahr zuvor, nachdem es zwischen Kolonisten und englischen Truppen zu ersten Zusammenstößen gekommen war, beschlossen die Kolonien, sich dem Einfluss Großbritanniens zu entziehen. Doch erst ein Jahr später wurde das von Thomas Jefferson verfasste Dokument vom Kongress der dreizehn Gründerstaaten genehmigt und unterzeichnet.

Die **»Declaration of Independence«** gilt als erstes politisches Dokument überhaupt, das auf den Prinzipien der Aufklärung aufbaut. So betont die Erklärung die unveräußerlichen Menschenrechte eines jeden und beansprucht als Rechtfertigung der Loslösung von England das Prinzip des Naturrechts. Das Dokument wird nicht nur zum Leitbuch eines liberalen Wirtschaftsdenkens aufsteigen, sondern auch als Legitimationshilfe für den in den Industrieregionen entfesselten Manchesterkapitalismus herhalten müssen, der die Rechte von Arbeitern und Arbeiterinnen nicht zur Kenntnis nehmen will. Auch wenn das 1776 erschienene Buch »An inquiry into the nature and causes of the wealth of nations« häufig als »Bibel der Kapitalismus« missverstanden wird: **Adam Smith** legt mit diesem Werk die Grundlagen für die moderne Nationalökonomie.

MEILENSTEIN

1778 **»Zum Nutzen geringer fleißiger Personen beiderlei Geschlechts«**
Wer sein Geld zur Bank tragen wollte, musste entweder ein reicher Kaufmann, ein angesehener Bürger oder eben ein Adliger mit viel Geld sein. So war es jedenfalls bis weit in das 18. Jh. hinein. Erst als sich in Hamburg eine Gruppe liberaler Bürger in der »Patriotischen Gesellschaft« zusammengefunden hatte und eine »Allgemeine Versorgungs-Anstalt« gründete, änderte sich dieser Zustand. Fast täglich konnten diese fürsorglichen Bürger beobachten, wie Dienstboten und Tagelöhner durch Krankheit oder andere Widrigkeiten des Lebens unverschuldet ins soziale Elend stürzten. Um diesen Missständen entgegenzuwirken, gründeten sie eine Finanzanstalt, bei der jede »fleißige Person beiderlei Geschlechts« ein Konto eröffnen und ihr Erspartes mit einem Anspruch auf Zinsen

deponieren konnte. Dass das deponierte Geld auch zur Förderung der heimischen Wirtschaft eingesetzt wurde, war neu. Nicht zuletzt wegen dieser Geschäftspolitik gilt die Hamburger Anstalt als erste gegründete Sparkasse im Deutschen Reich.

1781 Auch in Österreich scheint nun **Joseph II.,** der nach dem Tod seiner Mutter Maria Theresia allein regiert, unter dem Einfluss der Aufklärung zu Zugeständnissen bereit zu sein. Am 8. 6. hebt er die Zensur auf und im Herbst sichert er den nicht katholischen Christen die Ausübung ihres Glaubens zu, und das in einem Land, das einst zu den stärksten Verfechtern des römisch-katholischen Glaubens zählte. Doch Joseph II. geht noch einen Schritt weiter: Am 1. 11. hebt er die **Leibeigenschaft der Bauern** auf. Damit zählt Österreich ab 1781 zu den »aufgeklärten« Staaten Europas.

MEILENSTEIN

1781 **»Das moralische Gesetz in mir«**

Kaum ein anderer Denker hat die Geschichte der Philosophie so beeinflusst wie Immanuel Kant. Die Veröffentlichung seines berühmten Werkes »Kritik der reinen Vernunft« im Jahr 1781 markiert einen Höhepunkt des aufgeklärten Denkens im 18. Jahrhundert. Kant leitete von seinen Thesen, die er in seinen später veröffentlichten Werken »Kritik der praktischen Vernunft« und »Metaphysik der Sitten« noch vertiefte, den berühmten »kategorischen Imperativ« ab. Wie die drei menschlichen Wahrnehmungskategorien Zeit, Raum und Kausalität fundamentale Kategorien des Verstandes seien, sei auch die Moral in der Vernunft und nicht in der Autorität einer Religion des Menschen verankert. Anders als das Tier, das nur seinem Instinkt folgt, könnte damit der Mensch seinem Verstand folgen und den kategorischen Imperativ zur Maxime seines Handelns machen: »Handle nur nach derjenigen Maxime, durch die du zugleich wollen kannst, dass sie ein allgemeines Gesetz werde.«

1783 Mit dem Frieden von Paris endet am 3. 9. der **Amerikanische Unabhängigkeitskrieg**. Was 1776 mit der Erklärung der dreizehn Kolonien seinen Anfang nahm und zu einem blutigen Krieg zwischen den Kolonisten und britischen Truppen führte, endet nun mit der Anerkennung der Unabhängigkeit der ehemaligen Kolonien durch Großbritannien. Für den nun souveränen Staatenbund auf dem amerikanischen Kontinent wird der Frieden von Paris zum Beginn eines beispiellosen Aufstiegs.

1786 Am 17. 8. stirbt der preußische König Friedrich II., dem man später den Zusatz »der Große« gab. Die Nachfolge des kinderlosen Königs tritt sein Neffe, **Friedrich Wilhelm II.**, an.

1789 Die Ereignisse, die in Paris im Jahr 1789 zur **Französischen Revolution** führen, werden nicht nur Frankreich, sondern auch die politische Landschaft ganz Europas verändern. Nachdem es in breiten Teilen der Bevölkerung, verstärkt durch eine Hungerkrise ein Jahr zuvor, zu Unruhen kommt, beruft König Ludwig XVI. für den Mai die Generalstände ein. Auch die Vertreter des dritten Standes werden nach Versailles geladen. Als der König wie auch die Ständevertreter von Adel und Klerus nicht bereit sind, auf die Forderungen des dritten Standes einzugehen und die Versammlung hinauszögern, kommt es im Juni zum Eklat. Die Versammlung des dritten Standes erklärt sich zur Nationalversammlung.

Währenddessen ist die Stimmung in der Bevölkerung dermaßen aufgeheizt, dass es im Juli zu gewaltsamen Aufstandsbewegungen kommt. Der **Sturm auf die Bastille** am 14. 7. ist zugleich Auftakt und Höhepunkt dieser Bewegung. Bauernunruhen auf dem Land verstärken nun auch zunehmend die parlamentarische Revolution.

Am 26. 8. verabschiedet die Nationalversammlung die **»Erklärung der Menschen- und Bürgerrechte«**. Nach US-amerikanischem Vorbild schafft sie in feierlichen Formulierungen Strukturen und Zustände des Ancien Régime – des »alten Regimes« der

Zeit vor 1789, das die Revolutionäre dem »modernen Regime« der Revolutionszeit gegenüberstellen – ab und artikuliert neue Normen. So heißt es etwa gleich im ersten Artikel: »Die Menschen werden frei geboren und bleiben frei und gleich an Rechten.« Damit wird jetzt die individuelle Freiheit, die Meinungs- und Pressefreiheit verkündet, außerdem die rechtliche, allerdings nicht wirtschaftliche Gleichstellung aller in Frankreich lebenden Menschen. Von großer Bedeutung für die neue politische Ordnung sind auch die in der Erklärung verkündeten zwei großen Prinzipien der politischen Organisation, das Prinzip der nationalen Souveränität und das der Gewaltenteilung.

Die folgenden Jahre sind von der Frage geprägt, welche Verfassung sich das neue Frankreich geben soll. Diese erste Phase der Revolution endet mit der Abschaffung des Königtums in Frankreich im Jahr 1792.

1791 Im August beraten auf Schloss Pillnitz bei Dresden der preußische König Friedrich Wilhelm II. und Kaiser Leopold II. über die revolutionären Ereignisse in Frankreich. Die Fürsten im Heiligen Römischen Reich sind über die Entwicklung im Nachbarstaat beunruhigt, fürchten sie doch, dass der Funken der Revolution auch auf ihre Territorien überspringen könnte. So verabschieden Preußen und der Kaiser die **Pillnitzer Deklaration,** in der Frankreich aufgefordert wird, die Rechte des französischen Königs in vollem Umfang zu achten. Obwohl eine Kriegsdrohung angedeutet wird, verzichten die beiden Staaten noch auf ein militärisches Eingreifen.

1792 Die Deklaration von Pillnitz bleibt auch in Paris nicht unbeachtet. Um einer drohenden Intervention ausländischer Fürsten zuvorzukommen, ergreifen der Konvent und die Nationalversammlung in Paris die Initiative. Am 20. 4. erklärt Frankreich Preußen und Österreich den Krieg. Damit haben die Ereignisse der Revolution und ihre Auswirkungen endgültig eine gesamteuropäische Dimension angenommen.

Auch unter dem Eindruck des zunehmenden Drucks der europäischen Fürstenstaaten auf den Nachbarn im Westen radikalisiert sich in Frankreich die Revolutionsbewegung zunehmend. Es beginnt die **zweite Phase der Französischen Revolution,** die erst 1794 mit dem Sturz und der Hinrichtung Maximilien de Robespierres enden wird. Bestimmt wird diese Phase von der Konventsherrschaft der Girondisten und der Jakobinerdiktatur.

Ohne dass das Kurfürstenkolleg es ahnen kann, wird am 14. 7. in Frankfurt am Main mit **Franz II.** der letzte Kaiser des Heiligen Römischen Reichs proklamiert. Gut vierzehn Jahre später wird er unter dem Druck der Ereignisse sein Amt niederlegen.

In ihrer Hoffnung, mit Gewaltandrohung das Rad der Geschichte in Frankreich zurückzudrehen, unterschätzen die Reichsfürsten die Motivation der französischen Bevölkerung und damit auch der französischen Revolutionstruppen. Hoch motiviert dringen diese im Herbst auf deutsches Reichsgebiet vor und erobern mit der Pfalz das erste linksrheinische Reichsgebiet. Am 21. 10. marschieren französische Truppen in Mainz ein.

In großen Teilen des deutschen Bürgertums werden die Ereignisse in Frankreich mit Wohlwollen aufgenommen, ja bei einigen sogar mit Überschwang gefeiert. So wundert es nicht, dass im November in Mainz Freiheitsbäume gepflanzt werden. Unter dem Einfluss der deutschen Jakobiner entsteht im Lauf der kommenden Monate in Mainz die **»Mainzer Republik«.**

Allerdings kann sie sich nur unter dem Schutz der französischen Revolutionstruppen entfalten. Das gilt auch für den Rheinisch-Deutschen Freiheitsstaat, der von den deutschen Jakobinern zwischen Landau und Bingen am Rhein mit dem Zentrum in Mainz im März 1793 ausgerufen wird. Auch wenn im Juli 1793 preußische Truppen den Traum von Freiheit, Gleichheit und Brüderlichkeit vorerst beenden, so beweisen die Monate der »Mainzer Republik«, welche politische Kraft von dem immer mehr erstarkten Bürgertum, das den Idealen der Aufklärung verpflichtet ist, auszugehen vermag.

MEILENSTEIN

1792 **»Mozarts Geist aus Haydns Händen«**

November Schon ein halbes Jahr zuvor war Ludwig van Beethoven in Wien gewesen: als Schüler von Wolfgang Amadeus Mozart. Doch wegen des Todes seiner Mutter musste er nach wenigen Wochen den Unterricht abbrechen und nach Bonn zurückkehren. Jetzt im Herbst desselben Jahres war er wieder nach Wien gekommen, um von jenem berühmten Komponisten unterrichtet zu werden, der die Musik vom Barock in die Klassik geführt hatte: Joseph Haydn. Die Wiener Klassik von Haydn, Mozart und Beethoven griff in ihrer Musik Gedanken der Aufklärung und jene Natürlichkeit auf, die die pathetisch-zeremonielle und damit in gewisser Weise »künstliche« Barockmusik ablöste. Die Musik der Wiener Klassik sprach in ihrer Schlichtheit, die durch eine neue Form von Rhythmik und Harmonie geprägt war, besonders die aufkommende bürgerliche Kultur und nicht mehr so sehr die höfische, barocke Kultur an. Die Kompositionen der drei großen Genies der Wiener Klassik waren dadurch aber nicht einfacher. Gerade der Reichtum an Variationen zeichnete ihre Musik aus, die, wie es Haydn einmal formulierte, in der ganzen Welt verstanden wurde – und heute noch wird.

1793 Nachdem am 21. 1. der französische König Ludwig XVI. unter dem Fallbeil stirbt, machen Preußen und Österreich Ernst. Die **erste europäische Kriegskoalition** gegen Frankreich, der sich wenig später auch Großbritannien und weitere europäische Mächte anschließen, wird gebildet. Im Juli können preußische Truppen weite Teile der von den Franzosen besetzten linksrheinischen Gebiete zurückerobern.

1794 Auch Preußen muss sich, nicht zuletzt aufgrund der Ereignisse der vergangenen Jahre, dem Druck eines neuen Zeitgeistes beugen. Am 1. 6. tritt das **Allgemeine Landrecht** für die preußischen

Staaten in Kraft. Beeinflusst von den Gedanken der Aufklärung soll endlich auch in Preußen Rechtsstaatlichkeit in einer Gesellschaft von Staatsbürgern Wirklichkeit werden. Dennoch bleibt auch weiterhin die ständische Gesellschaftsordnung bestehen.

MEILENSTEIN

1794 **Am Weimarer Musenhof**

20. Juli Die Sitzung der Naturforschenden Gesellschaft in Jena war folgenreich. Goethe referierte über die Urpflanze und einer seiner Zuhörer erklärte ihm anschließend, ganz im Sinn Kants, sein Gedanke über die Urpflanze sei eine Idee und keine Erfahrung. Denn eine Idee sei ein Vernunftbegriff. Dieser Zuhörer war niemand anderes als Schiller und aus diesem kleinen wissenschaftlichen Disput entwickelte sich später eine Männerfreundschaft, die Geschichte schreiben sollte: die literaturgeschichtliche Epoche der »Weimarer Klassik«. War es doch gerade diese Freundschaft, die die beiden schon damals berühmten Dichterfürsten in den folgenden Jahren zu Dramen anregte, die sich im Besonderen mit den Erfahrungen der Französischen Revolution, aber auch der anschließenden Jakobinerherrschaft auseinandersetzten. Dass die Ideale der Aufklärung nicht immer geradewegs zu »Freiheit, Gleichheit und Brüderlichkeit« führten, sondern auch einen »aufgeklärten« Despotismus hervorbringen konnten, mussten Goethe wie auch Schiller in zahlreichen gemeinsamen Gesprächen erkennen. Beide verarbeiteten diese Erfahrung in vielen berühmten Dramen: so Goethe etwa in seinem »Faust« und Schiller im »Wilhelm Tell«.

1795 Nachdem ein Jahr zuvor französische Truppen die linksrheinischen Gebiete des Reichs zurückerobern konnten, scheidet am 5. 4. Preußen im **Frieden von Basel** aus der Kriegskoalition aus. Mit dem Friedensschluss verfolgt Preußen ein wichtiges Ziel: In der Furcht, dass der Krieg sich ausweiten könnte, will Preußen unter allen Umständen ein Übergreifen der Kriegswirren auf Norddeutschland verhindern.

Nach dem Sturz **Maximilien de Robespierres** und dem Ende der Schreckensherrschaft wird Frankreich fortan von einem Direktorium regiert. In den nun folgenden vier Jahren relativ stabiler innenpolitischer Ruhe wird der Aufstieg eines Mannes seinen Anfang nehmen, der für die kommenden zwei Jahrzehnte die Geschicke Europas bestimmen wird: **Napoleon Bonaparte.** Mit seinem erfolgreichen Feldzug in Oberitalien im Jahr 1796 offenbart der Militärstratege sein Können und gelangt so in Frankreich zu einer ungeheuren Popularität.

1797 Zwei Jahre, nachdem Preußen mit Frankreich Frieden schloss, kann auch Österreich die Stärke der französischen Revolutionstruppen nicht mehr ignorieren. Am 17. 10., im **Frieden von Campo Formio** bei Udine, beugt sich der Kaiser dem Unvermeidlichen. Der Friede bestätigt die Annexion der linksrheinischen Reichsgebiete durch Frankreich.

# Die Ära Napoleon

1799 Napoleon, der inzwischen in Frankreich durch seine Popularität an Einfluss gewonnen hat, entmachtet am 9. 11. **(18. Brumaire)** das regierende Direktorium. Das Eingreifen des Generals, das faktisch einem Staatsstreich gleichkommt, beendet damit die Französische Revolution. Fortan führt Napoleon als Konsul in Frankreich eine Alleinherrschaft.

Die innenpolitischen Wirren in Frankreich nach dem 9. 11. versuchen die ehemaligen Koalitionsmächte, v. a. Großbritannien, Österreich und Russland, auszunutzen und beginnen den **Zweiten Koalitionskrieg** gegen Frankreich. Preußen jedoch verhält sich in diesem Krieg neutral.

1801 Nachdem auch der zweite Krieg der Koalitionsmächte gegen Frankreich negativ verläuft, schließen Österreich und Frankreich den **Frieden von Lunéville**. Da dieses Abkommen auch für das Reich gilt, sind die Folgen weitreichend. Denn mit dem Friedensschluss wird auch die endgültige Abtretung der Reichsgebiete links des Rheins an Frankreich akzeptiert – und damit auch jene Regelungen, die zwei Jahre später im Reichsdeputationshauptschluss ihren Niederschlag finden werden.

MEILENSTEIN

1803 **Deutschland weniger bunt zusammengewürfelt**

25. Februar Von dem Fundament reichsrechtlicher und politischer Grundlagen blieb nach der Umsetzung des Reichsdeputationshauptschlusses kein Stein auf dem anderen. Die Ursache für diesen Entscheid war für damalige Gepflogenheiten gar nicht so dramatisch: Im Frieden von Lunéville zwischen Frankreich und Österreich musste das Reich auf seine linksrheinischen Gebiete verzichten und die dort ansässigen Fürsten mussten mit Territorien rechts des Rheins entschädigt werden. Die Folgen für die geistlichen Reichsstände, aber auch für viele weltliche kleine Territorien und Reichsstädte, waren enorm. Um die ehemals linksrheinisch ansässigen Territorialherren entschädigen zu können, wurden fast sämtliche geistlichen Herrschaften im Reich säkularisiert (also dem Kirchenbesitz entzogen), 112 Kleinstaaten sowie die Reichsfreiheit viele kleiner Reichsstädte aufgehoben und einer Landesherrschaft unterworfen. Auch wenn die Territorialkarte des Reichs nun nicht mehr ganz so bunt aussah, blieb sie aber, jedenfalls aus heutiger Sicht, ein »Flickenteppich«.

1804 Der Aufstieg des Napoleon Bonaparte zum unumschränkten Herrscher Frankreichs scheint nicht mehr aufzuhalten sein. Das müssen inzwischen auch die Mächtigen in Europa zur Kenntnis nehmen. Als in einer Volksabstimmung Napoleon sogar die Kaiserwürde angetragen wird, sieht der Kaiser des Heiligen Römischen Reichs darin eine Gefahr für seine Krone. Als vorweggenommene Antwort auf die wahrscheinliche Krönung Napoleons nimmt darum Franz II. am 11. 8. den Titel eines erblichen Kaisers von Österreich an. Am 2. 12. krönt sich Napoleon in Paris in Beisein des Papstes zum Kaiser.

1805 Die Ereignisse des Jahres 1804 führen direkt in den **Dritten Koalitionskrieg** mit Österreich und Russland gegen Frankreich, jedoch erneut ohne Beteiligung Preußens. In der mit einer Niederlage endenden **Dreikaiserschlacht von Austerlitz** (das russische Wort »Zar« bedeutet Kaiser) am 2. 12. wird den Verbündeten endgültig ihre Ohnmacht gegenüber den Truppen Napoleons vor Augen geführt. Im Frieden von Pressburg (26. 12.) muss Österreich umfangreiche territoriale Zugeständnisse an den neuen Machthaber Europas einräumen.

1806 Auch viele Reichsfürsten erkennen, dass sich die Waagschale in Europa immer mehr zugunsten Napoleons neigt. Immer mehr wird ihnen bewusst, dass ihr politisches Überleben von Macht und Gnade des Franzosen abhängt. Am 12. 7. errichten 16 süd- und westdeutsche Fürsten, unter ihnen die wenige Monate zuvor neu geschaffenen Königreiche Bayern und Württemberg, den **Rheinbund** unter dem Protektorat Frankreichs. Gleichzeitig erklären sie ihren Austritt aus dem Deutschen Reich.

**MEILENSTEIN**

1806 **Ein Ultimatum, ein Federstrich**

6. August Das Ultimatum Napoleons war deutlich: Franz II. möge die Kaiserwürde des Heiligen Römischen Reichs Deutscher Nation niederlegen. Die Macht des Faktischen ließ dem Habsburger keine andere Wahl. Den Rückhalt als Kaiser des Heiligen Römischen Reichs hatte er verloren, als 16 süd- und westdeutsche Fürstentümer, allen voran Bayern, Württemberg, Baden, Hessen-Darmstadt, Kleve und Berg, den Reichsverbund verlassen und am 12. 7. in Paris den Rheinbund gegründet hatten. Paris erschien Napoleon als geeigneter Ort, die Gründungsurkunde unterzeichnen zu lassen, stand doch der Rheinbund unter seinem Protektorat. Bis 1808 sollten sich 23 weitere Staaten, unter ihnen Sachsen und Westfalen, dem Bund anschließen. Letztlich war damit

das Ultimatum Napoleons an Franz II. die Aufforderung an einen Kaiser ohne Land. Mit seiner Unterschrift legte der Habsburger am 6. 8. die Kaiserwürde nieder und regierte fortan als Franz I. von Österreich.

Die Niederlegung der Kaiserkrone durch Franz II. bedeutet das formelle Ende des im Mittelalter entstandenen Heiligen Römischen Reichs, eines auf gegenseitigen persönlichen Treueverpflichtungen beruhenden, ständisch-hierarchisch gegliederten Verbandes heterogener Reichsglieder unter dem Kaiser. Hat man das »Alte Reich« – unter dem Eindruck der auf nationalstaatlichen Glanz fixierten Geschichtsschreibung des 19. Jh. – lange Zeit negativ bewertet und dem angeblichen »unaufhaltsamen Niedergang« des Reichs den Aufstieg der Großmächte Preußen und Österreich entgegengehalten, so betont die neuere Forschung die Chancen, die in der politischen und kulturellen Vielfalt seiner Institutionen und höfischen Zirkel, im organisierten föderalen Nebeneinander gesamtstaatlicher und landesstaatlicher Elemente und in der auf Friedenswahrung gerichteten Außenpolitik des Reichs bestanden.

1806 Trotz der bisherigen neutralen Haltung muss nun auch Preußen erkennen, dass fürstliche Entscheidungen nur noch eine Alternative zulassen: für oder gegen Napoleon. Preußen entscheidet sich, gemeinsam mit Russland, gegen Napoleon. Doch dieser Weg führt geradewegs in die Schlacht von **Jena und Auerstedt.** Lange noch wird die Katastrophe, die am 14. 10. auf den Feldern nahe diesen beiden Städten stattfindet, das Land beschäftigen. Die panische Flucht der preußischen Truppen vor Napoleons Armee zeigt ganz Europa den Zusammenbruch des einst so glorreichen friderizianischen Militärwesens auf. Nicht zuletzt die Erfahrungen jener Niederlage führen wenige Jahre später zu der preußischen Heeresreform. Doch jetzt ziehen erst einmal am 21. 10. französische Truppen in Berlin ein.

1807 Im **Frieden von Tilsit** (8. 7.) wird Preußen durch Napoleon zur Mittelmacht degradiert und muss sich auf Ost- und Westpreußen, das östliche Brandenburg, Pommern und Schlesien beschränken.

Die folgenden Jahre nutzt Preußen zu umfangreichen Reformen. Die Bauernbefreiung, die Aufhebung des Zunftzwanges, die Judenemanzipation sowie Reformen in der Verwaltung, in der Bildung und im Heer gehen später als **Preußische Reformen** in die Geschichte ein.

MEILENSTEIN

1807 **Zum Nutzen der Junker, zum Schaden der Bauern**

9. Oktober Die preußischen Reformer wussten, dass ihre Anstrengungen notwendig waren. Denn wie alle Reformen jener Jahre fand die »Bauernbefreiung« nicht nur in einem von den napoleonischen Kriegszügen destabilisierten Land statt, sondern v. a. in einer sich dramatisch ökonomisch und sozial verändernden Gesellschaft. Die Überführung einer noch mit mittelalterlichen Wurzeln behafteten feudalen Agrarverfassung in eine Agrarwirtschaft, die sich in die am Horizont sich abzeichnende kapitalistische Industriegesellschaft einfinden musste, war das erklärte Ziel der Reformer um Karl August von Hardenberg. Doch das Edikt besaß einen Fehler: Es regelte weder die Übertragung der Eigentumsverhältnisse an die Bauern noch deren Abgeltung von bäuerlichen Diensten und Abgaben an ihre ehemaligen Herren. Und so verlangten nun die Großgrundbesitzer von den Bauern einen finanziellen Ausgleich. Da die aber keine finanziellen Rücklagen besaßen, bezahlten viele Bauern die Entschädigung mit ihrem Land. So entstand aus preußischen Großgrundbesitzern das ostelbische Junkertum mit riesigen Agrargütern.

1811 Als Napoleon die Küstengebiete und die Hansestädte an Nord- und Ostsee dem Kaiserreich Frankreich unterstellt, befindet sich Deutschland vollständig unter der Herrschaft des Kaisers. Im ehemaligen Heiligen Römischen Reich gibt es kein Territorium mehr, das nicht im Machtbereich Napoleons liegt, weder die Rheinbundstaaten noch Preußen und Österreich.

Der Erniedrigung, die die deutschen Fürsten in den letzten Jahren hinnehmen mussten, stehen Reformen Napoleons gegenüber, die nachhaltig die gesellschaftliche Entwicklung in den deutschen Territorien prägen. Die Einführung rechtsstaatlicher Prinzipien in Form des »**Code civil**« werden zu einem weiteren Erstarken des Bürgertums führen, dessen Emanzipation im 19. Jh. ohne die napoleonischen Reformen nicht möglich gewesen wäre.

1812 Um auch Zar Alexander I. von der Notwendigkeit der von ihm verhängten und wirtschaftlich motivierten Kontinentalsperre über England zu »überzeugen«, greift Napoleon am 24. 6. Russland an. Zu Beginn des Feldzuges scheinen die Erfolge dem Kaiser recht zu geben. So können seine Armeen, die nicht nur aus französischen, sondern auch aus Kontingenten der Rheinbundstaaten bestehen, bis zum September nach Moskau vordringen. Doch um dem Gegner keinen Proviant zu überlassen, zünden russische Einheiten die Stadt an. Der Rückzug, mitten im russischen Winter, endet in einer ungeordneten Flucht; nur ein Bruchteil der einst 450 000 Mann starken »Grande Armée« erreicht Mitteleuropa.

1813 Auch wenn die deutsche Nationalbewegung wenige Jahrzehnte später die Erhebungen gegen Napoleon als »Volkskrieg« umdeutet, so sind es aber v. a. reguläre Truppen, die die **Befreiungskriege** von 1813/1814 führen. Lässt man die Schlacht bei Waterloo (18. 6. 1815) unberücksichtigt, so markiert die **Völkerschlacht bei Leipzig** (16.–19. 10. 1813) einen Wendepunkt in der europäischen Geschichte. Der Sieg der deutschen, russischen und österreichischen Truppen führt zum völligen Zusammenbruch der napoleonischen Vorherrschaft. Wenig später löst sich auch der von Frankreich dominierte Rheinbund auf.

Im ersten **Pariser Frieden**, der ein halbes Jahr später am 30. 5. 1814 geschlossen wird, bestehen die Siegermächte auf jener deutsch-französischen Grenzziehung, die 1792 Gültigkeit hatte. Doch nicht nur in diesem Vertrag versuchen die Fürsten Europas, das Rad der Geschichte zurückzudrehen.

1814 Auf dem **Wiener Kongress,** der am 18. 9. unter dem Vorsitz des österreichischen Staatskanzlers Fürst Klemens von Metternich seine Arbeit aufnimmt, verabschieden die europäischen Großmächte die Neuordnung Europas nach dem Sturz Napoleons. Die alten Monarchien werden restauriert, Russland, Österreich und Preußen verabreden in der **Heiligen Allianz** die Zusammenarbeit zum Zweck der Niederhaltung revolutionärer Bewegungen. Das Prinzip des Gleichgewichts der Mächte, das auf einer Restauration vorrevolutionärer Zustände fußt und dem Grundsatz der dynastischen Legitimität folgt, überdauert bis zum Ende des Ersten Weltkriegs (1918).

**MEILENSTEIN**

1815 **Der Kongress tanzt nicht nur**

9. Juni Der Wiener Kongress war angetreten, Deutschland und das europäische Staatensystem nach dem Scheitern Napoleons neu zu ordnen. Doch als am 9. 6. die Wiener Kongressakte und schon ein Tag zuvor die Deutsche Bundesakte unterzeichnet wurden, trat, besonders bei nationalliberal gesinnten Bürgern, Ernüchterung ein. 35 Fürstentümer und vier freie Städte bildeten ab sofort kein Reich mehr, dafür aber unter Führung Österreichs den Deutschen Bund. Oberste Behörde wurde fortan die in Frankfurt am Main tagende Bundesversammlung, auch Bundestag genannt. Weder die Fürsten noch einer ihrer führenden Köpfe, der österreichische Minister Fürst Klemens von Metternich, dachten daran, bürgerlich-liberalen Forderungen nachzukommen. Im Gegenteil: Bespitzelung und Unterdrückung allen liberalen Denkens sollte in den folgenden Jahrzehnten das charakteristische Merkmal der Epoche der Restauration werden.

1815

# Bürger auf den Barrikaden
## Restauration und Revolution

**1815–1871**

Mit dem Wiener Kongress wurden die Hoffnungen der Bürger auf Freiheit zunichtegemacht. Trotz aufkommender Industrialisierung herrschten im Deutschen Bund politische Repression und Pressezensur. Auch die gescheiterte Revolution von 1848 änderte daran nichts.

1871

# Liberalismus und Nationalismus im Vormärz

1815 In der Hoffnung auf eine liberal-nationale Einheit Deutschlands gründen am 12. 6. in Jena die bisher landsmannschaftlich organisierten Studenten eine **Burschenschaft.** Als Bundesfarbe wählen sie die Farben Schwarz, Rot und Gold in Anlehnung an das lützowsche Freikorps. Viele Teilnehmer der Gründungsversammlung, die selbst im Freikorps aktiv waren, glauben fälschlicherweise, als Bundesfarbe die Symbolfarben des Alten Reichs ausgewählt zu haben.

1816 Am 5. 11. wird in Frankfurt am Main die Bundesversammlung des **Deutschen Bundes** eröffnet. Der Deutsche Bund mit 35 souveränen Fürstentümern und vier freien Städten trat 1815 infolge der Beschlüsse des Wiener Kongresses die Nachfolge des aufgelösten Heiligen Römischen Reichs an.

In einigen deutschen Staaten – etwa in Nassau und Sachsen-Weimar-Eisenach, in Baden, Württemberg und Bayern – entstehen **Verfassungen** und Volksvertretungen; in Preußen und Österreich – entgegen dem Verfassungsversprechen der Bundesakte von 1815 – verweigern die Regierungen dieses Zugeständnis.

1817 Im März wird in Preußen mit dem preußischen Staatsrat eine neue oberste Behörde gebildet. Der Staatsrat, der sich in den kommenden Jahrzehnten immer mehr zu einem eigenständigen Machtfaktor entwickelt, erhält in breiten Teilen der Bevölkerung den Beinamen **»Beamtenparlament«,** da in ihm die Spitzen der Behörden vertreten sind.

Mit der Erfindung des Forstmeisters **Karl Freiherr Drais von Sauerbronn,** die er im Juni in Mannheim vorstellt, beginnt der Siegeszug eines Fortbewegungsmittels, das bis heute unvermindert anhält. Drais stellt auf einer Probefahrt eine »einspurige Laufmaschine« der staunenden Öffentlichkeit vor. Aus dieser

Laufmaschine wurde im weiteren Verlauf des Jahrhunderts das Fahrrad.

Anlässlich des vierten Jahrestages der Völkerschlacht bei Leipzig und der Dreihundertjahrfeier der Reformation kommen mehr als vierhundert Studenten aus allen Teilen Deutschlands am 18. 10. auf der Wartburg in Eisenach zusammen. Auf dem **Wartburgfest** wird zum ersten Mal öffentlich Kritik an der Kleinstaaterei in Deutschland, die durch die Bildung des Deutschen Bundes entstand, geübt. Dass die deutschen Burschenschaften in ihrem Bemühen um einen liberal-gesamtdeutschen Staat auch selbst intolerant sind, zeigt sich an der Bücherverbrennung am Abend des 18. 10., bei der sie, wie sie es selbst formulieren, »reaktionäre und undeutsche« Schriften verbrennen.

1819 Am 23. 3. ermordet der radikale Student **Karl Ludwig Sand** in Mannheim den Theaterdichter August von Kotzebue. Dieses Ereignis, wie auch das missglückte Attentat eines Burschenschaftlers auf den nassauischen Staatsrat Karl von Ibell im Juli, nimmt der österreichische Außenminister Fürst **Klemens von Metternich** zum Anlass, in Deutschland schärfere Repressionen einzufordern. Metternich, der 1821 österreichischer Staatskanzler wird, gestaltet den Deutschen Bund, in dem Österreich den Vorsitz innehat, zum Organ seiner Restaurationspolitik.

Der Maschinenfabrikant Friedrich Harkort richtet nach britischem Vorbild auf der leer stehenden Burg Wetter an der Ruhr eine Maschinenfabrik ein. In dieser, wie der Unternehmer es selbst formuliert, »mechanischen Werkstatt« baut Harkort v. a. Dampf- und Fördermaschinen. Die Anlage auf der Burg Wetter ist nicht nur eine der ersten Maschinenfabriken im allmählich zur Industrieregion aufstrebenden kohlereichen **Ruhrgebiet**, sondern beweist mit ihrer Gründung, dass in nicht allzu ferner Zukunft auch in Deutschland ein neues Wirtschaftszeitalter beginnen wird.

MEILENSTEIN

1819 **Die Beschlüsse des Herrn von Metternich**

20. September Nicht, dass Fürst Klemens von Metternich darauf gewartet hätte. Der österreichische Außenminister war seit der Gründung des Deutschen Bundes 1815 der einflussreichste Politiker im Bund und wusste, dass die Fürsten der Bundesstaaten trotz der bürgerlich-liberalen Bewegung in Deutschland auch weiterhin alleinige Träger von Souveränität und Staatsgewalt sein wollten. Doch die Attentate zweier Studenten im März und Juli kamen Metternich sehr gelegen. Das politische Klima war günstig, einer deutschen Ministerkonferenz in Karlsbad Vorschläge zu unterbreiten, die auf ein Verbot jedweder liberaler Aktivitäten hinauslief. Diese vom Bundestag am 20. 9. genehmigten Karlsbader Beschlüsse führten zur Zensur aller Bücher, Schriften und Zeitungen, zum Verbot der Burschenschaften, zur Überwachung aller Universitäten und zur Entlassung »revolutionär« gesinnter Lehrkräfte. In Deutschland begannen nun, aufbauend auf Repression und Überwachung, die Jahre des Biedermeier. In Mainz richteten die Fürsten eine Kommission zur Überwachung von Ruhe und Ordnung ein – in jener Stadt also, in der im 15. Jh. der Buchdruck erfunden wurde.

1820 In den 1820er-Jahren, als in Deutschland die Gesellschaft durch das »metternichsche System« in Restauration und im Biedermeier versinkt, finden in anderen Staaten Entwicklungen statt, ohne die das 19. Jh. nicht den Beinamen **»das industrielle Zeitalter«** erhalten hätte. In Großbritannien beginnt im September 1825 mit der Eröffnung der ersten **Eisenbahnstrecke** zwischen Darlington und Stockton das Zeitalter der Eisenbahn. Und ein Jahr später überquert das erste Dampfschiff den Atlantik. In Frankreich gibt **Nicéphore Niepce** mit der Entwicklung des ersten fotografischen Positivbildes den Anstoß für den Siegeszug eines neuen Mediums. Und ebenfalls in Frankreich entdeckt 1820 der Physiker **André Marie Ampère**, dass sich parallel gerichtete Ströme einander anziehen und entgegengesetzte sich abstoßen. Sein »ampèresches Gesetz« wird zur Grundlage der Elektrodynamik. Einen alten Traum der Menschheit, endlich die ägyptischen Hieroglyphen zu entziffern, kann 1822 der Franzose **Jean-François Champollion** erfüllen; anhand des »Steins von Rosette« lüftet er das Geheimnis der uralten Schriftzeichen.

Der Philosoph **Georg Wilhelm Friedrich Hegel** veröffentlicht seine »Grundlinien der Philosophie des Rechts«, in dem er formuliert, dass das Wesen des Geistes die Freiheit sei. Ganz im Sinn Hegels gründen am 30. 4. 1825 in Leipzig 99 Verleger und Buchhändler den »Börsenverein der Deutschen Buchhändler«.

1827 Auch wenn dem Komponisten **Franz Schubert** mit seinen Sinfonien wie auch seinen Opern der große Durchbruch versagt bleibt, seine Liederzyklen, etwa die »Schöne Müllerin« (1824) und die »Winterreise« (1827), markieren in der Musikgeschichte den Beginn der Romantik.

1828 Die Mehrheit der Staaten des Deutschen Bundes erkennt, dass sie den Anschluss an die wirtschaftliche Entwicklung nicht durch die Kleinstaaterei verlieren darf. Am 18. 1. schließen Bayern und Württemberg einen Vertrag zur Gründung eines **Zollvereins.** Wenige Wochen später schließen auch Preußen und Hessen-Darmstadt solch ein Wirtschaftsbündnis. Beide Zusammenschlüsse sind ein wichtiger Schritt zum Deutschen Zollverein von 1834.

1830 In Frankreich beginnt im Juli der Aufstand gegen das konservative bourbonische Königshaus, das nach dem Scheitern Napoleons und vom französischen Adel getragen die Macht innehatte. Mit der Einsetzung des »Bürgerkönigs« Louis Philippe von Orléans im August löst das Großbürgertum den Adel als staatstragende Macht ab. Nach der **Julirevolution** kommt es auch in mehreren deutschen Staaten zu Unruhen, die den Ruf nach Freiheit lauter werden lassen.

MEILENSTEIN

1832 **In Schwarz-Rot-Gold »hinauf, hinauf zum Schloss«**

27. Mai Auch wenn sich große Teile des Bürgertums in die vermeintliche Idylle des Biedermeier zurückgezogen hatten, verhinderten die Karlsbader Beschlüsse nicht, dass weite Teile der bürgerlichen Mittelschicht, aber v. a. Intellektuelle und Künstler, auch weiterhin den Wunsch nach liberalen Reformen begeistert aufgriffen. Besonders in der Pfalz war die Erinnerung an die Zeit, als die französischen Besatzer Reformen einleiteten, noch vielen Menschen bewusst. So wundert es nicht, dass im Mai führende Vertreter des in der Pfalz beheimateten liberalen »Deutschen Press- und Vaterlandsverein« zu einer Kundgebung auf der Ruine des Hambacher Schlosses bei Neustadt aufriefen. So zogen am 27. 5. 20 000 bis 30 000 Menschen in einem Festzug, geschmückt mit schwarz-rot-goldenen Fahnen, dem inzwischen von allen liberalen Kräften akzeptierten Symbol deutscher Einheit, hinauf zur Burgruine. Das Hambacher Fest, auf dem sich die Menschen für nationale Einheit, gegen Unterdrückung und gegen die aufkommende soziale Not vieler Schichten der Bevölkerung aussprachen, wurde zum Symbol eines freien Bürgerwillens in einem freien Land.

1833 Knapp ein Jahr nach dem Hambacher Fest kommt es in Frankfurt am Main zu einer Erhebung von Studenten und Handwerkern. Auch wenn dieser **»Frankfurter Wachensturm«** scheitert, erreicht er weit über die Stadt am Main Bedeutung: Aufgeschreckt von den Unruhen, verschärfen die Fürsten des Deutschen Bundes um ein weiteres Mal ihre Repressionen gegen das liberale Bürgertum in Deutschland.

MEILENSTEIN

1834 **Von Schranken befreit sind Handel und Wirtschaft**

1. Januar Wie sehr die Zollschranken den Handel und die Wirtschaft in den Jahrzehnten der aufkommenden Industrialisierung behinderten, wird allein an der großen Anzahl von 38 Zollsyste-

men deutlich, die ab 1815 im Deutschen Bund bestanden. Schon 1819 hatte der Ökonom Friedrich List in einer Denkschrift auf diesen unhaltbaren Zustand aufmerksam gemacht. Doch statt ihm zuzuhören, empfanden die Fürsten dies als zu liberal und verurteilten ihn erst einmal zu Festungshaft. Doch als immer deutlicher wurde, dass die in anderen Staaten schon weit vorangeschrittene Industrialisierung in Deutschland sich gerade wegen der Unmengen an Zollschranken nicht entwickeln konnte, ergriff Preußen, das besonders unter der weitläufigen Zersplitterung seiner Territorien litt, die Initiative. So trat zum 1. 1. der Deutsche Zollverein – ohne Beteiligung von Österreich – in Kraft, in dessen inneren Grenzen es nun keine Zollbeschränkungen mehr gab. Der Zollverein trug dadurch wesentlich zu einem effizienteren Handelsverkehr und zur Entwicklung des Eisenbahnwesens bei, die zur Schlüsseltechnologie der Industrialisierung aufsteigen sollte.

1835 Auch wenn die ein Jahr zuvor gefallenen Zollschranken den Handelsverkehr in Europa beleben, gibt es immer noch natürliche Barrieren, die den so wichtigen Fernverkehr zwischen Norden und Süden sowie Westen und Osten behindern. Eine Überquerung der Alpen stellt sich immer noch als Abenteuer dar. Doch nachdem nach fast zehnjähriger Bauzeit 1830 die neue Passstraße über den **Sankt Gotthard** mit dem Bau der Teufelsbrücke über die Schöllenenschlucht fertiggestellt wurde, ist mit dieser so wichtigen Fernverbindung nach Italien endlich auch ein noch höheres Handelsaufkommen mit dem Süden Europas möglich. Ab 1835 verkehrt sogar eine regelmäßige Postverbindung über den Pass.

Mit der Fertigstellung der Berliner Bauakademie hat der Architekt **Karl Friedrich Schinkel** erneut eines jener monumentalen Gebäude fertiggestellt, die vom Geist der antiken Vorbilder geprägt sind. Schon 1818 hatte Schinkel mit dem Bau der »Neuen

Wache« in Berlin die klassizistische Architektur in Deutschland zur Blüte geführt.

MEILENSTEIN

1835 **Ein Adler führt Deutschland zum Land unter Dampf**

7. Dezember Geisteskrank wurde keine der zweihundert Personen, die das Privileg hatten, bei der ersten Fahrt einer Eisenbahn in Deutschland mitfahren zu dürfen. Denn das behaupteten manche Ärzte, die vielleicht auch unter jenen Tausenden von Zuschauern waren, die sich dieses Spektakel nicht entgehen lassen wollten. Denn was in England schon gang und gäbe war, sollte nun auch in Deutschland Wirklichkeit werden. So zog dann endlich jenes feurige Ungetüm mit dem Namen »Adler« am 7. 12. mehrere Wagen mit 40 km/h in neun Minuten von Nürnberg nach Fürth. Das Ereignis wurde zum Auftakt einer beispiellosen Karriere. In weniger als fünfzig Jahren sollte das Schienennetz in Deutschland auf 33800 km (im Jahr 1880) anwachsen und das Eisenbahnwesen zur Schlüsselindustrie der Industrialisierung werden. Der »Adler« war im Übrigen in England geschlüpft, in der Fabrik des Robert Stephenson. Die erste in Deutschland gebaute Lokomotive war die »Saxonia«, die vier Jahre später auf der Strecke Leipzig–Dresden verkehrte.

1836 Zwischen 1835 und 1837 erreichen die Repressionen gegen Liberale und Intellektuelle im deutschen Vormärz einen erneuten Höhepunkt. Der Deutsche Bundestag verhängt über fast alle Literaten des **»Jungen Deutschlands«** die Zensur. Mit dem Verbot der Schriften von Georg Herwegh, Ludwig Börne und Ferdinand Freiligrath, um nur einige wenige zu nennen, wollen die Fürsten auch weiterhin jedes kritische Denken im Keim ersticken.

Auch wenn Meinungsfreiheit im Biedermeier weiterhin ein unerfüllter Wunsch bleibt, löst die Entlassung der **»Göttinger Sieben«,** zu denen auch die beiden Germanisten Jacob und Wilhelm Grimm gehören, im Dezember 1837 durch König Ernst

August II. von Hannover eine besondere Empörung in Deutschland aus.

1837 Die gesellschaftliche und auch die politische Lage im Deutschen Bund dieser Jahre werden von einer eigenartigen Ruhe, ja vielleicht sogar von einer »bürgerlichen Beschaulichkeit« geprägt, die v. a. aber auf die verschärften Repressions- und Zensurbestimmungen zurückzuführen ist. Sichtbare Zeichen eines neuen ökonomischen Aufbruchs sind die zahlreichen neuen **Eisenbahnstrecken** im Bund. Die Gründung der Rheinischen Eisenbahngesellschaft, der Ausbau der Linie Leipzig–Dresden und der Linie Köln–Aachen–Antwerpen beweisen, welchen hohen Stellenwert die Mächtigen dem Eisenbahnbau einräumen. In wenigen Jahrzehnten wird ein dichtes Netz von Schienensträngen Deutschland überziehen.

Mit der Forcierung des Eisenbahnbaus entstehen neue Industrien. So werden manche Unternehmen wie die 1837 in Berlin von **August Borsig** gegründete Maschinenbauanstalt und die ein Jahr später in München durch Joseph **Anton von Maffei** eröffnete Fabrik zum Synonym für modernen Lokomotivbau.

1839 Nachdem in Preußen im Zug einer allmählich immer stärker werdenden industriellen Entwicklung auch die Kehrseiten der harten Fabrikarbeit deutlich werden, erlässt das Land ein erstes Gesetz zur **Arbeitsschutzpolitik.** Jugendliche dürfen ab sofort nicht mehr als zehn Stunden am Tag arbeiten, Kinderarbeit ist fortan grundsätzlich unter Strafe gestellt.

1840 Mit König **Friedrich Wilhelm IV.** besteigt in Preußen ein Intellektueller den Thron. Auch wenn der König, der vom liberalen Bürgertum mit großen Erwartungen begrüßt wird, in den ersten Jahren seiner Herrschaft seinem Ruf gerecht wird und die Zensurbestimmungen gegen einige Schriftsteller aufhebt, so wird es Friedrich Wilhelm IV. sein, der die Deutsche Revolution von 1848 zum Scheitern bringt. Dem »Romantiker auf dem Thron« ist es maßgeblich zu verdanken, dass ab 1842 mit dem **Kölner**

**Dombaufest** die Fertigstellung des Doms zu Köln in Angriff genommen wird. Der Weiterbau einer im Mittelalter nicht fertiggestellten gotischen Kathedrale verdeutlicht in seiner Einzigartigkeit das Sinnbild der Romantik des 19. Jahrhunderts.

1841 Auf der Nordseeinsel Helgoland verfasst der Dichter **August Heinrich Hoffmann von Fallersleben** das »Lied der Deutschen«. Sein Hamburger Verleger Julius Campe unterlegt dem Text die Melodie der Kaiserhymne von Joseph Haydn. Am 5. 10. wird das Lied in Hamburg zum ersten Mal öffentlich aufgeführt und gesungen.

1843 »Dies Buch gehört dem König«: Aus mehreren Gründen widmet die Schriftstellerin **Bettina von Arnim** das Werk dem preußischen König. Will sie so einerseits der Zensurbehörde zuvorkommen, so weiß sie, dass sie mit diesem Titel die Aufmerksamkeit der Öffentlichkeit erreicht. Denn das Buch beschreibt in bemerkenswert offenen Worten die soziale Lage der Armen in Berlin. Es gilt als erste Sozialreportage überhaupt.

MEILENSTEIN

1844 **»Wir weben hinein den dreifachen Fluch«**

4. Juni Der Aufstand der Weber im schlesischen Peterswaldau richtete sich weder gegen die in der Industrialisierung immer mehr aufkommenden Maschinenwebstühle, noch zeigten sich in der Revolte jene Anzeichen von Hungerrevolten, die wenig später in ganz Deutschland ausbrechen sollten. Der Protest der Weber richtete sich zuallererst gegen die Verleger, die ihnen immer weniger Lohn zahlten. Die Verleger, die den Webern ihre in Heimarbeit produzierten Wolltücher zu einem geringen Entgelt abkauften, um sie dann mit Gewinn weiterzuveräußern, standen selbst unter einem enormen Druck. Durch die enorme Überkapazität der in den aufkommenden Fabriken maschinell hergestellten Tuchwaren sank der Marktpreis und damit auch der Lohn, den die Verleger den Heimarbeitern zahlen konnten. Billige Importe aus England verschärften die Marktsituation noch mehr. So war der

Aufstand der Weber das Resultat jener Entwicklung, die die Industrialisierung ausmachte: Die Maschinen übernahmen immer mehr die Arbeit von Handwerkern und Heimarbeitern.

1844 In diesem Jahrzehnt nimmt nun auch in Deutschland die **Industrialisierung** an Intensität zu. Dies betrifft v. a. den Maschinenbau. In fast allen Bereichen, deren Produkte bisher von Handwerkern oder Heimarbeitern hergestellt wurden, setzen die Unternehmen zunehmend Maschinen ein. Sie produzieren die Güter in einem Bruchteil jener Zeit, für die vorher ein Handarbeiter ein Vielfaches benötigte. Doch gerade dieses Phänomen zeigt die Schattenseiten der Industrialisierung auf: Die Heimarbeiter und auch manche Handwerker werden nun nicht mehr benötigt.

Diese Entwicklung, die zu einer Massenarbeitslosigkeit besonders in den unterbäuerlichen Schichten führt, wird noch durch ein Anwachsen der Bevölkerung verstärkt: Allein zwischen 1816 und 1850 steigt die Bevölkerung um 50 % an.

Viele Menschen sehen jetzt nur noch einen Ausweg, der drohenden Armut zu entfliehen: Sie wandern nach Übersee aus. Im Jahr 1844 erreicht die **Auswanderungswelle** einen ersten Höhepunkt. 20 000 Menschen – viele von ihnen stammen aus Südwestdeutschland – verlassen in diesem Jahr ihre Heimat. Elf Jahre später werden es sogar 110 000 Menschen sein, die von Hamburg und Bremen aus ihr Glück in der Neuen Welt suchen.

MEILENSTEIN

1844 **Im eisigen obrigkeitsstaatlichen Winter**

Im Jahr 1835 hatte die Zensurbehörde ein weiteres Publikationsverbot erlassen. Diesmal traf es vor allem Schriftsteller, die später unter der Bezeichnung »Junges Deutschland« allgemein bekannt wurden. Einer von ihnen war schon vier Jahre zuvor nach Paris emigriert. Heinrich Heine hatte schon früh ein Schreibverbot auferlegt bekommen. Denn die Schärfe, mit der Heine die politischen Zustände des Vormärzes, aber auch die, wie er es nannte, Verlogenheit der gefühlsbetonten Dichter der Romantik mit spitzer Feder aufspießte, fiel den in diesen Dingen geübten Zensurbehörden besonders auf. Um seine Mutter zu besuchen, kehrte Heine im Winter 1843/1844 noch einmal nach Deutschland zurück. Seine Eindrücke über das kalte und im Biedermeier erstickende Deutschland brachte er wenig später in seinem Versepos »Deutschland. Ein Wintermärchen« zu Papier. In Form einer Reisebeschreibung übte Heine in diesem Werk scharfe Kritik an den Zuständen seiner Heimat. Trotz sofortigen Verbots veröffentlichte sein Verleger Julius Campe das Werk 1844.

1845 Der preußische Staat passt im Januar seine **Gewerbeordnung** den wirtschaftlichen Gegebenheiten an. Jedermann kann ab sofort frei darüber entscheiden, ob, wo und wie er sein Einkommen verdienen will. Sämtliche Barrieren, die auch noch nach der Einführung der Gewerbefreiheit von 1810 bestanden, werden nun endgültig mit der neuen Ordnung beiseitegeräumt.

Neben der längst überfälligen Liberalisierung der Gewerbeordnung markiert das Jahr 1845 jedoch auch den Beginn einer steigenden politischen und sozialen **Unzufriedenheit in Deutschland**. Nachdem die jetzt beginnende Versorgungskrise im ganzen Land zu Hungeraufständen führt, werden die Rufe nach konstitutioneller und sozialer Veränderung immer lauter.

Der Nervenarzt **Heinrich Hoffmann** veröffentlicht seinen »Struwwelpeter«, der schon kurz nach seinem Erscheinen zu einem Bestseller in deutschen Kinderstuben wird. Ein weiteres Buch verfasst die Erzieherin **Henriette Davidis**. In ihrem »Praktischen Kochbuch« beginnt fast jedes Rezept mit den Worten »Man nehme …«. Beide Bücher, das eine für Kinder, das andere für

»höhere Töchter«, werden zum Inbegriff der frühbürgerlichen Erziehung im 19. Jahrhundert.

MEILENSTEIN

1845 **Neue Ansichten der Natur**

Er, der schon zu Lebzeiten berühmter war als mancher Potentat, der die Äquinoktialgegenden Südamerikas bereist sowie den Norden Amerikas und Zentralasien erforscht hatte und nun Grundlagenforschungen zu fast allen bekannten Naturwissenschaften betrieb, dieser Mann war nun willens, den Menschen die Welt so zu erklären, wie sie ist und was sie im Inneren zusammenhält. Alexander von Humboldt, der in Berlin ein einflussreicher und hochgeehrter Wissenschaftler war, wollte nun seine Forschungsergebnisse, seine Studien und sein umfangreiches naturwissenschaftliches Wissen in dem Werk »Kosmos, Entwurf einer physischen Weltbeschreibung« niederschreiben. 1845 erschien der erste von fünf Bänden. Obwohl es ihm zu verdanken ist, dass die Geografie zu einer anerkannten Fachdisziplin reifte, betrachtete sich Humboldt nicht als Fach-, sondern als Universalgelehrter. So ging es ihm auch in seinem »Kosmos« nicht so sehr um das Einzelne, sondern um »die Erscheinung der körperlichen Dinge in ihrem Zusammenhange«. Die Natur galt ihm »als durch innere Kräfte bewegtes und belebtes Ganzes«.

1847 Am 3. 2. ruft Friedrich Wilhelm IV. den vereinigten preußischen Landtag zusammen. Der Grund ist nicht so sehr der immer lauter werdende Ruf nach liberalen Reformen. Vielmehr benötigt er die Zustimmung zu einer Verordnung über das »Staatsschuldenwesen«. Als ihm der Landtag, dessen Abgeordnete feststellen müssen, dass ihre Befugnisse doch sehr gering sind, dem König die Zustimmung verweigern, löst Friedrich Wilhelm IV. die Abgeordnetenversammlung wieder auf. Die Zeitgenossen sind sich einig: Mit der **Auflösung des Landtages** hat der König die letzte Chance vertan, einer möglichen Reformpolitik im Land doch noch zum Durchbruch zu verhelfen.

MEILENSTEIN

1847 **Massenarmut, Hunger, Typhus**

Oktober Die Katastrophe deutete sich schon wenige Jahre zuvor an: Ab 1844 kam es in ganz Europa zu Missernten, die die sowieso schon hohen Preise für landwirtschaftliche Produkte noch weiter ansteigen ließen. Die Getreide- wie auch die Kartoffelernte verzeichneten gewaltige Verluste. Diejenigen, die am meisten darunter litten, waren die Menschen in den Städten. Mit der Aufhebung der Grundherrschaft wie auch der Zunftordnung zu Beginn des Jahrhunderts waren viele Landbewohner in die Städte gezogen, wo sie sich Arbeit und eine bessere Lebensexistenz erhofften. Doch für viele Menschen trog diese Hoffnung. Denn anders als in England gab es noch keine hoch entwickelte Industrialisierung und es bot sich damit den Menschen nur eine geringe Chance auf Verdienst. Schlechte Bezahlung für die wenigen, die Arbeit fanden, und katastrophale Wohnverhältnisse kennzeichneten die Situation jener Jahre in den Städten. Aber auch in den Landregionen sah es, verursacht durch die Missernten, nicht besser aus. Diese vorindustrielle Massenarmut, der »Pauperismus«, führte zwangsläufig zu Hungersnöten und Typhusepidemien und im Herbst 1847 zu vielen Hungerrevolten in den Städten.

1847 Die Zeichen sind unübersehbar: Aus der sozialen Krise wird immer mehr eine **politische Krise**. Im September stellen im badischen Offenburg süd- und westdeutsche Demokraten einen Grundrechtekatalog auf. Wenige Wochen nach der Verabschiedung dieses Offenburger Programms versammeln sich im Oktober Vertreter des süd- und westdeutschen Bürgertums in Heppenheim und formulieren ein eigenes **Grundsatzprogramm.**

In London beschließt drei Monate später der »Bund der Kommunisten« das **»Manifest der Kommunistischen Partei«.** Fast dreißig Jahre nach den Karlsbader Beschlüssen wird der Widerstand gegen Repression und Unfreiheit immer lauter. Es bedarf nur noch eines Funkens, der den erzwungenen passiven Widerstand in offene Rebellion umschlagen lässt.

# Die Revolution von 1848/1849

MEILENSTEIN

1848 **»Ein Gespenst in Europa«**

21. Februar »Ein Gespenst geht um in Europa – das Gespenst des Kommunismus.« Mit diesen Worten beginnt die Schrift, die später zu einem der meistpublizierten Werke der Welt gehören wird: das Manifest der Kommunistischen Partei. Verfasst wurde das Buch im Auftrag des »Bundes der Kommunisten« von Karl Marx und Friedrich Engels. Im November 1847 hatte er sich in London aus mehreren Bünden von Handwerkern und Arbeitern, die aus Deutschland emigriert waren, gebildet. Marx und Engels skizzierten im Manifest, das als politisches Programm vom Bund der Kommunisten verabschiedet wurde, die Grundlinien jener Theorie, die Marx in seinem später verfassten »Kapital« ausführlich begründen und beschreiben wird – auf der Theorie des historischen und dialektischen Materialismus, die die Bourgeoisie und das Proletariat, damit also das Bürgertum und die Arbeiterschaft, zu den wichtigsten Klassen des Kapitalismus erklärte. Zwangsläufig sollten, so Marx, die Widersprüche zwischen diesen beiden Klassen im Zug einer historischen Entwicklung in eine soziale Revolution münden und so den Sieg des Proletariats ermöglichen.

1848 Fast scheint es so, als hätten Bürger und Arbeiter in Europa auf diesen Tag gewartet: Fast sechzig Jahre nach der Erstürmung der Bastille kommt es in Paris am 24.2. erneut zu einem Sturm auf ein Gebäude. Diesmal ist es das Château d'Eau, der Sitz der französischen Regierung. In vielen Ländern Europas sind die Menschen mit den Regierenden unzufrieden. Die aufgestaute Wut wird sich in den kommenden Wochen und Monaten in Revolten und Aufständen entladen. Auch wenn im Januar schon die ersten Unruhen in Mailand und der Toskana ausbrechen, so ist es erst die **Februarrevolution** in Paris, die auch in Deutschland die Menschen auf die Barrikaden treiben wird. Der Sturm auf den Pariser Regierungssitz führt in Frankreich zum Sturz des Bürgerkönigs Louis Philippe und zur Zweiten Republik. Frankreich ist nach 1848 demokratisch.

Die deutsche Revolution von 1848/1849 nimmt in Baden ihren Anfang. Hier im Südwesten Deutschlands sind es v. a. bürgerlich-liberale, aber auch radikale Kräfte, die nach demokratischen Prinzipien rufen. So fordert am 27.2. eine **badische Volksversammlung** Presse- und Vereinsfreiheit, eine Volksbewaffnung und ein deutsches Parlament. Wenig später schließen sich Versammlungen in Württemberg und weiteren Staaten im Südwesten den Forderungen aus Baden an.

Wenige Wochen später zeigen die Forderungen erste Wirkungen: Der Bundestag in Frankfurt am Main hebt die Zensur auf und erklärt die Farben Schwarz-Rot-Gold zu den deutschen **Bundesfarben**.

Am 12.3. beruft die **Heidelberger Versammlung,** konstituiert aus Abgeordneten süddeutscher Parlamente, durch einen von ihr begründeten Siebenerausschuss zum 31.3. ein Vorparlament nach Frankfurt am Main ein.

Am 13.3. kommt es in Wien zu Unruhen. Nach zweitägigem Straßenkampf beherrschen die Aufständischen die Stadt an der Donau. Der in weiten Teilen der Bevölkerung verhasste Staatskanzler Klemens von Metternich tritt von seinem Amt zurück und flieht nach England.

Am 18.3. kommt es nach einer Großkundgebung vor dem Schloss auch in Berlin zu den ersten Unruhen: Die Barrikadenkämpfe mit dem Militär fordern 254 Todesopfer.

**MEILENSTEIN**

1848 **Die Achtung des Königs vor »Ruhestörern und Aufrührern«**

19. März Die toten Barrikadenkämpfer hatte man im Schlosshof aufgebahrt. Wenig später musste auch Friedrich Wilhelm IV. er-

kennen, dass er die Wut und die politische Unzufriedenheit seiner Untertanen unterschätzt hatte. An jenem Nachmittag des 19. 3. verbeugte sich der Monarch vor jenen gefallenen Menschen, die das preußische Militär Stunden zuvor in Straßenkämpfen erschossen hatte. Nichts symbolisierte mehr die Ohnmacht des Königs vor den Unruhen einer Revolution, die nun auch in Berlin ausgebrochen war. Einen Tag zuvor hatte Friedrich Wilhelm IV. der unter den sozialen Missständen leidenden Bevölkerung Pressefreiheit, die Einberufung des Landtages und die umfassende Reform des Deutschen Bundes zugesagt. Als das Patent vor dem Stadtschloss verlesen wurde, kam es zu Unruhen, in deren weiterem Verlauf das Militär in die Menge schoss. Wenig später brachen Barrikadenkämpfe in den Straßen Berlins aus. Am 22. 3. wurden die »Märzgefallenen« nach einem Trauermarsch im Zentrum der Stadt aufgebahrt. Laut Presseberichten war unter den Teilnehmern auch der Eisenbahnfabrikant August Borsig, der um manchen seiner Arbeiter trauerte.

1848 Friedrich Wilhelm IV. scheint zu ahnen, dass, will er auch weiterhin die Autorität als König besitzen, er dem Bürgertum entgegenkommen muss. Am 21.3. verspricht der Preußenkönig in seiner Proklamation **»An mein Volk und an die deutsche Nation«**, sich zur Rettung Deutschlands an die Spitze des Vaterlands zu stellen und Preußen in einen Einheitsstaat Deutschland aufgehen zu lassen. Als Zeichen seines guten Willens setzt Friedrich Wilhelm IV. am 29.3. den Liberalen Ludolf Camphausen als Minister ein und beruft eine preußische Nationalversammlung nach Berlin ein. Die am 22.5. eröffnete Versammlung bleibt jedoch in ihren Verfassungsberatungen erfolglos. Nicht zuletzt scheitern diese Beratungen an Friedrich Wilhelm IV.: Im Verlauf des Jahres 1848 wird der König zunehmend eine rückwärtsgewandte Haltung gegenüber den liberalen Forderungen einnehmen.

Am 31.3. tritt mit Zustimmung des Bundestags in Frankfurt ein Vorparlament zusammen. Seine einzige Aufgabe wird es sein, eine **Nationalversammlung,** die eine Reichsverfassung ausarbeiten soll, zu beschließen. Wenige Monate später wird das erste gesamtdeutsche Parlament in der Frankfurter **Paulskirche** seine Arbeit aufnehmen.

Im April eskaliert im Südwesten Deutschlands die Revolution erneut. Eine republikanische **Erhebung in Baden** unter Führung von Friedrich Hecker, Gustav von Struve und Georg Herwegh will nun mit radikalen Mitteln eine politische Änderung erzwingen. Die mit den Aufständischen verbündete Landbevölkerung lehnt sich besonders gegen Privilegien des Großgrundbesitzertums auf. Bundestruppen jedoch ersticken sehr schnell den Traum einer badischen Republik im Keim. Hecker und weitere Bundesgenossen müssen nach der Niederlage Baden verlassen und fliehen ins Ausland.

Die 585 Abgeordneten der **Frankfurter Nationalversammlung** kommen am 18.5. zur Eröffnung des Parlaments in der Paulskirche zusammen. Die Versammlung setzt sich fast ausschließlich aus Mitgliedern des gehobenen Bürgertums zusammen. Die meisten sind Juristen, Verwaltungsbeamte oder Professoren. Aus den Fraktionen dieses »Honoratiorenparlaments« bilden sich erste politische »Parteien«. Zum Präsidenten wählen die Parlamentarier am 19.5. den liberalen Minister Heinrich von Gagern aus Hessen-Darmstadt. In einer seiner ersten Reden erklärt er die Souveränität der Nation zur Grundlage der vom Parlament zu erarbeitenden Verfassung. Am 29.6. wählen die Abgeordneten Erzherzog Johann von Österreich zum Reichsverweser.

Die wenigen liberalen Errungenschaften, die durch die Ereignisse der letzten Monate ausgelöst wurden, zeigen ihre Wirkung: In Köln erscheint am 1.6. unter der Leitung von Karl Marx und Friedrich Engels die radikal-republikanische **»Neue Rheinische**

**Zeitung«.** Dass die Pressefreiheit in Preußen nur von kurzer Dauer sein wird, beweist das Schicksal der Rheinischen Zeitung: Am 19. 5. 1849 muss sie ihr Erscheinen einstellen.

Die Tatsache, dass die preußische Nationalversammlung, deren Einberufung der König im März versprochen hatte, wegen zu geringer Anzahl der Abgeordneten nicht beschlussfähig ist, nimmt Friedrich Wilhelm IV. zum Anlass, sie aufzulösen. Stattdessen verkündet er am 5. 12. eine von seinen Beratern verfasste **preußische Verfassung.** Am 31. 1. 1850 wird diese vom König oktroyierte Verfassung in Preußen in Kraft treten.

MEILENSTEIN

1848 **»Die Deutschen sind vor dem Gesetze gleich«**

21. Dezember Man mag es als Fehler ansehen, dass sich die im Mai konstituierte Nationalversammlung zuallererst mit der Aufstellung von Grundrechten beschäftigte. Ob dadurch in den unruhigen Monaten des Jahres 1848 wertvolle Zeit verloren ging, sei dahingestellt. Eines jedenfalls ist sicher: Die Verfassung eines zukünftigen Deutschen Reichs, die die Abgeordneten ausarbeiten wollten, wäre ohne Deklaration von Grundrechten, die die Menschen forderten, wertlos gewesen. Somit gehört die Verabschiedung der »Grundrechte des Deutschen Volkes« am 27. 12. zu den herausragenden Leistungen der Abgeordneten in der Frankfurter Paulskirche. Denn zum ersten Mal in der Geschichte der Deutschen wurden damit Menschen- und Freiheitsrechte – etwa die Gleichheit aller vor dem Gesetz, die Aufhebung jeglicher Standesvorteile und das Recht auf Meinungs-, Presse- und Versammlungsfreiheit – für alle Bürger deklariert. Nicht zuletzt, dass viele Elemente dieser 1848 verabschiedeten Grundrechte später Einzug in die Weimarer Verfassung wie auch in das Grundgesetz der Bundesrepublik Deutschland fanden, zeigt, wie wegweisend die Parlamentarier im Jahr 1848 entschieden.

1849 Im März können sich die unterschiedlichen Fraktionen in der Nationalversammlung endlich auf eine **deutsche Reichsverfassung** verständigen. Der Kompromiss, der eine Verfassung aus föderativen, demokratischen und monarchischen Elementen enthält und auf den »Grundrechten des Deutschen Volkes«, die die Parlamentarier im Dezember verabschiedeten, aufbaut, sieht eine konstitutionelle Monarchie vor. Am 28. 3. verabschieden die Parlamentarier die Verfassung und wählen mit 290 Stimmen Friedrich Wilhelm IV. von Preußen zum Kaiser des vorgesehenen föderativen und konstitutionellen Reichs.

Eines der wichtigsten Debattenthemen in der Nationalversammlung scheint mit der Annahme der Verfassung endgültig entschieden. Soll das zukünftige Deutsche Reich ein **»kleindeutsches« oder ein »großdeutsches« Reich** unter Einschluss Österreichs sein? Letztlich entscheiden sich die Parlamentarier für die kleindeutsche Lösung unter Führung Preußens.

Nur ungern scheint der Preußenkönig geneigt zu sein, die ihm angetragene Kaiserwürde anzunehmen. Am 3. 4. erklärt er sich nur zur Annahme der Kaiserwürde bereit, wenn alle deutschen Regierungen der Verfassung zustimmen würden. Doch nur 28 Regierungen erkennen am 14. 4. die Verfassung bedingungslos an. Vierzehn Tage später, am 28. 4., lehnt daraufhin Friedrich Wilhelm IV. endgültig die ihm angetragene **Kaiserwürde** ab. Durch die Weigerung Österreichs, der meisten deutschen Königreiche und einiger weniger Kleinstaaten scheitert damit endgültig der Versuch, in Deutschland ein konstitutionelles Kaiserreich zu errichten. Gescheitert ist damit auch die erste gesamtdeutsche Verfassung.

Nachdem Österreich, Preußen und andere Staaten ihre Abgeordneten aus Frankfurt abberufen, beschließt eine linke Mehrheit, das Rumpfparlament nach Stuttgart zu verlegen. Als die verbliebenen Abgeordneten am 18. 6. dort zu einer Sitzung zusammenkommen wollen, werden sie von württembergischen Truppen auseinandergetrieben. Im Reich ist nun endgültig die bürgerlich-liberale Revolution gescheitert.

Zahlreiche Demokraten verlassen nun aus Furcht vor Verfolgung Deutschland und kehren dem Land den Rücken, in dem nun die **Restauration** Einzug hält. Wenige Tage, nachdem in Stuttgart die Parlamentarier vertrieben werden, endet auch in der Pfalz und in Baden, wo die deutsche Revolution ihren Anfang nahm, der Traum von der deutschen Republik.

MEILENSTEIN

1849 **Als die Preußen nach Waghäusel marschierten**

21. Juni Von allen Revolutionären im Deutschen Bund waren es v. a. die badischen Aufständischen, die schon von Beginn der Unruhen an eine demokratische Republik forderten – hatten sich doch gerade hier in Baden durch den Einfluss der Franzosenzeit vor mehr als vierzig Jahren die Ideale von Freiheit und Gleichheit und die Forderungen nach radikaldemokratischen Reformen halten und fortentwickeln können. Obwohl der Traum Friedrich Heckers und anderer schon im September 1848 von württembergischem Militär beendet wurde, flammten die Unruhen nach dem Scheitern der Verfassung im Mai 1849 erneut auf. Auch wenn die Unruhen für wenige Wochen zur Bildung einer badischen Republik führten, endete auch diesmal ihr Traum im Kugelhagel preußischer Soldaten. Die vom badischen Großherzog angeforderten preußischen Truppen überquerten am 20. 6. den Rhein und besiegten einen Tag später in der Schlacht bei Waghäusel die badischen Revolutionstruppen. Mit der Kapitulation der Festung Rastatt am 23. 6. endete auch in Baden die »deutsche Revolution«.

# Die »Revolution von oben«

1850 Am 31. 1. tritt die von Friedrich Wilhelm IV. **oktroyierte Verfassung** in Kraft. Das Datum markiert das endgültige Scheitern der Revolution in Preußen. Auch wenn sich die reaktionären Kräfte in ganz Deutschland letztlich durchsetzen, bedeutet das Ende der Revolution nicht unbedingt das Ende der liberal-bürgerlichen und auch nicht das Ende der radikal-sozialen Bewegung der immer stärker werdenden Arbeiterschaft. Die 1848er-Revolution kann als der Beginn eines Prozesses gesehen werden, der in den kommenden Jahrzehnten zu einer immer stärkeren **Emanzipation des Bürgertums und der Arbeiterschaft** führen wird.

Auch wenn die Parlamentarier des preußischen Abgeordnetenhauses durch ein **Dreiklassenwahlrecht** gewählt werden, das den mehr Steuern zahlenden Bürgern ein Vorrecht gegenüber dem einfachen Volk einräumt, entwickelt sich das Parlament in den folgenden Jahrzehnten zu einer immer wichtigeren politischen und gesellschaftlichen Einflussgröße in Preußen. Der König, der noch vor wenigen Monaten die ihm angebotene Kaiserkrone als »imaginären Reif aus Dreck und Letten gebacken« ansah und sie mit einem Hundehalsband verglich, wird zukünftig nicht mehr nur allein auf die Resignation der Bürger und Arbeiter bauen können.

1851 Nachdem der Deutsche Bund wiederhergestellt ist, hebt am 23.8. die Bundesversammlung die in der Paulskirche verabschiedeten Grundrechte vom Dezember 1848 auf. Und nicht nur die Herrscher im Deutschen Bund versuchen, die alte Ordnung wiederherzustellen. Eine königliche Verordnung wandelt in Preußen die Erste Kammer in ein vom Adel dominiertes Herrenhaus um.

Auch wenn Deutschland und Europa zunächst einmal wieder in eine Phase der Restauration eintreten, ist der wirtschaftliche und industrielle Fortschritt davon, wenn überhaupt, kaum betroffen. Im Gegenteil: In London öffnet am 1.5. die erste **Weltausstellung** ihre Tore. Glanzpunkt dieser Leistungsschau der europäischen Industrie ist v.a. der Kristallpalast im Londoner Hydepark. Diese fünfschiffige Halle, ausschließlich aus Glas und Stahl errichtet, beweist mit ihren gigantischen Ausmaßen auf einer Fläche von über 71 000 $m^2$, welche Möglichkeiten der neue Werkstoff Stahl bietet.

1852 Um die Verbraucher von der Leistungsfähigkeit der aufkommenden Konsumgüterindustrie zu überzeugen, entstehen in den folgenden Jahrzehnten, zunächst in Frankreich, dann in ganz Europa, jene prachtvollen Konsumtempel und Einkaufspassagen, die in einem Anflug von Untertreibung **Kaufhäuser** genannt werden. 1852 eröffnet in Paris das erste Kaufhaus seine Pforten.

1854 In Österreich heiratet am 24. 4. die bayerische **Prinzessin Elisabeth, genannt Sisi,** den 23-jährigen Kaiser Franz Joseph I. Jahre später wird die exzentrische Kaiserin den Repräsentationspflichten und der starren Etikette am Hof durch ausgiebige Reisen zu entfliehen suchen. Einen anderen Weg, um der von Konventionen geprägten bürgerlichen Männerwelt, die den Frauen nur einen Platz in der Familie zusteht, zu entfliehen, beschreitet die französische Schriftstellerin **George Sand**. 1854 erscheint ihre Autobiografie, in der sie beschreibt, wie sie sich das Ideal einer Gleichberechtigung der Frauen vorstellt und es selbst vorlebte.

MEILENSTEIN

1854 **»Es war einmal« auch ein Wörterbuch**

Der Aufbau war einheitlich: zunächst das Wort, dann der lateinische Ursprung, dem die Geschichte des Wortes folgte, und zuletzt eine Erläuterung anhand von Beispielen. Den ersten Band dieses »Deutschen Wörterbuches« veröffentlichten die Brüder Jacob und Wilhelm Grimm im Jahr 1854. Der Anspruch, dem sich die Brüder Grimm mit der Herausgabe des Wörterbuches stellten, war gewaltig. So sollte es den gesamten bekannten Wortschatz der deutschen Sprache ab dem 16. Jh. umfassen, wissenschaftlich fundiert und nebenbei auch noch dem »einfachen Mann von Nutzen« sein. Dabei hatten sich die beiden Brüder gegenüber ihrem Verleger nur aus purer finanzieller Notlage heraus bereit erklärt, das auf mehrere Bände angelegte Werk anzugehen. Musste beide doch nach einer politisch motivierten Kritik an König

Ernst August II. von Hannover im Jahr 1837 den Hochschuldienst an der Göttinger Universität quittieren. Mit dem Wörterbuch schrieben die Brüder dennoch Wissenschaftsgeschichte: Die Veröffentlichung des ersten Bandes markiert den Beginn der deutschen Sprachwissenschaft.

1856 Im Frieden von Paris muss Russland, das den 1853 begonnenen **Krimkrieg** gegen das mit Frankreich und England verbündete Osmanische Reich verloren hat, erhebliche Zugeständnisse machen.

1857 Ab 1851 kommt es in Deutschland zu einer gewaltigen **Gründerwelle.** Die Wirtschaft, die noch in den 1840er-Jahren an den Folgen der Revolution zu leiden hatte, erlebt nun besonders im Banken- und Eisenbahnsektor einen ungeahnten Aufschwung. Angelockt von hohen Renditen, bringen viele Fabrikanten ihre Unternehmen an die Börse. Dies wiederum führt zu einer Vielzahl von **Bankgründungen**. Auch der Welthandel nimmt in diesen Jahren an Schwung zu, wovon auch deutsche Unternehmen profitieren. Doch die Kehrseite des aufkommenden weltweiten Handels wird im Herbst 1857 sichtbar. Als ein Kurssturz an der New Yorker Wertpapierbörse im August eine Krise einläutet, die wenig später zu einer Weltwirtschaftskrise heranwächst, werden im Herbst die Folgen auch in Deutschland spürbar. Allein in Hamburg müssen mehr als 150 Firmen und Banken Bankrott anmelden.

Auch wenn diese erste **Weltwirtschaftskrise** die Gründerwelle in Deutschland beendet, so werden ihre negativen Auswirkungen nicht von langer Dauer sein. In den folgenden 1860er-Jahren wird das Wirtschaftsaufkommen stetig und stabil ansteigen um dann, nach dem Deutsch-Französischen Krieg von 1870/1871, einen neuen Gründerboom zu erleben.

Als Friedrich Wilhelm IV. durch eine schwere geistige Erkrankung regierungsunfähig wird, übernimmt sein Bruder, Prinz Wilhelm die Regentschaft in Preußen. Vier Jahre wird Wilhelm als Stellvertreter die Regierungsgeschäfte leiten. Erst nach dem Tod von Friedrich Wilhelm IV. am 18. 10. 1861 wird er als **Wilhelm I.** die Nachfolge als König antreten. Zu Beginn seiner Regentschaft schlägt Wilhelm einen eher liberal-konstitutionellen Kurs ein. Das erstaunt umso mehr, da gerade er es war, der 1849 den Aufstand in der Pfalz niederschlug und seitdem in demokratischen Kreisen als »Kartätschenprinz« verhasst ist.

Im November entlässt Wilhelm das bisherige konservative Kabinett und setzt stattdessen Minister mit einer liberaleren Haltung ein. Auch das wenige Tage später von ihm verkündete Regierungsprogramm überrascht und weckt, besonders im liberalen Bürgertum, die Hoffnung auf eine politische Wende, bedeutet doch die Rede Wilhelms eine Abkehr der bisherigen ultrakonservativen Politik Friedrich Wilhelms IV.

1859 Am 24. 11. stürzt ein Mann die Welt in einen Disput, der bis heute noch nicht beendet scheint, obwohl längst die Theorie des **Charles Darwin** als bewiesen gilt. Auf seiner fünfjährigen Weltreise mit der »Beagle« gelangte Darwin zu der Erkenntnis, dass alle Arten, auch der Mensch, eine gemeinsame Abstammung besaßen und sich erst im Verlauf einer langen Entwicklung unterschiedlich entwickelten. Seine Evolutionstheorie veröffentlicht Charles Darwin in seinem Buch »On the origin of species by means of natural selection« (»Über die Entstehung der Arten«). Besonders orthodoxe Gläubige verunglimpfen seine Theorie als »Affentheorie«. Darwins Verdienst ist es, dass er der auf Glauben aufbauenden Schöpfungslehre eine wissenschaftlich fundierte Evolutionstheorie gegenüberstellt.

1860 Nach wenigen Jahren kooperativer Zusammenarbeit von König und Parlament führt eine von Wilhelm angestrebte preußische Heeresreform zu einer spürbaren Abkühlung der Beziehung.

Das Reformpaket, das Wilhelm den Abgeordneten zur Abstimmung vorlegt, sieht eine Anhebung der Heeresstärke von 150 000 auf 220 000 Mann vor. Außerdem will der König die Dienstzeit von zwei auf drei Jahre verlängern. Die liberale Mehrheit im Abgeordnetenhaus lehnt die Pläne Wilhelms jedoch ab. Der Streit um die Heeresreform wird den preußischen Landtag weitere zwei Jahre beschäftigen und 1862 in einen **Verfassungskonflikt** münden.

**Giuseppe Garibaldi,** der Führer des »Zugs der Tausend«, stürzt die Herrschaft der Bourbonen in Sizilien und Unteritalien und schafft damit die Voraussetzung für die Bildung des Königreichs Italien; erster König wird 1861 Viktor Emanuel II. von Piemont.

1861 Nach der Wahl Abraham Lincolns zum US-Präsidenten eskaliert der zwischen Nord- und Südstaaten bestehende Konflikt, der sich besonders an der Sklavenfrage entzündet, zum **Sezessionskrieg.** Vier Jahre später endet der Krieg, der die Union der USA wiederherstellt, mit dem Sieg der Nordstaaten.

1862 Auch bis zum März ist der Streit zwischen König und Parlament um die preußische Heeresreform noch nicht beigelegt. Als der Landtag dem König sogar die Bewilligung des Militäretats für das laufende Jahr verweigert, entlässt Wilhelm I. daraufhin das liberale Kabinett und löst den Landtag auf.

Doch die von Wilhelm I. erhoffte konservative Wende im Landtag bleibt auch nach den Neuwahlen aus. Auch jetzt wieder stellen die bürgerlichen Liberalen die Mehrheit im Landtag. Kompromissvorschläge zur Lösung des Streits um die Heeresreform lehnt Wilhelm I. kategorisch ab und droht mit seiner Abdankung. In dieser Situation schlägt der Kriegsminister dem König vor, den preußischen Gesandten in Paris, **Otto von Bismarck,** zum neuen Regierungschef zu ernennen. Der Vorschlag des Kriegsministers kommt nicht von ungefähr. Bismarck, ein preußischer Junker durch und durch, gilt als kompromissloser Konservativer. Ihm trauen die konservativen Kräfte im Landtag wie auch der König zu, die Heeresreform, auch notfalls am Parlament vorbei, durchzusetzen. Am 24. 9. ernennt Wilhelm I. Otto von Bismarck zum Ministerpräsidenten.

Der neue starke Mann enttäuscht seinen König nicht. In einer Rede vor der Budgetkommission des Landtages fordert Bismarck die Abgeordneten umgehend auf, der Heeresreform zuzustimmen. Für ihn sei es unerlässlich, die deutsche Frage (damit sprach Bismarck den immer stärker eskalierenden Streit zwischen Österreich und Preußen an) mit einem starken Heer zu lösen. Nur durch **»Eisen und Blut«** (und nicht durch Reden und Beschlüsse) könnten die großen Fragen der Zeit gelöst werden. Als die Abgeordneten die Bewilligung des Heeresetats auch weiterhin ablehnen, setzt Bismarck die Reform dennoch ohne Parlamentsbeschluss um. Diese Entscheidung führt direkt in einen Verfassungskonflikt. Als »eiserner Kanzler« wird Bismarck fortan bis zum Deutschen Krieg 1866 die Geschicke Preußens am Parlament vorbei entscheiden.

MEILENSTEIN

1862 **Vom Tiegelgussstahl zum Bessemerverfahren**

Weder der maschinelle Webstuhl noch andere Errungenschaften des Industriezeitalters machten Deutschland am Ende des 19. Jh. zu einer der führenden Industrienationen. Auf Eisen, Kohle und Stahl baute das Land seinen industriellen Erfolg aus. Aus Stahl baute man Eisenbahnen, errichtete Brücken und neuartige Gebäude. Die Stahlproduktion wurde zum industriellen Führungssektor und machte jenes Unternehmen groß, das noch 1826 hoch verschuldet war und nur sieben Mitarbeiter zählte: die kruppsche Gussstahlfabrik in Essen. Wenig später entwickelte Alfred Krupp den nahtlos geschmiedeten und gewalzten Eisenbahnradreifen. Nur mit ihm konnten die Lokomotiven ihre hohe Geschwindigkeit erreichen. Und 1862 war es wiederum der inzwischen erfolgreiche Alfred Krupp, der als erster Unternehmer auf dem Kontinent in seinen Fabriken Stahl nach dem Bessemerverfahren herstellen ließ. Mit dem Verfahren, das auf einem für damalige Verhältnisse völlig neuartigen Frischeprozess (per Zufuhr von Sauerstoff) aufbaute, ließen sich nun erheblich höhere Mengen an Stahl herstellen. Stahl war fortan ein Massenprodukt.

1863 In Leipzig gründen mehrere Arbeiterführer am 23. 5. den **»Allgemeinen Deutschen Arbeiterverein« (ADAV)** unter Vorsitz des Publizisten Ferdinand Lassalle. Bewusst wollen sich Lassalle und seine Mitstreiter von dem Programm des bekannten liberalen Sozialpolitikers Hermann Schulze-Delitzsch absetzen, der jede staatliche Förderung von genossenschaftlichen Zusammenschlüssen der Arbeiter ablehnt. Vielmehr vertraut Schulze-Delitzsch auf die Bereitschaft der Arbeiter, diese Genossenschaften selbst finanzieren zu können. **Ferdinand Lassalle** dagegen hält dies für unmöglich. Wie sollen Arbeiter, so seine Meinung, eine Rücklage bilden können, wenn sie dem »ehernen Lohngesetz« unterworfen sind? Das Lohngesetz von Lassalle besagt nichts anderes, als dass der Durchschnittslohn eines Arbeiters auf Dauer nicht das Existenzminimum übersteigen kann. Auch wenn Lassalle gerade wegen dieser Theorie eine heftige Auseinandersetzung mit den radikalsozialen Kräften um Marx und Engels führte, stärkte die Gründung des ADAV die Arbeiterbewegung.

1864 Als der dänische König Christian IX. im Rahmen einer Verfassungsreform beabsichtigt, Schleswig in den dänischen Staatsverband einzubinden, stößt dieses Vorhaben auf den erbitterten Widerstand Preußens und Österreichs, die darin einen Verstoß gegen die Gebietsbeschlüsse des Wiener Kongresses von 1815 sehen. Entscheidender jedoch ist, dass der preußische Kanzler Otto von Bismarck in diesem sich anbahnenden Konflikt eine Möglichkeit sieht, die zwischen Österreich und Preußen umstrittene Vormachtstellung im Deutschen Bund zugunsten

Preußens zu klären – würde doch die Eingliederung Schleswigs und Holsteins in das preußische Herrschaftsgebiet nicht nur einen territorialen Zugewinn bedeuten, sondern auch das Machtverhältnis im Bund zugunsten Preußens verschieben. Schon hier, im Konflikt um Schleswig, wird deutlich, wie intensiv Bismarck sein Ziel eines Deutschen Reiches unter Führung Preußens verfolgt. Noch einmal jedoch kämpfen nun Österreich und Preußen im **Deutsch-Dänischen Krieg** Seite an Seite. Am 30. 10. tritt Dänemark im Frieden von Wien die Herzogtümer Schleswig, Holstein und Lauenburg an die beiden Siegermächte ab.

1865 Nach dem Sieg über Dänemark kommt es zwischen Österreich und Preußen zu Spannungen um die erworbenen Herzogtümer im Norden. Noch einmal jedoch können sich die beiden Mächte im **Vertrag von Gastein** einigen. In Holstein soll Österreich und in Schleswig Preußen die gemeinsamen Rechte über die Gebiete ausüben. Gegen Zahlung einer Geldentschädigung geht Lauenburg in den Besitz Preußens über.

MEILENSTEIN

1865 **»Leipziger Frauenschlacht«**

18. Oktober Mit dem Scheitern der Revolution von 1848 waren auch vorerst jene Bemühungen von Frauen wie Bettina von Arnim im Keim erstickt worden, die ihre eigenen Rechte stärken wollten. Doch mit der Gründung des Allgemeinen Deutschen Frauenvereins (ADF) im Oktober in Leipzig unter Führung von Luise Otto Peters und Auguste Schmidt lebte auch in Deutschland eine Bewegung wieder auf, die in den Jahren zuvor schon in England, aber besonders intensiv in den Vereinigten Staaten an Zustimmung gewonnen hatte. Der ADF, der das Recht von Frauen auf höhere Bildung, aber auch auf Erwerbstätigkeit forderte, stand damit im scharfen Gegensatz zu den Gesetzen in den Deutschen Ländern, die den Frauen die Mitgliedschaft in Vereinen untersagte. Mit den Forderungen, die der ADF in den folgenden Jahrzehnten stellen sollte, gehörte er zur bürgerlich-gemäßigten Frau-

enbewegung. Dennoch bezeichnete die Presse den Gründungskongress von 1865 abwertend als »Leipziger Frauenschlacht«. Vielleicht aber auch deswegen, da damals nur Männer Journalisten sein durften?

1866 Die folgenden beiden Jahre stehen ganz im Zeichen des Dualismus zwischen Preußen und Österreich. Am Ende dieses Konflikts wird Bismarck sein Ziel einer **preußischen Vormachtstellung in Deutschland** erreicht haben. Die Möglichkeit dazu bietet sich dem Kanzler durch die anhaltenden Spannungen zwischen den beiden Großmächten um den Herrschaftsanspruch in Schleswig und Holstein. Bismarck plant nun, die Entscheidung offensiv und mit kriegerischen Mitteln herbeizuführen. So schließt er am 8. 4. mit Italien ein geheimes Angriffsbündnis gegen Österreich. Zugleich stellt Preußen beim Bundestag den Antrag auf eine Reform des Deutschen Bundes mit dem Ziel eines gesamtdeutschen Parlaments. Bismarck ist sich bewusst, dass dieses Ansinnen in Wien auf entschiedenen Widerstand stoßen wird.

Aber auch Österreich bleibt nicht untätig. Im Juni erklärt Wien, die Erbfolge in Holstein einem Bundesurteil zu unterstellen. Dies stellt für Preußen einen eindeutigen Bruch des Gasteiner Abkommens dar, weswegen Preußen wenig später Holstein besetzt. Außerdem fordert Bismarck den Ausschluss Österreichs aus dem Deutschen Bund.

Der **Streit um Holstein** eskaliert zusehends. Nicht nur dass Österreich mit Frankreich ein Geheimbündnis gegen Preußen schließt, auch der Bundestag kündigt auf Antrag Bayerns und Österreichs eine Teilmobilmachung der Bundesarmee an. Preußen sieht daraufhin die Bundesakte als gescheitert an und tritt am 14. 6. aus dem Deutschen Bund aus.

Ab dem 20. 6. kämpft Preußen im **Deutschen Krieg** gemeinsam mit 17 kleineren norddeutschen Staaten gegen Österreich, Bayern, Württemberg, Sachsen und weitere Staaten des Deutschen Bundes. Die militärische Entscheidung des Konflikts fällt am 3. 7. in der Schlacht bei Königgrätz.

**MEILENSTEIN**

1866 **Mit dem Zündnadelgewehr zur Vormachtstellung in Mitteleuropa**

3. Juli Kaiser Franz Joseph I. und die österreichische Militärführung hätten es eigentlich wissen müssen: Schon 1864, im Deutsch-Dänischen Krieg, war jene Waffe kriegsentscheidend gewesen, die nun auch in der Schlacht bei Königgrätz (in Nordböhmen) von den preußischen Truppen verwendet wurde. Ein Großteil der unter dem Kommando von Helmuth von Moltke stehenden Truppen war mit einem Gewehr ausgerüstet, dass von vorn mit einer Patrone geladen wurde, die zugleich Zünd- und Treibmittel, aber auch das Geschoss enthielt. Die Folge dieses technischen »Fortschritts« war, dass die Soldaten in einer viel kürzeren Zeitspanne erneut zum Schuss kamen. So kam es, wie es kommen musste: Aus der Schlacht ging Preußen als Sieger hervor. Im Frieden von Prag, gut einen Monat später, musste sich Österreich dem Diktat Bismarcks beugen und verlor damit seine Vormachtstellung in Europa. In der Schlacht von Königgrätz verloren (auch) durch das Zündnadelgewehr 5658 Österreicher und Sachsen und »nur« 1920 Preußen ihr Leben.

1866 Nachdem Bismarck im Juli mit Österreich einen Vorfrieden mit dem Ziel, den ehemaligen Gegner in Zukunft als Bundesgenossen gewinnen zu können, geschlossen hatte, vereinbarten Österreich und Preußen am 23. 8. den **Frieden von Prag**. In dem Vertrag stimmt Österreich der Auflösung des Deutschen Bundes und einer Neugestaltung Deutschlands unter Führung Preußens zu. Ebenfalls gehen alle Rechte an Schleswig und Holstein auf Preußen über.

Wenig später annektiert Preußen Hannover, Kurhessen, Nassau und Frankfurt am Main. Mit dem Anschluss dieser noch vor wenigen Monaten Kriegsgegner in den preußischen Herrschaftsbereich erreicht Bismarck sein vorläufiges Ziel: Am 18. 8. wird mit der Gründung des Norddeutschen Bundes die **Vormachtstellung Preußens** in Deutschland, aber auch in Mitteleuropa endgültig besiegelt.

MEILENSTEIN

1867 **22 Staaten, 30 Millionen Einwohner**

14. Juli Mit dem Ausgang des Deutschen Krieges von 1866 hatte sich endgültig das Machtgefüge in Deutschland von Wien nach Berlin verlagert. Mit der Wahl des konstituierenden Norddeutschen Reichstags am 12. 2. war nun Preußen endgültig die Rolle als mitteleuropäische Führungsmacht zugefallen. Österreich dagegen, das sollten auch die nächsten Jahrzehnte bestätigen, übte seinen Einfluss, mit dem es einst einmal ganz Europa beherrschte, nur noch in seinen Kernlanden sowie in Böhmen und Ungarn aus. Preußen dagegen war endlich am Ziel angekommen. Konsequent hatte das Land – und nicht erst seit dem Wiener Kongress von 1815 – seine Vormachtstellung in Deutschland ausgebaut. Der Norddeutsche Bund, dem neben Preußen mit seinen annektierten Gebieten und den 17 ehemals verbündeten norddeutschen Kleinstaaten auch Sachsen und das Großherzogtum Hessen angehörten, umfasste nun 22 Staaten mit 30 Millionen Einwohnern. Als Bismarck am 14. 7. zum Kanzler des Bundes gewählt wurde, stand er damit nicht nur einer politischen Machtgröße, sondern in Zeiten des industriellen Aufschwungs auch einem gewaltigen Wirtschaftsraum vor.

1867 Der Ausgang des Deutschen Krieges hat auch für die Habsburgermonarchie Auswirkungen. Als Ausgleich der Verluste, die Österreich in dem Krieg hinnehmen musste, wird nun aus dem ehemaligen Einheitsstaat eine **Doppelmonarchie Österreich-Ungarn**. Am 15. 3. leistet der ungarische Graf Gyula Andrássy als ungarischer Ministerpräsident auf den österreichischen Kaiser Franz Joseph I. den Treueid. Damit ist fortan das österreichische Kaiserreich in Personalunion eine Doppelmonarchie.

Am 17. 1. hält der Ingenieur **Werner Siemens** einen Vortrag über die von ihm entwickelte Dynamomaschine; seine Erfindung bringt er in das Unternehmen Siemens und Halske ein und begründet damit ein Wirtschaftsimperium. Der aus Frankfurt am Main stammende Apotheker **Heinrich Nestle** gründet im schweizerischen Vevey eine Milchmehlfabrik, in der eine von ihm entwickelte Säuglingsnahrung aus Milch, Zucker und Weizenmehl hergestellt wird. Um die Jahrhundertwende ist sein Unternehmen der zweitgrößte Nahrungsmittelhersteller der Welt.

Um die Auswüchse einer, wie er es sagt, auf Ausbeutung beruhenden Wirtschaftsform zu beschreiben und wissenschaftlich zu erforschen, verfasst Karl Marx sein Hauptwerk **»Das Kapital«.** Am 11. 9. erscheint in Hamburg der erste Band. Die beiden Folgebände des Werks werden nach dem Tod von Karl Marx von seinem Freund Friedrich Engels herausgegeben. Die »Kritik der politischen Ökonomie« wird zum Grundlagenwerk des Marxismus.

MEILENSTEIN

1869 **Wer führt die Arbeiter?**

8. August In den 1860er-Jahren war es in der deutschen Arbeiterbewegung zu einem erbitterten Streit gekommen. Die Auseinandersetzungen betrafen die alles entscheidende Frage, wie die Rechte von Arbeiterinnen und Arbeitern im von Preußen beherrschten Deutschland umgesetzt werden konnten. Die gemäßigten, mehr reformorientierten Kräfte hatten sich schon 1863 unter Ferdinand Lassalle zum »Allgemeinen Deutschen Arbeiterverein« (ADAV) zusammengefunden. Anders als die »Lassalleaner«, deren Kernforderung Arbeiterproduktivgenossenschaften waren, standen die radikaldemokratischen Kräfte den Ideen und Aussagen von Karl Marx nahe. Sie forderten den freien Volks-

staat, die Abschaffung der Klassenherrschaft sowie die direkte Überwindung der damals herrschenden Produktionsweisen. Am 8. 8. gründeten die eher »marxistisch« orientierten Arbeiterführer unter maßgeblicher Beteiligung von August Bebel und Wilhelm Liebknecht in Eisenach die »Sozialdemokratische Arbeiterpartei« (SDAP). Sechs Jahre später vereinigte sie sich mit dem ADAV zur »Sozialistischen Arbeiterpartei Deutschlands« (SAP) und verabschiedeten das berühmte »Gothaer Programm«. Ab 1890 hieß die SAP »Sozialdemokratische Partei Deutschlands« (SPD).

1870 Ein Konflikt zwischen Preußen und Frankreich beginnt. Die Ursache ist die Frage, wer den spanischen Thron besteigen soll. Nachdem der Erbprinz Leopold von Hohenzollern-Sigmaringen seine Kandidatur auf den Thron im fernen Süden angekündigt hatte und dieser Entschluss von Otto von Bismarck gefördert und unterstützt worden war, sieht sich Frankreich von deutscher Seite bedroht. Am 6. 7. verfasst daher die französische Regierung eine Erklärung, die ernste Kosequenzen für den Fall vorsieht, dass ein Hohenzoller die **spanische Krone** erben sollte. Infolge der politischen Verstimmung in Paris verzichtet jedoch wenige Tage später der Prinz auf die Kandidatur.

Bei einer Unterredung mit dem in Bad Ems zur Kur weilenden Wilhelm I. von Preußen verlangt der französische Gesandte Graf Benedetti, dass der König niemals wieder einer solchen Kandidatur für den spanischen Thron sein Einverständnis geben solle. Bismarck, von einem Mitarbeiter per Telegrafenbericht über das Treffen informiert, lässt die Depesche in verkürzter Form veröffentlichen, sodass sie erheblich schärfer wirkt, als sie in der Ursprungsfassung formuliert war. Die **»Emser Depesche«** führt so schließlich zum Ausbruch des Deutsch-Französischen Kriegs, in dem alle süddeutschen Staaten an die Seite Preußens treten.

Nach der **Kriegserklärung Frankreichs an Preußen** am 19. 7. rückt die preußische Armee zügig nach Frankreich vor. Die Entscheidung über Sieg oder Niederlage im Krieg fällt am 2. 9. zugunsten Preußens in der **Schlacht bei Sedan**. Die Gefangennahme von Napoleon III. am gleichen Tag führt endgültig zum Zusammenbruch der französischen Linien, aber auch des französischen Kaisertums. Am 4. 9. wird in Paris Napoleon III. abgesetzt und eine Republik ausgerufen. Die deutschen Truppen stoßen derweil in wenigen Tagen bis nach Paris vor und beginnen ab dem 19. 9. mit der Belagerung der Stadt.

Nach dem sich abzeichnenden Erfolg im Krieg gegen Frankreich kann Bismarck im Oktober und November den wohl wichtigsten Erfolg auf dem Weg zu einem von ihm favorisierten »kleindeutschen« Kaiserreich unter Führung Preußens verbuchen. In zähen Verhandlungen erreicht er den Zusammenschluss der süddeutschen Staaten mit dem Norddeutschen Bund zum **Deutschen Reich**.

MEILENSTEIN

1871 **Ein Kaiserreich entsteht**

18. Januar Das Gemälde des Malers Anton von Werner sollte für Generationen das Bild der Krönung Wilhelms I. zum deutschen Kaiser im Spiegelsaal von Versailles prägen. Sieht man doch auf dem Bild nur uniformierte Fürsten, die den neuen Kaiser huldigen. Weder Zivilisten noch das einfache Volk hat der Maler dargestellt. Wie sollte er auch? Denn der einfache Bürger fehlte in Versailles. Im ehemaligen Schloss der französischen Könige fand die Ausrufung des Deutschen Kaiserreichs statt, da Preußen mit Frankreich, das kurz vor der Kapitulation stand, einen Krieg führte. Und gleich nach der siegreichen Schlacht von Sedan im September 1870 hatte Otto von Bismarck mit jenen Ländern im Süden Deutschlands erfolgreiche Verhandlungen geführt, die nicht zum Norddeutschen Bund zählten: mit Bayern, Baden und Württemberg. Das Ziel war die Schaffung des Deut-

schen Reichs. Da Bismarck den süddeutschen Partnern im neuen Staatenbund föderale Eigenstrukturen zugestand, erreichte er ihre Zustimmung zur »Reichsgründung« – so konnte im Januar 1871 der preußische König zum »Deutschen Kaiser« ausgerufen werden. Hatte Bismarck Wilhem I. erst überreden müssen, die neue Krone anzunehmen, trug die überwiegende Mehrheit des nun erstmals in einem Nationalstaat vereinten deutschen Volkes die Reichsgründung mit.

1871 Am 10.5. schließen Frankreich und Preußen in Frankfurt am Main Frieden. Frankreich muss nicht nur an das Deutsche Reich Elsass und Lothringen abtreten, sondern auch eine Kriegsentschädigung von 5 Milliarden Franc zahlen.

1871

## Nation von oben
## Kaiserreich

**1871–1918**

Was den Revolutionären von 1848 nicht gelang, konnte der preußische Ministerpräsident Otto von Bismarck vollbringen. Mit der Einheit Deutschlands auf Basis der »kleindeutschen Lösung« entstand im Jahr 1871 zum ersten Mal ein deutscher Nationalstaat.

1918

# Liberalismus und Gründerjahre

1871 Der preußische König Wilhelm I. verkündet am 18.1. nach der Einnahme von Paris im Spiegelsaal von Versailles durch die Kaiserproklamation die **Gründung des Deutschen Reichs.** Nach jahrzehntelangen Versuchen, Einheit und Demokratie in Deutschland herbeizuführen, ist zumindest die Einheit der deutschen Staaten – mit Ausnahme Österreichs – verwirklicht. Staatsoberhaupt des Deutschen Reiches wird in Personalunion der preußische König. Wilhelm I. nimmt auf Bismarcks Drängen hin den Titel »deutscher Kaiser« an, der aber nicht in der Tradition der römisch-deutschen Kaiser steht. Mit der Vereinigung aus Norddeutschem Bund und süddeutschen Staaten (**»kleindeutsche Lösung«** unter Ausschluss Österreichs) geht auch der Aufstieg des Deutschen Reichs zur verspäteten Weltmacht mit zeitweise großer wirtschaftlicher Produktivität einher.

Noch während die Kämpfe des Deutsch-Französischen Kriegs andauern, schließen Otto von Bismarck und Adolphe Thiers am 26. 2. den Vorfrieden von Versailles.

Bei den Wahlen zum ersten Deutschen Reichstag am 3.3., bei denen die Abgeordneten – anders als bei dem seit 1849 in Preußen geltenden Dreiklassenwahlrecht – in allgemeiner, gleicher, direkter und geheimer Wahl in Einmannwahlkreisen mit absoluter Mehrheit gewählt werden, setzt sich der **Liberalismus** mit 202 von 382 Sitzen als stärkste Strömung durch. Allerdings sind die liberalen Kräfte in verschiedene Parteien unterteilt. Wenige Wochen später wird in der Reichshauptstadt **Berlin** am 21. 3. der erste deutsche **Reichstag** eröffnet. Otto von Bismarck wird am gleichen Tag von Kaiser Wilhelm I. zum ersten **Reichskanzler** ernannt und für seine Verdienste in den Fürstenstand erhoben.

Den Deutsch-Französischen Krieg beendet schließlich der Friede von Frankfurt am 10. 5. Frankreich muss das Elsass und Teile

Lothringens an das Deutsche Reich abtreten und Reparationen in Höhe von 5 Milliarden Franc zahlen. Ein Teil dieser Summe, etwa 120 Millionen Franc, kommt als Reichskriegsschatz nach Berlin. Mit den **Reparationszahlungen** wird überall im Reich die Infrastruktur ausgebaut, Schulen, Krankenhäuser und Poststationen entstehen. Dies führt im ganzen Reich zu einem wirtschaftlichen Aufschwung, dem **Gründerboom**. In der Gründerzeit übernimmt das Bürgertum die kulturelle Führung im Deutschen Reich. Es prägt den Historismus, der auch – landläufig und unscharf – als Gründerzeitstil bezeichnet wird.

Neue Firmen und Aktiengesellschaften werden überall im Reich gegründet und bringen zusätzlich Kapital auf den Markt. Die Industrieproduktion wird ausgeweitet und das Eisenbahnnetz ausgedehnt. In diesem Zusammenhang kommt es am 20. 5. zur ersten gemeinsamen Fahrplankonferenz aller deutschen Eisenbahnen.

**MEILENSTEIN**

1871 **Ein Maulkorb für die Geistlichkeit**

10. Dezember Reichskanzler Otto von Bismarck passte die ganze Grundströmung nicht. Erst wenige Jahre zuvor hatte sich die von katholischen Politikern und von der Geistlichkeit unterstützte Zentrumspartei gegründet und versuchte nun, die politische Willensbildung in ihrem Sinn mitzuprägen. Bismarck, der mit bürgerlich-nationalliberalen Kräften ein Bündnis eingegangen war, fasste den Einfluss des Katholizismus auf die Politik als Bedrohung für die preußisch-protestantische Monarchie auf. Verstärkt wurde dieser Konflikt auch noch durch das Erste Vatikanische Konzil von 1870, das den Papst für unfehlbar in seinen Entscheidungen erklärte. Gerade die Liberalen sahen darin einen Angriff auf den modernen Nationalstaat. Mit der Aufnahme des »Kanzelparagrafen« in das Strafgesetzbuch, das allen Geistlichen verbot, in der Öffentlichkeit zu politischen Fragen Stellung zu beziehen, eskalierte die Auseinandersetzung und leitete den

fast zehn Jahre dauernden »Kulturkampf« zwischen Staat und Kirche ein.

1873 Die **Maigesetze** vom 11. 3. und 12. 3. beschneiden die Befugnisse der katholischen Kirche in Deutschland. Sie verlangen von jedem Geistlichen eine bestimmte Grundausbildung. Die Ernennung soll durch den Staat erfolgen. Zudem wird der königliche Gerichtshof für Kirchenrechtsfragen eingesetzt.

MEILENSTEIN

1873 **Der Traum vom vielen Geld platzt**

13. Mai Die Nachricht sorgte an den Börsen, deren Kurse inzwischen schwindelerregende Höhen erreicht hatten, für Unruhe. Womit niemand gerechnet hatte, war eingetreten: Früher als geplant konnte Frankreich, das nach dem verlorenen Krieg von 1871 hohe Reparationszahlungen an das Deutsche Reich zahlen musste, die auferlegten Schulden schon Ende 1872 vollständig tilgen. Gerade diese riesigen Geldsummen aus Frankreich hatten nach 1871 im Reich zu einem enormen wirtschaftlichen Aufschwung geführt und einen Gründerboom ausgelöst. Der enorme Anstieg der im Umlauf befindlichen Geldmenge hatte die Banken dazu verleitet, eine große Anzahl neu gegründeter Industrieunternehmen an die Börse zu bringen und sie mit Krediten zu unterstützen. Mit der Nachricht aus Frankreich schien nun der Geldfluss zu versiegen. So kam, was kommen musste: Die Banken kündigten den Aktienunternehmen die Kredite, deren Aktienwerte daraufhin an den Börsen ins Bodenlose abstürzten. Mit dem Crash vom Mai 1873 begann in Deutschland eine wirtschaftliche Depression.

Der Archäologe Heinrich Schliemann findet am 31.5. bei seinen Ausgrabungen in der Türkei den Schatz von König Priamos und ist sich nun sicher, tatsächlich auf Troja gestoßen zu sein.

Am 9.7. unterzeichnet Kaiser Wilhelm I. das **Deutsche Münzgesetz,** in dem die Abschaffung der einzelnen Landeswährungen im Deutschen Reich (wie Taler, Kreuzer und Groschen) festgehalten und die Goldmark als Währung eingeführt wird.

Die Wiener Börsenpanik breitet sich über den Sommer zu einer weltweiten Wirtschaftskrise aus und erreicht im Oktober auch die Berliner Börse. Die Gründerzeit endet mit einem Börsenkrach, dem Gründerkrach, und geht in die **Gründerkrise** über. Die Krise trifft hauptsächlich das mittelständische Bürgertum. Arbeitslosigkeit, Proletarisierung und Urbanisierung rücken in den Mittelpunkt der sozialen Frage im Deutschen Reich und stärken die Arbeiterbewegung.

Das Deutsche Reich, Österreich-Ungarn und Russland schließen am 22. 10. im Wiener Schloss Schönbrunn das **Dreikaiserabkommen.** Damit beginnen Bismarcks Bemühungen, ein neues Bündnissystem aufzubauen, in dem das Deutsche Reich fest mit allen europäischen Großmächten – außer Frankreich – verankert ist. Bismarck erwartet, dass ein solches Geflecht einen französischen Angriff auf das Deutsche Reich unmöglich machen wird. Da Frankreich im Krieg von 1870/1871 auf eigenem Boden eine herbe Niederlage erlitten und den Verlust von Elsass-Lothringen nicht überwunden hat, fürchtet Bismarck die in Frankreich herrschende Revanchestimmung.

1874 Bei den Wahlen zum zweiten Reichstag am 10. 1. gehen die **Nationalliberalen** und die katholische **Zentrumspartei** als stärkste Fraktionen hervor. Reichskanzler Otto von Bismarck ist besorgt über den Zuwachs der Sozialdemokratischen Arbeiterpartei, die die Anzahl ihrer Sitze von zwei auf neun erhöht.

1875 Das neue, auf liberalen Grundsätzen beruhende »Reichsgesetz über die Beurkundung des Personenstands und der Eheschließung« tritt am 6. 2. in Kraft, schreibt die Zivilehe vor, ein weiterer Schritt gegen die katholische Kirche, und lässt die Ehescheidung zu.

Reichskanzler Bismarck verschärft mit dem Brotkorbgesetz am 22. 4. den **»Kulturkampf«** zwischen dem Kaiserreich und der katholischen Kirche. Durch das Gesetz werden alle staatlichen Zuschüsse an Einrichtungen der katholischen Kirche gesperrt. Erst nach einer schriftlichen Anerkennung des Kaiserreichs durch den jeweiligen Geistlichen erhalten die Einrichtungen wieder staatliche Unterstützung.

In Gotha schließen sich am 27. 5. der Allgemeine Deutsche Arbeiterverein (ADAV) und die Sozialdemokratische Arbeiterpartei (SDAP) zur Sozialistischen Arbeiterpartei Deutschlands (SAD) zusammen, die sich seit 1890 **Sozialdemokratische Partei Deutschlands (SPD)** nennt; die SPD ist damit die älteste heute noch bestehende deutsche Partei.

1876 Bismarck arbeitet weiter an der Einheitlichkeit des Reichs. Die durch das Deutsche Münzgesetz festgeschriebene Währungsunion tritt am 1. 1. in Kraft. Die Goldmark löst acht verschiedene Landeswährungen und 119 Münzsorten auf dem Gebiet des Deutschen Reichs ab. Durch Umwandlung der Preußischen Bank in die **Reichsbank** mit Sitz in Berlin wird eine Zentralnotenbank geschaffen.

Robert Koch weist mit den Milzbrandbakterien zum ersten Mal lebende Mikroorganismen als spezifische Ursache einer Infektionskrankheit nach.

Ab dem 13.8. finden in Bayreuth die ersten Richard-Wagner-Festspiele statt. Wagner inszeniert selbst den aus vier Opern bestehenden »Ring des Nibelungen«.

1877 Bei den Wahlen zum dritten Reichstag vom 10. 1. verbuchen die konservativen Parteien Gewinne auf Kosten der Liberalen. Die Nationalliberalen werden mit 27,2 % stärkste Partei, gefolgt von der katholischen Zentrumspartei mit 24,8 % der Stimmen.

Das Gerichtsverfassungsgesetz vom 27. 1. dient dazu, die Gerichtsbarkeit im Deutschen Reich zu vereinheitlichen.

MEILENSTEIN

1877 **Vier Takte zur Kolbenbewegung**

4. August Als sich Nikolaus August Otto im Jahr 1861 mit der Entwicklung eines Viertaktmotors beschäftigte, ahnte er nicht, dass zur selben Zeit ein Ingenieurskollege, der Franzose Alphonse Beau de Rochas, bereits ähnliche Überlegungen anstellte. Über seine Idee schrieb Otto später: »Ich sagte mir, zerstreue ein Explosivgas in vorher angesaugter oder im Zylinder belassener Luft, dann wird sich ein Gemisch bilden.« Explodierte nun das Gemisch, wurde durch die frei werdende Energie ein Kolben im Zylinder in Bewegung gesetzt. Da Otto jedoch 1861 nicht an die Funktionstüchtigkeit seiner Idee glaubte, meldete er zunächst seine Erfindung nicht zum Patent an. Erst nachdem Otto kaufmännischer Leiter der »Gasmotoren-Fabrik Deutz« in Köln geworden war, holte er dies nach. Auch wenn das kaiserliche Patentamt am 4. 8. dem Antrag stattgab, musste sich der begabte Ingenieur noch viele Jahre später um seine Erfindung, ohne die es den beispiellosen Aufstieg des Automobils nicht gegeben hätte, vor Gericht streiten.

## Konservatismus und Kampf gegen die Sozialdemokratie

1878 Ein Attentat des Arbeiters Max Hödel auf Kaiser Wilhelm I., der in Begleitung seiner Tochter mit einem offenen Wagen durch Berlin fährt, schlägt am 11. 5. fehl. Alle Schüsse verfehlen ihn. Als Reaktion fordert Reichskanzler Otto von Bismarck das sofortige Verbot der Sozialdemokratie. Bei einem zweiten Attentat auf den Kaiser am 2. 6. an fast gleicher Stelle wie wenige Wochen zuvor wird Wilhelm I. schwer verletzt. Bismarck lässt verbreiten, dass es sich bei dem Attentäter, dem promovierten Landwirt Karl Eduard Nobiling, um einen Sozialdemokraten handelt. Der

Reichstag wird daraufhin aufgelöst und für den 30. 7. werden Neuwahlen angesetzt. Bei diesen Wahlen zum vierten Deutschen Reichstag können die Konservativen auf Kosten der liberalen Parteien und der Sozialdemokraten einen Stimmenzuwachs verbuchen.

Der **Berliner Kongress,** der vom 13. 6. bis zum 13. 7. dauert, revidiert den Frieden von San Stefano, der den Russisch-Türkischen Krieg beendete, und ordnet Südosteuropa neu. Bulgarien wird dreigeteilt. Rumänien, Serbien und Montenegro werden selbstständig, Bosnien und die Herzegowina von Österreich-Ungarn besetzt.

MEILENSTEIN

1878 **Die Angst vor den Sozialdemokraten**

18. Oktober Immer schon hatte Otto von Bismarck in den Aktivitäten der Arbeiterbewegung eine Revolutionsgefahr gesehen. Nach zwei gescheiterten Attentaten auf den Kaiser sah sich der Reichskanzler bestätigt. Auch wenn man beiden Attentätern keine Nähe zur gerade in der Arbeiterschaft verankerten Sozialdemokratie nachweisen konnte, nutzte Bismarck die Ereignisse aus und beantragte im Reichstag ein »Gesetz gegen die gemeingefährlichen Bestrebungen der Sozialdemokratie«. Sein am 24. 5. in den Reichstag eingebrachtes Gesetz scheiterte jedoch erst einmal am Widerstand der Abgeordnetenmehrheit. In einem weiteren Anlauf nach dem zweiten Attentat und der Neuwahl des Reichstags hatte Bismarck mehr Erfolg. Am 19. 10. nahm der Reichstag seinen Antrag auf Verbot der Sozialdemokratie an. Auch wenn das Sozialistengesetz zunächst zu einer beispiellosen Verfolgung der Sozialdemokratie führte, erreichte Bismarck damit genau das Gegenteil: Am Ende ging die Arbeiterbewegung und mit ihr die Sozialdemokratie gestärkt aus den Auseinandersetzungen hervor.

Das **Sozialistengesetz** vom 19.10. markiert auch einen Wendepunkt in der Politik Bismarcks. Die Machtverhältnisse im Reichstag ermöglichen es dem Reichskanzler, zusammen mit den konservativen Parteien und dem Zentrum gegen die sozialdemokratischen und sozialistischen Strömungen vorzugehen. Bismarck wendet sich von den liberalen Parteien ab, denen er seit der Reichsgründung nahesteht.

1879 Nach dem Tod von Papst Pius IX. am 7. 2. in Rom entspannt sich das Verhältnis der katholischen Kirche zum Deutschen Reich. Der neue Papst Leo XIII. zeigt den Willen zur Verständigung. Dies unterstützt zusätzlich Bismarcks politischen Kurswechsel und entschärft den Kulturkampf. In Preußen amtieren seit einem Jahr nur noch drei von ehemals zwölf Bischöfen.

Mit der Erfindung der Kohlenbogenlampe des Ingenieurs Werner Siemens stattet Berlin als erste Stadt überhaupt ab dem 1. 3. einen Straßenzug mit elektrischem Licht aus.

Der Reichstag beschließt am 12. 7. die **Einführung von Schutzzöllen**, um der angeschlagenen Wirtschaft zu helfen. Die Sozialdemokraten und die Liberalen widersetzen sich dem Gesetz, sie bevorzugen eine liberalere Wirtschaftspolitik. Bismarck möchte mit den Schutzzöllen auf Importwaren die Preise der inländischen Industrie- und Agrarprodukte stützen.

Am 1. 10. nimmt das **Reichsgericht** in Leipzig seine Arbeit auf.

Nachdem Russland wegen des Berliner Kongresses das Dreikaiserabkommen aufkündigt, schließen das Deutsche Reich und Österreich-Ungarn am 7. 10. den **Zweibund** und sichern sich somit gegenseitig militärische Hilfe im Verteidigungsfall zu.

1880 Das erste Milderungsgesetz zur Beilegung des »Kulturkampfs« tritt am 14. 7. in Kraft. Vier Bischofssitze, die durch das Ableben ihrer Inhaber vakant waren, werden dadurch neu besetzt.

1881 Der russische Zar nähert sich dem Deutschen Reich sowie Österreich-Ungarn an. Sie sichern sich im Angriffsfall Neutralität zu und schließen somit am 18. 6. den **Dreikaiserbund.**

Die Wahl zum fünften Deutschen Reichstag findet am 27. 10. statt. Das katholische Zentrum wird mit 23,2 % stärkste Partei. Die linksliberalen Parteien können die stärksten Gewinne aller Parteien verzeichnen.

1882 Der Zweibund wird am 20.5. zum **Dreibund** zwischen dem Deutschen Reich, Österreich-Ungarn und Italien ausgeweitet. Zum einen erhofft sich Otto von Bismarck, dadurch der Rivalität von Italien und Österreich-Ungarn auf dem Balkan die Schärfe zu nehmen, andererseits könnte Italien in einem Kriegsfall mit Frankreich die südwestliche Flanke des Deutschen Reichs beschützen.

Das Zweite Milderungsgesetz tritt am 31.5. in Kraft und baut die staatlichen Zwangsmittel gegen die katholische Kirche weiter ab.

MEILENSTEIN

1883 **»Zur positiven Förderung des Wohles der Arbeiter«**

29. Mai Die Fürsorge um den gemeinen Mann und die Arbeiterschaft war es nicht, die Otto von Bismarck dazu trieb, im Reichstag ein Gesetz »betreffend die Krankenversicherung der Arbeiter« einzubringen. Vielmehr trieb Bismarck und den Kaiser die Angst vor dem Erstarken der Sozialdemokratie um. Denn anders als erwartet, hatte das im Jahr 1878 verabschiedete Sozialistengesetz zu einer großen Solidarität der Arbeiterschaft mit den Sozialdemokraten geführt. Andererseits sah auch Bismarck, dass die Sozialfürsorge im Kaiserreich im Argen lag. Nur die wenigsten Unternehmer sorgten sich nach dem Ausscheiden ihrer Arbeiter aus Krankheits- oder Altersgründen um Wohl und Wehe ihrer Mitarbeiter. Nicht selten drohte der Absturz in das soziale Elend. So verabschiedete der Reichstag im Mai ein Gesetz, wonach alle Arbeiter und Angestellten zum Abschluss einer Krankenversicherung verpflichtet wurden. 1884 folgte die Etablierung einer Unfallversicherung, 1889 das Gesetz zur Rentenversicherung. Auch wenn die Leistungen meist dürftig waren: Diese Sozialgesetze waren die ersten Fürsorgegesetze für Arbeiter weltweit.

Das Dritte Milderungsgesetz vom 11.7. erklärt alle bischöflichen Amtshandlungen fortan wieder für straffrei. 280 Geistliche werden begnadigt.

1884 Der Dreikaiserbund wird ungeachtet der Rivalität von Österreich-Ungarn und Russland am 27. 3. verlängert.

Am 28. 10. findet die sechste Reichstagswahl statt. Der Wahlkampf steht im Zeichen der Kolonialpolitik. Stärkste Partei wird erneut das katholische Zentrum mit 22,6 %. Trotz der Sozialistengesetze gelingt es den Sozialdemokraten, ihre Mandate im Reichstag von zwölf auf 24 zu erhöhen.

Rumänien tritt am 30. 10. dem Dreibund bei.

Das Deutsche Reich erwirbt seinen Kolonialbesitz in Südwestafrika, Togo, Kamerun, Ostafrika und im Pazifik. Am 15. 11. wird Afrika auf der **Berliner Kongokonferenz** in Kolonialgebiete aufgeteilt.

Am 1. 12. tritt die **Krankenversicherung** für Arbeiter in Kraft.

MEILENSTEIN

1884 **Zum Schutz der Bucht des Kaufmanns Lüderitz**

Im April Anders als die mitregierende Nationalliberale Partei stand Otto von Bismarck dem Wunsch nach Überseekolonien reserviert gegenüber. Mochten andere europäische Staaten da anders denken. Im Einklang mit einer von ihm rational gestalteten Außenpolitik schätzte Bismarck die Sorge um mögliche internationale Verwicklungen höher ein als ein eventueller wirtschaftlicher Nutzen, den Kolonialbesitz nach sich gezogen hätte. Doch die Stimmung in breiten Teilen des bürgerlichen Lagers war eine andere: Das Deutsche Reich als Großmacht dürfe den imperialen Träumen seiner Nachbarn in nichts nachstehen. Nicht zuletzt deswegen und aus Sorge um den Wiedereinzug der Nationalliberalen Partei in den Reichstag bei der bevorstehenden Wahl änderte Bismarck jedoch seine Haltung. Im April stellte Bismarck Besitzungen des deutschen Kaufmanns Adolf Lüderitz als »Deutsch-Südwestafrika« im heutigen Namibia unter den Schutz des Reichs. Wenig spätere folgten weitere »Schutzgebiete« in Kamerun, Togo, Ostafrika und im Pazifik.

1885 Der als Schiedsrichter fungierende Papst Leo XIII. entscheidet am 22. 10. in einer deutsch-spanischen Streitfrage um die Karolineninseln zugunsten Spaniens. Bismarck erkennt die Hoheit des Papstes an und erhält zum Entsetzen der Katholiken im Deutschen Reich den Christusorden.

1886 Carl Benz beantragt am 29. 1. ein Patent für das von ihm gebaute dreirädrige **Automobil.** Im Oktober baut Gottlieb Daimler einen Ottomotor in eine Kutsche ein: Das Automobil ist erfunden. Heinrich Hertz gelingt am 11. 11. in einem Experiment die elektromagnetische Übertragung von einem Sender zu einem Empfänger.

1887 Kaiser und Bundesrat lösen am 14. 1. den Reichstag auf, weil dieser die **Heeresvorlage** von Reichskanzler Otto von Bismarck ablehnt. Am selben Tag schließen die Deutschkonservative Partei, die Deutsche Reichspartei und die Nationalliberale Partei ein Wahlbündnis zur gegenseitigen Unterstützung. Sie erhalten daher den Namen »Kartellparteien«. Die Heeresvorlage wird Wahlkampfthema. Die Geister scheiden sich an der Frage, ob das Heer dem Parlament oder dem Kaiser, wie von Bismarck und den Konservativen gefordert, unterstellt sein soll. Die neuen Wahlen zum siebten Reichstag am 21. 2. erzielen mit über 77 % die bislang höchste Wahlbeteiligung. Der neue Reichstag erhält in der Öffentlichkeit den Beinamen »Kartellreichstag«. Die konservativen Kartellparteien erringen den Sieg. Reichskanzler Bismarck wird in seiner Politik bestätigt.

Papst Leo XIII. erklärt am 23. 5. den »Kulturkampf« für beendet. Er zeigt sich verständigungsbereiter als sein Vorgänger. Zudem vollzieht Bismarck innenpolitisch eine Wende und bemüht sich weiterhin um den Ausgleich mit der Zentrumspartei und den Konservativen, deren Unterstützung er beim Vorgehen gegen die Sozialdemokratie braucht.

Wilhelm I. legt am 3. 6. den Grundstein für den Nord-Ostsee-Kanal, der die Schifffahrt zwischen den Nordsee- und den Ostsee-

häfen erleichtert und zunächst zu seinen Ehren Kaiser-Wilhelm-Kanal heißt.

Nach dem Zerbrechen des Dreikaiserabkommens versucht Bismarck eine Annäherung Russlands an Frankreich zu verhindern. Daher schließen das Deutsche Reich und Russland am 18. 6. den drei Jahre gültigen **Rückversicherungsvertrag.**

Großbritannien fordert ab dem 23. 8. die Kennzeichnung aller importierten Waren. Der Ausdruck **»Made in Germany«** entsteht, um deutsche Waren zu diffamieren. In England zunächst negativ belegt, entwickelt sich der Begriff jedoch schnell zu einem internationalen Gütesiegel.

1888 Das **Dreikaiserjahr:** Als am 9. 3. Kaiser Wilhelm I. stirbt, folgt ihm sein Sohn, der als liberal geltende Kronprinz Friedrich Wilhelm, als Kaiser Friedrich III. nach. Er ist mit Victoria, der Tochter der englischen Königin, verheiratet. Bei der Thronbesteigung ist Friedrich III. schon schwer krank und stirbt 99 Tage später am 15. 6. an Kehlkopfkrebs. Er geht daher als der »99-Tage-Kaiser« in die deutsche Geschichte ein. Nachfolger auf dem Thron wird sein 29-jähriger Sohn Wilhelm II.

Am 5. 8. unternimmt Berta Benz ohne das Wissen ihres Mannes die **erste Überlandfahrt eines Automobils** von Mannheim nach Pforzheim.

## Die Ära Kaiser Wilhelm II.

1889 Mit ihrem Roman »Die Waffen nieder!« trägt **Bertha von Suttner** maßgeblich zur Verbreitung pazifistischer Einstellungen bei. Das Werk wird in mehrere Sprachen übersetzt und gilt für Jahrzehnte als wichtigstes Werk der Antikriegsliteratur.

Der Leipziger Geograf Hans Meyer besteigt am 6. 10. als erster Mensch den Kilimandscharo. Den höchsten Gipfel des Massivs tauft er »Kaiser-Wilhelm-Spitze«.

Am 24.4. beginnt in Bochum der Bergarbeiterstreik, der sich schnell auf das ganze Ruhrgebiet ausweitet. Phasenweise sind 90% der über 100000 Bergarbeiter im Streik. Der Vorfall wird zum Ausgangspunkt einer Gewerkschaftsbildung für den Bergbau im Ruhrgebiet und drängt Kaiser Wilhelm II., weiter auf die Arbeiter zuzugehen.

1890 Die Februarerlasse des Kaisers bauen den **Arbeiterschutz** weiter aus und bringen eine weitere Annäherung an die Sozialdemokratie. Bismarck rät an, die Dokumente auf keinen Fall zu veröffentlichen und den Arbeiterschutz nicht zu erlassen. Doch Kaiser Wilhelm II. veröffentlicht die Erlasse am 4. 2. ohne die vorgeschriebene Gegenzeichnung von Reichskanzler Bismarck, der dadurch politisch stark geschwächt wird.

Die ersten Wahlen unter Kaiser Wilhelm II. zum achten Reichstag am 20. 2. stehen im Zeichen der Auseinandersetzung zwischen Reichskanzler Otto von Bismarck und dem Kaiser selbst, der in dieser Phase darauf aus ist, ein gutes Verhältnis zur Arbeiterschaft aufzubauen. Die Wahl bringt eine katastrophale Niederlage für die Kartellparteien, die 84 Sitze einbüßen. Die Sozialdemokraten können im Gegenzug 19,7% erringen und werden erstmals stärkste Partei.

MEILENSTEIN

1890 **»Es ist ein Glück, dass wir ihn los sind«**

20. März Otto von Bismarck war die regierungsbestimmende Rolle, die er jahrzehntelang im Deutschen Reich innehatte, abhandengekommen. Im Januar hatte der Reichstag seinen Antrag auf Verlängerung des Sozialistengesetzes mit großer Mehrheit abgelehnt. Und bei der Reichstagswahl vom 20. 2. hatten knapp zwanzig Prozent aller Wähler dafür gesorgt, dass die Sozialdemo-

kratie die stimmstärkste Kraft im Reichstag wurde: für den Reichskanzler eine bittere Niederlage! Auch sein Verhältnis zum seit zwei Jahren regierenden Wilhelm II. war alles andere als gut. Dem Kaiser, der ehrgeizig darauf pochte, das Reich nach seinem »persönlichen Regiment« führen zu wollen, war der Regierungsstil seines Kanzlers schon lange ein Dorn im Auge. Verzweifelt versuchte Bismarck im Reichstag das Ruder noch einmal herumzureißen. Sogar mit der einst so verhassten Zentrumspartei suchte der Kanzler noch ein Bündnis zu schmieden. Doch vergebens! Am 20. 3. entließ Wilhelm II. seinen ungeliebten Reichskanzler.

Nachfolger des am 20. 3. entlassenen Reichskanzlers Otto von Bismarck wird Leo von Caprivi. Der Rückversicherungsvertrag mit Russland wird nicht verlängert.

Es kommt zur deutsch-britischen Annäherung, als im **Helgoland-Sansibar-Vertrag**, der am 1. 7. geschlossen wird, das Deutsche Reich die Nordseeinsel Helgoland erhält und im Gegenzug den britischen Anspruch auf Sansibar anerkennt. Der Vertrag löst überall im Reich patriotische Gefühle aus.

Auf ihrem Parteitag am 12. 10. beschließt die Sozialistische Arbeiterpartei Deutschlands (SAPD) die Umbenennung in Sozialdemokratische Partei Deutschlands (SPD).

1891 Kaiser Wilhelm II. bemüht sich weiter um ein **koloniales Reich**. Daher wird am 1. 1. Deutsch-Ostafrika eine deutsche Kolonie.

Aus patriotischem Eifer wird am 9. 4. in Berlin der »Allgemeine Deutsche Verband«, später kurz **Alldeutscher Verein,** gegründet. Er ist der personell kleinste politische Agitationsverband im Reich und trägt starke nationalistische, expansionistische und später auch antisemitische Züge. Kernziele sind die »Belebung des vaterländischen Bewusstseins« sowie die Vertretung der deutschen Interessen im Ausland.

1893 Am 1. 4. wird die mitteleuropäische Zeit für das gesamte Deutsche Reich eingeführt, um v. a. die Fahrpläne der Eisenbahn besser kontrollieren zu können.

Auf Wunsch von Reichskanzler Leo von Caprivi wird der Reichstag am 6. 5. aufgelöst. Streitpunkt ist abermals die Heeresvorlage. Am 15. 6. findet daraufhin die Neuwahl zum neunten Reichstag statt, die mit einem knappen Sieg der regierungstreuen Kartellparteien endet.

1894 Kaiser Wilhelm II. beruft am 29. 10. Chlodwig Fürst von Hohenlohe zum deutschen Reichskanzler.

1895 Wilhelm Röntgen veröffentlicht am 8. 11. seine Entdeckung der später nach ihm benannten »X-Strahlen«.

**MEILENSTEIN**

1895 **Vom Bauernland zum Land der Schlote**

Mag sein, dass es in Deutschland kaum jemand bemerkte oder zur Kenntnis nahm: Die Jahre, in denen der Agrarsektor den größten Bevölkerungsanteil stellte, waren vorbei. In den Fabriken arbeiteten im Jahr 1895 genauso viele Menschen wie auf dem Land. Das Deutsche Reich war endgültig zum Industriestaat geworden. Seitdem die rauchenden Schlote als sichtbares Zeichen einer sich wandelnden Zeit zum ersten Mal das Gesicht der Landschaft verändert hatten, wandelte sich damit auch die Struktur der Gesellschaft. Doch wenige Jahre vor der Jahrhundertwende war dieser Prozess noch lange nicht abgeschlossen. Zwischen 1871 und 1914 versechsfachte sich die Industrieproduktion, die primär auf Kohle und Stahl aufbaute. Und der gesellschaftliche Wandel zeigte sich besonders da, wo die Industrie zu Hause war: in den Städten. Lag der Anteil der Stadtbevölkerung 1870 noch bei 36 %, stieg er bis 1910 auf 60 % an. Doch ein politischer Wandel zugunsten der wachsenden Arbeiterschaft ließ noch auf sich warten. Der setzte erst ein, als das Deutsche Reich eine Republik wurde.

1897 Mit Erfolg setzt Rudolf Diesel am 28. 1. seinen ersten Dieselmotor in Gang.

Vom 26. 8. bis zum 31. 8. veranstaltet Theodor Herzl, der Autor der Schrift »Der Judenstaat«, den ersten **Zionistischen Weltkongress** in Basel. Er fordert die Errichtung eines jüdischen Staates in Palästina und liefert somit den Anstoß zur Entstehung eines politischen Zionismus.

1898 Das Deutsche Reich beginnt mit dem Ausbau seiner Hochseeflotte. Bei der Wahl zum zehnten Reichstag am 16. 6. bestätigt sich der Trend der letzten Jahre: Die Sozialdemokraten legen weiter zu und erreichen 27,2 % der Stimmen. Die Kartellparteien stürzen nach dem Zwischenhoch bei der letzten Wahl ab.

Das Deutsche Reich erwirbt durch einen Pachtvertrag mit China auf 99 Jahre Kiautschou mit der Hauptstadt **Tsingtau.** Die Kolonie soll v. a. als Flottenstützpunkt der kaiserlichen Marine im Pazifik dienen.

MEILENSTEIN

1898 **»Der Ozean ist unentbehrlich«**

28. März Kaiser Wilhelm II. war vom Meer, den Schiffen, aber auch von imperialer Größe Deutschlands begeistert. So wunderte es nicht, dass er seinen Staatssekretär im Reichsmarineamt, Alfred von Tirpitz, mit der Aufgabe betraute, den Aufbau einer Kriegsflotte zügig voranzutreiben. Welche Ziele wirklich im Vordergrund standen, ging aus einer Denkschrift hervor, die Tirpitz schon 1897 verfasste: England »ist auch der Gegner, gegen den wir am dringendsten ein gewisses Maß an Flottenmacht als politischer Machtfaktor haben müssen«. Am 28. 3. nahm der Reichstag das erste Flottengesetz an, das den Bau von 19 Schiffen vorsah. Wenige Wochen später wurde der »Deutsche Flottenverein« ins Leben gerufen, der einzig und allein die Aufgabe hatte, für die maritime Aufrüstung zu werben. 1913 zählte dieser Verein über eine Million Mitglieder, ein untrügliches Zeichen dafür, wie Wilhelms Flottenpläne in weiten Teilen der Bevölkerung begeis-

tert aufgenommen wurden. Das Flottengesetz war ein wichtiger Baustein der imperialen Außenpolitik Wilhelms II.

1899 Das Deutsche Reich ist bemüht, seine Stellung als Kolonialmacht auszubauen. Mit dem **Deutsch-Spanischen Vertrag** vom 12. 2. gelingt es Wilhelm II., gegen eine Reparationszahlung von 17 Millionen Mark die Karolineninseln, die Marianeninseln und die Palauinseln zu kaufen. Daraufhin wird am 1. 4. auch Deutsch-Neuguinea zur deutschen Kolonie; am 2. 12. teilen die USA und das Deutsche Reich die Samoainseln untereinander auf.

Der Krieg der südafrikanischen Burenstaaten gegen ihre britischen Kolonialnachbarn beginnt. Nach Beendigung des **Burenkriegs** werden sie Großbritannien einverleibt.

1900 Das **Bürgerliche Gesetzbuch (BGB)** und das **Handelsgesetzbuch (HGB)** treten genauso wie das Invalidenversicherungsgesetz am 1. 1. in Kraft.

Kaiser Wilhelm II. entgeht am 6. 3. nur knapp einem Attentat durch einen Arbeiter und wird schwer am Kopf verletzt.

Mit dem zweiten Flottengesetz, basierend auf der tirpitzschen Flottenvorlage, vom 12. 6. wird die Hochseeflotte des Deutschen Reichs erheblich vergrößert. Damit beginnt die heiße Phase des **deutsch-britischen Wettrüstens** zwischen der Kaiserlichen Marine und der Royal Navy um die Vormachtstellung auf hoher See.

Ferdinand Graf Zeppelin stellt am 2. 7. sein erstes Starrluftschiff mit 128 m Länge und einem Durchmesser von über 11 m 12 000 begeisterten Zuschauern in Friedrichshafen am Bodensee vor. Später werden diese Luftschiffe nach ihm »Zeppeline« genannt werden.

Bei der Verabschiedung deutscher Truppen, die im Rahmen eines europäischen Kontingents den Boxeraufstand in China niederschlagen sollen, fordert Kaiser Wilhelm II. am 27. 7. in Bremerhaven in seiner **»Hunnenrede«** die Soldaten auf, rücksichtlos gegen den Feind vorzugehen (»Pardon wird nicht gegeben! Gefangene werden nicht gemacht!«).

Graf Bernhard von Bülow wird am 17. 10. neuer deutscher Reichskanzler.

MEILENSTEIN

1900 **Ein neues Bild der Physik**

19. Oktober In der Regel sind Übergänge von einer Entwicklungsstufe zur nächsten nicht in wenigen Augenblicken zu messen. Doch es gibt Ausnahmen. Schon lange hatte sich der Physiker Max Planck mit Fragen zur Thermodynamik, also der Wärmelehre, als Teildisziplin der Physik beschäftigt. Konkret interessierte ihn die Wärmestrahlung schwarzer Körper. Die nämlich absorbieren alle Frequenzen elektromagnetischer Strahlung und strahlen sie bei Erwärmung wieder ab. Mithilfe seiner Beobachtungen leitete er von den bisher bekannten Strahlungsgesetzen ein neues exaktes Gesetz der schwarzen Wärmestrahlung ab. Doch Planck merkte sehr schnell, dass dieses Gesetz mit der klassischen Physik unvereinbar war. Nur durch ein neues Verständnis von Physik konnte der angebliche Widerspruch aufgelöst werden: durch die Annahme, dass Strahlung aus Energiepaketen, den sogenannten Quanten, besteht. Die von ihm am 19. 10. vorgestellten Forschungsergebnisse markieren den Wendepunkt von der klassischen zur modernen Physik der Quantentheorie.

1901 Am 6. 1. wird in Berlin die Gesellschaft für soziale Reform gegründet. Sie entwickelt sich zur einflussreichsten Organisation für soziale Belange. Ihre Hauptaufgabe ist die Erweiterung des Arbeiterschutzes.

China akzeptiert am 10. 1. nach dem gescheiterten Boxeraufstand die Friedensbedingung der acht Großmächte, unter ihnen das Deutsche Reich.

Die **Zweite Orthographische Konferenz** beschließt am 17. 6. in Berlin eine einheitliche, deutsche Rechtschreibung. Anwesend sind Vertreter aus dem Deutschen Reich sowie aus Österreich-Ungarn.

Der Student Karl Fischer gründet am 4. 11. den »Wandervogelausschuss für Schülerfahrten e. V.« und gibt der seit 1896 bestehenden Jugendbewegung eine Dachorganisation.

Am 10. 12. werden zum ersten Mal in Stockholm die **Nobelpreise** verliehen. Die Auszeichnung im Bereich Medizin erhält der deutsche Forscher Emil Adolf von Behring. Den Nobelpreis für Physik geht an Wilhelm Conrad Röntgen. In den nächsten Jahren geht fast jeder vierte Nobelpreis ins Deutsche Reich.

1902 Im Roten Rathaus von Berlin wird am 13. 1. die erste Volkshochschule im Deutschen Reich begründet.

Durch das Auftauchen eines Geheimpapieres von Vizeadmiral Alfred von Tirpitz zum **Flottenaufbau** am 29. 1. fühlt sich die Parteienlandschaft in dieser Frage hintergangen. Von Tirpitz weist allerdings jeden Vorwurf am 7. 2. zurück, da er bereits zuvor offen über die Pläne des Kaisers gesprochen hatte.

1903 Am 1. 1. wird die neue **einheitliche Rechtschreibung** in Österreich-Ungarn, im Deutschen Reich sowie in der Schweiz eingeführt. Deutlichstes Merkmal ist der Wegfall der »th«-Schreibweise (»Tier« statt »Thier«).

Die Wahlen zum elften Deutschen Reichstag finden am 16. 6. statt. Das Zentrum und die Kartellparteien bleiben stabil. Die SPD kann erneut zulegen und erhält 31,7 % der Stimmen.

1904 In Deutsch-Südwestafrika bricht der **Aufstand der Herero** aus. Die Herero beginnen mit Angriffen auf deutsche Einrichtungen und Gebäude. Sie werden von Existenzängsten angetrieben, nachdem in den Jahren zuvor die Rinderpest ihre Existenzgrundlage nahezu zerstört hatte. Hinzu kommen Diskriminierungen durch die Kolonialisten. Am Waterberg von deutschen Truppen geschlagen, werden die Herero in die Wüste Kalahari abgedrängt. Der deutsche Kommandeur, Lothar von Trotha, gibt Befehle, die auf eine Vernichtungsdrohung gegen das ganze Hererovolk hinauslaufen. Von etwa 80000 Herero überleben nicht einmal 15000 den Krieg. Nur wenige Monate nach dem Aufstand erheben sich am 3. 10. auch die Nama gegen die deutschen Kolonialherren. In der Folge kommt es immer wieder zu blutigen Zwischenfällen.

Großbritannien und Frankreich einigen sich in der »**Entente cordial**« auf einen Ausgleich in kolonialen Fragen.

1905 Mit seinem Besuch am 31. 3. in Tanger demonstriert Wilhelm II. den deutschen Anspruch auf Marokko gegenüber Frankreich. Er löst damit die **Erste Marokkokrise** aus, die durch die Konferenz von Algeciras beigelegt werden kann.

In Deutsch-Ostafrika kommt es am 20. 7. zum Maji-Maji-Aufstand gegen die Deutschen. Die deutsche Schutztruppe zerstört Felder und Dörfer, sodass der Großteil der Maji-Maji verhungert.

Kaiser Wilhelm II. trifft im finnischen Björkö den russischen Zar Nikolaus II. Während des Treffens gelingt es dem Deutschen Reich allerdings nicht, Russland aus dem Bündnis mit Frankreich zu lösen und an sich zu binden.

Albert Einstein formuliert am 27. 9. in seiner Arbeit »Zur Elektrodynamik bewegter Körper« erstmals die Grundgedanken seiner **speziellen Relativitätstheorie.**

1906 SPD und Zentrum lehnen die Zustimmung zu einer nachträglichen Erhöhung des Haushalts zur Finanzierung der Schutztruppen in Deutsch-Südwestafrika ab. Daraufhin wird am 13. 12. der Reichstag aufgelöst. Für das nächste Jahr werden Neuwahlen angeordnet.

1907 Bei den Wahlen zum zwölften Reichstag, von Zeitgenossen sarkastisch »**Hottentottenwahl**« genannt, weil die Ursache und der Wahlkampf von der Thematik des Hereroaufstandes beherrscht wurde, verliert die SPD 38 ihrer ehemals 81 Sitze. Sie bleibt allerdings stärkste Partei. Profitieren kann v. a. das von Reichskanzler von Bülow geforderte Bündnis, der Bülow-Block, aus Konservativen, Nationalliberalen und Linksliberalen.

Um sich weiterhin gegenseitig zu schützen, verlängern Italien, Österreich-Ungarn und das Deutsche Reich am 1. 7. den Dreibund um weitere drei Jahre.

MEILENSTEIN

1908 **Der Verlust des »persönlichen Regiments«**

28. Oktober An jenem Oktobertag veröffentlichte der »Daily Telegraph« ein Interview, das der Kaiser der britischen Tageszeitung gewährt hatte. Nach der Veröffentlichung dachte eine aufgeschreckte Weltöffentlichkeit, aber auch deutsche Politiker, zunächst an eine Fälschung. Begannen Wilhelms Ausführungen doch erst einmal mit dem Satz: »Ihr Engländer seid verrückt, verrückt, verrückt wie die Märzhasen.« In einem arroganten und überheblichen Tonfall versuchte der Kaiser, sein angeblich gutes Verhältnis zu England zu beschreiben. Seine Worte standen im krassen Gegensatz zu Wilhelms Aufrüstungsplänen, die eindeutig gegen England gerichtet waren. Ob Reichskanzler Bernhard von Bülow, der das Interview gegenlas, es bewusst oder unbewusst freigab, sei dahingestellt. Jedenfalls führte das Gespräch nicht nur zu internationalen Verstimmungen, sondern auch zu einem enormen Ansehensverlust des Kaisers. Andererseits stärkte es fortan aber auch den politischen Einfluss des Reichstags.

1909 Die Deutsche Reichspost führt am 2. 2. das bargeldlose Zahlen mittels Postschecks ein.

Am 9. 2. akzeptiert das Deutsche Reich Frankreichs Vormachtstellung in Marokko. Im Gegenzug erkennt Frankreich Marokkos Unabhängigkeit an.

Angesichts der zunehmenden außenpolitischen Isolation der Mittelmächte, des Deutschen Reichs und Österreich-Ungarns, spricht Reichskanzler Bernhard von Bülow in seiner Rede vom 29. 3. im Reichstag von einer **»Nibelungentreue«**, einer unbedingten Bündnistreue beider Staaten.

Kaiser Wilhelm II. ernennt am 7. 7. **Theobald von Bethmann Hollweg** zum deutschen Reichskanzler.

1911 In Berlin wird am 11. 1. der Vorläufer der Max-Planck-Gesellschaft, die Kaiser-Wilhelm-Gesellschaft, gegründet.

Am 1. 7. kommt es durch das deutsche Kanonenboot »SMS Panther«, das vor Agadir auftaucht (»Panthersprung nach Agadir«), zur **Zweiten Marokkokrise.** Mit den deutsch-französischen Marokko- und Kongoabkommen, in denen Marokko Frankreich überlassen und das Deutsche Reich am Kongo entschädigt wird, endet die Krise am 4. 11.

1912 Auch die Wahlen zum dreizehnten Deutschen Reichstag, die am 12. 1. stattfinden, kann die SPD gewinnen. Sie legt weiter zu und erhält 34,8 % der Stimmen. Zweitstärkste Partei wird das Zentrum mit 16,4 %.

Das Jahr ist von außenpolitischen Spannungen in Europa geprägt. Reichskanzler Theobald von Bethmann Hollweg trifft sich vom 8. 2. bis zum 10. 2. mit dem britischen Kriegsminister Richard Burdon Haldane, um über eine mögliche Beschränkung des Flottenrüstens zu sprechen. Die Gespräche enden ergebnislos. Das Wettrüsten geht weiter.

Bulgarien, Serbien, Griechenland und Montenegro schließen sich zum Balkanbund zusammen. Mit dessen Kriegserklärung am 8. 10. an die Türkei beginnt der **Erste Balkankrieg.**

Das Deutsche Reich, Österreich-Ungarn und Italien verlängern am 8. 12. den Dreibund um weitere drei Jahre.

1913 Der Balkan kommt nicht zur Ruhe. Erneut bricht am 29. 6. ein Krieg in Südosteuropa, der **Zweite Balkankrieg,** aus, der am 10. 8. beendet wird.

Zum 100. Jubiläum wird nach 15-jähriger Bauzeit am 18. 10. das Denkmal zur Völkerschlacht bei Leipzig von Kaiser Wilhelm II. feierlich eingeweiht.

In der elsässischen Stadt Zabern (französisch: Saverne) kommt es am 28. 10. zu rechtswidrigen Verhaftungen von zivilen Demonstranten. Die Unruhen entstehen, nachdem ein Offizier die Bevölkerung beleidigt und dazu aufruft, rebellische Elsässer niederzustechen. Die **Zabernaffäre** zeigt das Scheitern der Bemühungen, ein besseres Verhältnis mit den Bewohnern von Elsass-Lothringen herzustellen, und führt zum Ansehensverlust von Kaiser und Reichstag. Der Vorfall wird vehement in Presse und Gesellschaft diskutiert.

## Deutschland im Ersten Weltkrieg

MEILENSTEIN

1914 **Ein Attentat und die Staatsinteressen**

28. Juni Von der historischen Distanz aus betrachtet, sieht es so aus, als hätten alle nur auf diesen einen Anlass gewartet: den 28. 6., den Tag, an dem in Sarajevo der österreichische Thronfolger Franz Ferdinand und seine Frau durch ein Attentat eines serbischen Freischärlers ums Leben kamen. Unbestritten ist, dass in Europa die Lage äußerst angespannt war. Es bedurfte nur noch des sprichwörtlichen Funkens, der das Pulverfass zum Explodieren brachte. Wenige Tage nach dem Attentat hatte das Deutsche Reich durch seine Bündnistreue Österreich eine Blankovollmacht ausgestellt. Die Donaumonarchie, die wusste, dass Serbien auf die Unterstützung Russlands zählen konnte, erklärte am 28. 7. dem Land auf dem Balkan den Krieg. Russland wiederum, das auf die Bündnistreue Frankreichs bauen konnte, ordnete daraufhin die Mobilmachung an. Scheinbar unweigerlich setzte nun eine Entwicklung ein, die kaum jemand mehr aufhalten wollte und konnte: Am 1. 8. erklärte das Deutsche Reich zunächst Russland und zwei Tage später Frankreich den Krieg. Am 4. 8. folgte die Kriegserklärung Großbritanniens an Deutschland. Der Erste Weltkrieg war ausgebrochen.

Die russische Mobilmachung in der **Julikrise** zur Unterstützung Serbiens beantwortet das Deutsche Reich am 1. 8. mit der Kriegserklärung an Russland. Zwei Tage später erfolgen die deutsche

Kriegserklärung an Russlands Verbündeten Frankreich und der deutsche Einmarsch in das neutrale Belgien. Weitere Kriegserklärungen folgen, sodass im ersten Jahr des Ersten Weltkriegs die Ententemächte Serbien, Montenegro, Russland, Frankreich, Belgien, Großbritannien und Japan dem Deutschen Reich, Österreich-Ungarn und der Türkei (den Mittelmächten) gegenüberstehen. Unter tosendem Applaus der Öffentlichkeit ziehen die meisten europäischen Mächte in einen Krieg, von dem sie glauben, dass er bis Weihnachten vorüber sei.

Der deutsche **Schlieffenplan,** der durch eine Umfassung der französischen Armee eine rasche Entscheidung des Krieges im Westen vorsieht, scheitert in der Marneschlacht, die vom 5. 9. bis zum 12. 9. tobt. Der Krieg im Westen wird zum Stellungskrieg, der bis 1918 dauert. Der Krieg im Osten beginnt für die Mittelmächte mit Erfolgen. Die meisten Kolonien, Neupommern, Togoland und Samoa, werden von Australiern beziehungsweise von den Briten besetzt.

Kaiser Wilhelm II. versammelt am 4. 8. im Deutschen Reichstag Mitglieder aller Parteien um sich und verkündet: »Ich kenne keine Parteien mehr, ich kenne nur noch Deutsche.« Damit fordert er die innere Geschlossenheit der deutschen Politik in einem Burgfrieden.

MEILENSTEIN

1914 **An der Marne starben nicht nur Menschen ...**

12. September Die Hoffnung der Menschen, die nach der deutschen Mobilmachung noch dachten, dass ihre Männer, Söhne und Väter Weihnachten wieder zu Hause feiern könnten, war, schneller als erwartet, Ernüchterung gewichen. Noch im August sah es ganz anders aus. Die deutsche Wehrmacht hatte große Teile Belgiens eingenommen und stieß nun nach Paris vor. Doch die Schlacht an der Marne vom 5. bis zum 12. 9. wurde zum Synonym geplatzter militärischer Träume – um einen Zweifrontenkrieg zu vermeiden, hatte der Schlieffenplan einen Vernichtungs-

plan gegen Frankreich propagiert, damit dann die deutsche Streitmacht im Osten Russland entgegentreten könne. An dem im Nordwesten Frankreichs gelegenen Fluss brachten französische Verbände den Vormarsch der deutschen Armee zum Erliegen. In den folgenden Wochen gelang es weder französischen und britischen Einheiten, die deutschen Truppen zurückzudrängen, noch der deutschen Armee, ihren Angriffskrieg fortzusetzen. Auf voller Länge erstarrte die Front. Der Krieg im Westen wurde zum mörderischen Stellungskrieg. Und in den Heeresberichten der Wehrmacht hieß es fortan für vier lange Jahre: im Westen nichts Neues.

Karl Liebknecht (SPD) stimmt am 2. 12. als Einziger im Deutschen Reichstag gegen die Verlängerung der **Kriegskredite.**

An weiten Teilen der Westfront findet am 24. 12. und in den folgenden Tagen der **»Weihnachtsfrieden«** ohne Autorisation der Obrigkeiten statt. Die gegnerischen Soldaten kommen für die Weihnachtsfeier aus ihren Schützengräben und lassen die Waffen ruhen.

1915 Italien schließt am 26. 4. den Londoner Vertrag mit der Entente, in dem Italien nach Kriegsende große Gebietsgewinne in Aussicht gestellt werden. Am 3. 5. verlässt Italien den Dreibund mit dem Deutschen Reich und Österreich-Ungarn.

Ein deutsches **U-Boot** greift am 7. 5. das britische Passagierschiff »RMS Lusitania« an und versenkt es. 1198 Menschen sterben.

Bulgarien hingegen schließt sich am 6. 9. den Mittelmächten an, die Serbien erobern.

Am 9. 7. verliert das Deutsche Reich seine Kolonie Deutsch-Südwestafrika an die Südafrikaner.

Das Osmanische Reich tritt am 14. 9. den Mittelmächten bei.

1916 Die **Schlacht von Verdun,** die auch als die »Hölle von Verdun« bezeichnet wird, beginnt am 21. 2. mit einem deutschen Angriff auf französische Stellungen. Sie ist eine der größten Materialschlachten des Krieges, fordert 700 000 Menschenleben und endet am 20. 12. ohne wesentliche Änderung des Frontverlaufs.

An der Somme tobt vom 1. 7. bis zum 18. 11. die Schlacht an der Somme. Sie kostet 1,2 Millionen britischen, französischen und deutschen Soldaten das Leben. Der Frontverlauf ändert sich durch die Schlacht nur geringfügig.

Rumänien schließt sich am 27. 8. der Entente an und wird bis zum Jahresende von den Mittelmächten erobert. Am 7. 12. erobern deutsche Truppen Bukarest.

Ein deutsches Friedensangebot wird von der Entente am 30. 12. abgelehnt.

1917 Der amerikanische Präsident Woodrow Wilson propagiert den »Frieden ohne Sieg«. In Reaktion auf den uneingeschränkten deutschen U-Boot-Krieg und ausgelöst durch das **Zimmermanntelegramm,** in dem Deutschland Mexiko zum Kampf gegen die USA auffordern, erklären die USA dem Deutschen Reich am 6. 3. den Krieg und leiten so die Kriegswende ein.

Am 8. 3. beginnt in Russland die Februarrevolution. Zar Nikolaus II. dankt ab und wird im Juli 1918 samt seiner ganzen Familie von Revolutionären erschossen.

Auf der Gothaer Konferenz kommt es zur **Spaltung der SPD.** Die Unabhängige Sozialdemokratische Partei Deutschlands (USPD) nimmt offen den Kampf gegen die Fortführung des Krieges auf.

Die Oberste Heeresleitung (OHL) ermöglicht es den Bolschewiken, unter den russischen Kriegsgefangenen ihre Propaganda zu verbreiten. Sie lässt am 16. 4. **Lenin** mit anderen Revolutionären aus der Schweiz nach Russland zurückkehren mit der Absicht auf einen Separatfrieden, sollte Lenin die Revolution in Russland erfolgreich zu Ende bringen.

Kaiser Wilhelm II. entlässt am 13. 7. auf Druck der Obersten Heeresleitung Reichskanzler von Bethmann Hollweg. Sein Nachfolger wird Georg Michaelis.

Die Oberste Heeresleitung unter Leitung von Generalfeldmarschall Paul von Hindenburg und General Erich Ludendorff bestimmen zunehmend die innenpolitischen Geschicke des Reichs. Nicht zuletzt deswegen hält am 6.7. der Zentrumsabgeordnete Matthias Erzberger im Reichstag eine bemerkenswerte Rede, die zum Frieden und zum Verzicht aller eroberten Gebiete auffordert. Seine Worte führen am 19.7. zu einer Friedensresolution, die von der Mehrheit im Reichstag angenommen, aber von der Heeresleitung vehement bekämpft wird. Unversöhnlich stehen sich nun das innenpolitisch immer mehr erstarkende Parlament und die Heeresleitung gegenüber, dies führt geradewegs zu den Ereignissen vom November 1918, aber auch zur Bildung der Legende vom Dolchstoß – der historisch nicht haltbaren These, Teile der deutschen Heimatbevölkerung, v.a. aber die linken Parteien, hätten das »im Feld unbesiegte« Frontheer »von hinten erdolcht« und dadurch den Zusammenbruch Deutschlands verursacht.

Der neue Reichskanzler Georg Michaelis tritt am 1.11. zurück, ihm folgt Georg von Hertling nach.

Die deutschen Hoffnungen auf Lenin erfüllen sich. Die **Oktoberrevolution** am 7.11., nach dem julianischen Kalender am 25.10., in Petrograd stürzt die bürgerliche Provisorische Regierung und begründet das bolschewistische Regime in Russland. Ein **Waffenstillstand** an der Ostfront wird vereinbart.

1918 Der amerikanische Präsident Woodrow Wilson verkündet am 18. 1. seine **»Vierzehn Punkte«** für einen Friedensschluss nach dem Krieg. Er verfolgt das Programm einer stabilen, demokratischen Nachkriegsordnung und kollektiver Sicherheit und schlägt den Völkerbund als internationale Organisation vor, die künftige Kriege vermeiden soll.

Am 9. 2. kommt es zum Friedensschluss zwischen der Ukraine und den Mittelmächten. Auch Russland und die Mittelmächte schließen am 3. 3. den **Separatfrieden von Brest-Litowsk**. Der

Krieg auf dem Balkan endet mit dem Zusammenbruch Bulgariens. Damit ist der Krieg in Osteuropa beendet.

Im Westen erzwingen die Ententemächte den Rückzug der deutschen Truppen an die französisch-belgische Grenze.

Prinz Max von Baden wird am 3. 10. Reichskanzler. Die Doppelmonarchie Österreich-Ungarn endet am 31. 10. mit dem Austritt Ungarns.

General **Erich Ludendorff,** Mitglied der OHL, drängt die Reichsregierung, ein Waffenstillstandsgesuch an die Entente zu richten.

Die kriegsmüden Truppen erwarten das baldige Kriegsende. Die deutsche Marineleitung jedoch plant eine letzte große Seeschlacht. Der Flottenbefehl vom 24. 10. löst unter den Matrosen eine Meuterei aus, die sich schnell zum Kieler Matrosenaufstand entwickelt und sich ab dem 4. 11. als **Novemberrevolution** im gesamten Deutschen Reich ausbreitet. Überall entstehen Arbeiter-und-Soldatenräte.

Am 9. 11. erreicht die Revolution Berlin. Als der SPD-Politiker Philipp Scheidemann von den Plänen Karl Liebknechts (mittlerweile Spartakusbund) zur **Ausrufung der Republik** hört, öffnet er gegen 14 Uhr im Berliner Reichstag ein Fenster und ruft seinerseits die deutsche Republik aus. Liebknecht propagiert nur wenig später eine deutsche Räterepublik.

**MEILENSTEIN**

1918 **Der »Monat der Deutschen«?**

9. November Dass Ereignisse, die die Entwicklung Deutschlands grundlegend veränderten, häufig auf Novembertage fielen, mag eine Laune der Geschichte sein. Aber mit Sicherheit ist der November kein »Schicksalsmonat«. Denn ein Schicksal trifft die Menschen unvorbereitet. Die Ereignisse jedoch, die im November 1918 im Deutschen Reich stattfanden, waren die Folge imperialer Geltungssucht, deren – vorerst – die meisten Menschen überdrüssig waren. Und was mit dem Aufstand der Matrosen in Kiel begann, sich mit revolutionären Bewegungen in großen deut-

schen Städten fortsetzte und mit der Abdankung des Kaisers und der Ausrufung der deutschen Republik durch Philipp Scheidemann am 9. 11. einen vorläufigen Höhepunkt erreichte, ging auf den Verdienst mutiger Menschen zurück. Umso feiger und mordbesessener waren jene NS-Schergen, die, mit Einverständnis vieler Deutscher, zwanzig Jahre später im November 1938 die Synagogen anzündeten. Und ein Schicksal war auch nicht der Fall der Berliner Mauer im November 1989: Dies war, wiederum wie 1918, das Verdienst couragierter Menschen.

Reichskanzler Max von Baden setzt am 9. 11. eigenmächtig Wilhelm II. als Kaiser ab, der von Spa aus in die Niederlande flüchtet und dort Asyl erhält. Danach überträgt Max von Baden dem Politiker **Friedrich Ebert** (SPD) das Amt des Reichskanzlers.

MEILENSTEIN

1918 **Im Eisenbahnwagen im Wald von Compiègne**

11. November Schon im September 1918 hatte Erich Ludendorff die Reichsregierung gebeten, mit den gegnerischen Kriegsparteien in Waffenstillstandsverhandlungen zu treten. Als führendes Mitglied der Obersten Heeresleitung war ihm schon seit Monaten bewusst, dass der Krieg für Deutschland verloren war. Doch erst im November, als sich im Reich die Ereignisse überschlugen, waren Frankreich, die USA und Großbritannien bereit, eine Delegation unter Leitung von Matthias Erzberger in einem Eisenbahnwaggon in Frankreich im Wald von Compiègne in der Picardie zu empfangen. Die Bedingungen, denen die deutsche Delegation zustimmen sollte, waren hart: Unter anderem wurden ein sofortiger Waffenstillstand und der Rückzug aller deutschen Truppen aus den besetzten Gebieten binnen 15 Tagen gefordert. Nach Rücksprache mit Reichskanzler Friedrich Ebert akzeptierte Erzberger die Bedingungen. Mit der Unterzeichnung des Waffenstillstandsabkommens schwiegen endlich die Waffen in Europa. Der Erste Weltkrieg war beendet.

1918

Deutschlands erste Demokratie

# Weimarer Republik

1918–1933

Die erste liberale Demokratie in Deutschland scheiterte an der unterlassenen Demokratisierung von Justiz, Beamtenschaft und Heer, der verbreiteten Geringschätzung des Parlamentarismus und der Wirtschaftskrise.

1933

# Die junge Republik in der Krise

1918 Nach der Übergabe des Reichskanzleramtes an den Sozialdemokraten Friedrich Ebert und der Ausrufung der Republik am 9. 11. bildet dieser am 10. 11. mit der USPD (Unabhängige Sozialdemokratische Partei Deutschlands) den **Rat der Volksbeauftragten**. Der Beruhigung der inneren Entwicklung dienen am 10. 11. ein Pakt mit der Obersten Heeresleitung, die ihre Loyalität gegenüber der neuen Regierung erklärt (»Ebert-Groener-Pakt«), und am 15. 11. ein Abkommen zwischen Unternehmerverbänden und Gewerkschaften (»Stinnes-Legien-Abkommen«).

Am 29. 11. verabschiedet der Rat der Volksbeauftragten ein Gesetz über die Wahlen zur verfassunggebenden Nationalversammlung. Vom 16. bis 20. 12. tagt in Berlin der Allgemeine Deutsche Rätekongress; er bestimmt als Wahltermin den 19. 1. 1919 und lehnt mit großer Mehrheit das Rätesystem als Grundlage der Verfassung ab. Die Vertreter der USPD verlassen am 28. 12. den Rat der Volksbeauftragten.

1919 Am 1. 1. hält die KPD in Berlin ihren Gründungsparteitag ab. Am 5. 1. lösen Linksradikale den **Spartakusaufstand** aus; Bewaffnete besetzen Zeitungsgebäude, bilden einen Revolutionsausschuss und erklären die Regierung für abgesetzt. Die Regierung schlägt den Aufstand bis zum 11. 1. nieder. Die Parteiführer **Rosa Luxemburg** und **Karl Liebknecht** werden am 15. 1. ermordet.

Bei den Wahlen am 19. 1., zu denen erstmals in der deutschen Geschichte auch Frauen zugelassen sind, wird die SPD mit 37,9% der Stimmen stärkste Partei, die Mehrheit gewinnen jedoch die bürgerlichen Parteien. In der am 6. 2. in Weimar eröffneten **Nationalversammlung** bildet die SPD mit Zentrum und DDP (Deutsche Demokratische Partei) die »Weimarer Koalition«; für die Verfassung bedeutet dies, dass sie auf der Grundlage eines Kompromisses zwischen sozialdemokratischen und bürgerlich-libe-

ralen Ideen entsteht. Friedrich Ebert wird am 11.2. zum ersten demokratisch legitimierten Staatsoberhaupt Deutschlands gewählt. Am 13.2. bilden SPD, DDP und Zentrum unter Reichskanzler Philipp Scheidemann (SPD), der schon am 21.6. durch Gustav Bauer (SPD) abgelöst wird, die erste demokratisch legitimierte Regierung Deutschlands.

Das Frühjahr ist bestimmt von Streiks und Unruhen in vielen Teilen des Reichs, die von USPD und KPD angeführt werden. In Bayern wird am 21.2. der Ministerpräsident der Revolutionsregierung **Kurt Eisner** von einem Nationalisten ermordet. In den folgenden Unruhen wird am 7.4. die **Räterepublik** ausgerufen, die mit der Besetzung Münchens durch Reichstruppen am 2.5. zusammenbricht. Damit ist die Revolution 1918/19 im Reich beendet.

MEILENSTEIN

1919 **Die Sieger diktieren den Frieden**

28. Juni Im Spiegelsaal des Versailler Schlosses unterzeichneten die Vertreter der Siegermächte und der Weimarer Republik den ohne deutsche Mitwirkung ausgehandelten Vertrag, der den Ersten Weltkrieg beendete. Trotz schwerer Bedenken unterschrieb die deutsche Seite, nachdem ein Ultimatum militärische Aktionen angedroht hatte. Deutschland verlor durch den Versailler Vertrag – außer seinen Kolonien – 70 579 km² mit 7,3 Millionen Einwohnern und wurde zur Wiedergutmachung der Kriegsschäden verpflichtet. Die linksrheinischen Gebiete sowie drei Brückenköpfe wurden besetzt. Vergiftet wurde die Atmosphäre vor allem durch Artikel 231, der Deutschland und seinen Verbündeten die Alleinschuld am Krieg anlastete. Das Hauptziel deutscher Außenpolitik war fortan die Revision des Vertrags. Die meisten Deutschen lehnten das »Diktat von Versailles« ab. Die nationalsozialistische Propaganda nutzte diese Stimmung. Sie hetzte gegen das »System von Versailles« und setzte diese Parole im Kampf gegen den demokratischen Verfassungsstaat ein.

Am 28. 6. unterzeichnet die Vollversammlung der Versailler Friedenskonferenz die am 28. 4. angenommene Satzung des Völkerbunds, die Bestandteil des Versailler Vertrags wird. Die besiegten Staaten bleiben vorerst ausgeschlossen.

MEILENSTEIN

1919 **Demokratische Verfassung in liberalem Geist**

11. August Nach halbjährigen Debatten der – wegen der in Berlin herrschenden Unruhen – in Weimar tagenden Nationalversammlung unterzeichnete Reichspräsident Friedrich Ebert am 11. 8. die »Weimarer Verfassung«. Sie konstituierte das Deutsche Reich als parlamentarische Demokratie. Zentrales Organ der Reichsgewalt wurde der Reichstag, der die Gesetzgebung innehatte und die von seinem Vertrauen abhängige Regierung kontrollierte. Eingeschränkt wurde seine Machtfülle durch die starke Stellung des auf sieben Jahre direkt gewählten Reichspräsidenten, der die Regierung ernannte und entließ und den Reichstag auflösen konnte. Über den Weg des Volksentscheids konnte er in die Gesetzgebung eingreifen und mithilfe des Artikels 48 (»Ausnahmezustand«) über das Parlament hinweg durch »Notverordnungen« regieren. Zum ersten Mal in Deutschland hatten nach der Verfassung alle Männer und Frauen dieselben staatsbürgerlichen Rechte und Pflichten; alle Vorrechte durch Geburt oder Stand waren aufgehoben.

Am 10. 9. unterzeichnen die Alliierten und Österreich in Saint-Germain-en-Laye den Friedensvertrag, in dem Österreich die Unabhängigkeit Ungarns, der Tschechoslowakei, Polens und Jugoslawiens anerkennen und Südtirol bis zum Brenner, Triest, Istrien und Gebiete von Kärnten und Krain abtreten muss. Die weiteren **Vorortverträge** folgen in Neuilly mit Bulgarien (27. 11.), in Trianon mit Ungarn (4. 6. 1920) und in Sèvres mit der Türkei (10. 8. 1920). Damit ist der Erste Weltkrieg formal beendet.

1920 Der Versailler Vertrag tritt am 10. 1. in Kraft. Gleichzeitig nimmt der **Völkerbund** in Genf seine Tätigkeit auf. Nach der Ablehnung

des Versailler Vertrags und der anderen Vorortverträge durch den Senat bleiben die USA dem Völkerbund fern.

Im Frühjahr radikalisiert sich die politische Meinung in Deutschland nach rechts und links. Am 13. 3. versuchen rechtsradikale Politiker um Wolfgang Kapp (Vaterlandspartei) und unzufriedene Militärs um General Walther von Lüttwitz einen Umsturz. Die Marinebrigade Ehrhardt und andere Formationen unter Lüttwitz besetzen das Berliner Regierungsviertel und proklamieren Kapp zum Kanzler. Die Regierung weicht nach Stuttgart aus. Doch ein Generalstreik und Befehlsverweigerung der Bürokratie in Berlin lassen den **Kapp-Lüttwitz-Putsch** am 17. 3. scheitern.

Bei der Reichstagswahl am 6. 6. verlieren die Parteien der Mitte, denen die Opposition die **»Erfüllungspolitik«**, d. h. Erfüllung der Verpflichtungen aus dem Versailler Vertrag, vorwirft. Rechte und Linke erstarken. Auf Hermann Müller (SPD) folgt am 25. 6. mit Constantin Fehrenbach (Zentrum) der erste nicht von der SPD gestellte Reichskanzler der Weimarer Republik. In der Folge wechseln häufig die Regierungen, was sich ungünstig auf die ohnehin schwierige Außenpolitik auswirkt; als Reichskanzler der vom bürgerlich-konservativen Lager geführten Kabinette amtieren nach Fehrenbach (1920/1921) Josef Wirth (Zentrum, 1921/1922), Wilhelm Cuno (parteilos, 1922/1923), Gustav Stresemann (DVP, 1923), Wilhelm Marx (Zentrum, 1923/1924 und 1926–1928) und Hans Luther (parteilos, 1925/1926).

1921 Die Pariser Konferenz vom 24. bis 29. 1. setzt die **Reparationen** auf 226 Milliarden Goldmark fest, zu zahlen in 42 Jahreszahlungen, die Raten steigend von zwei auf sechs Milliarden. Am 3. 3. setzt eine Gläubigerkonferenz in London der deutschen Regierung eine Frist von vier Tagen zur Annahme. Deutsche Gegenangebote werden abgelehnt, als Sanktion werden am 8. 3. Düsseldorf, Ruhrort und Duisburg besetzt. Eine Kommission errechnet als neue Summe 132 Milliarden, die nach neuerlichen Androhungen von Sanktionen angenommen wird.

In Verkennung ihrer Stärke nach dem Anschluss des linken Flügels der USPD löst die KPD am 20. 3. im mitteldeutschen Industriegebiet um Halle und Merseburg einen Aufstand gegen die parlamentarische Republik aus **(»Märzaktion«)**, der von der preußischen Polizei in teilweise erbitterten Kämpfen unterdrückt wird.

Am 20. 3. findet in **Oberschlesien** die im Versailler Vertrag vorgesehene Volksabstimmung statt. 60 % stimmen für den Verbleib bei Deutschland, 40 % für den Anschluss an Polen. Im Mai lösen die Polen einen Aufstand aus. Trotz Erfolgen der deutschen Freikorps muss sich Deutschland dem Entscheid des Völkerbundrates am 20. 10. beugen. Oberschlesien wird so geteilt, dass Polen fast das ganze Industriegebiet erhält.

Am 24. 8. schließen die USA einen **Separatfrieden** mit Deutschland, am 25. 8. mit Österreich.

1922 Am 3. 4. übernimmt **Stalin** das neu geschaffene Amt des Generalsekretärs der KPdSU. Er beginnt, seine Macht gewaltsam auszubauen und die Grundlagen für seine Diktatur zu schaffen.

Am Rand der Weltwirtschaftskonferenz in Genua schließen Deutschland und die russische Sowjetrepublik am 16. 4. den **Vertrag von Rapallo.** Beide Mächte verzichten auf Ersatz von Kriegskosten und beschließen die Aufnahme diplomatischer Beziehungen. Dass Reichswehr und Rote Armee zusammenarbeiten wollen, weckt starkes Misstrauen bei den Westmächten.

Nach der Ermordung von Außenminister Walther Rathenau am 24. 6., der einem Attentat zweier Offiziere der rechtsextremen »Organisation Consul« zum Opfer fällt, verabschiedet der Reichstag am 21. 7. das **»Gesetz zum Schutz der Republik«**, das Mordverschwörungen unter schwere Strafen stellt und das Verbot extremistischer Organisationen ermöglicht. Bayern erkennt dieses Gesetz nicht an; dort können sich rechtsextremistische Organisationen wie die NSDAP frei entfalten.

Mit dem »**Marsch auf Rom**« am 28. 10. greifen die Faschisten in Italien nach der Macht. König Viktor Emanuel III. ernennt Mussolini am 30. 10. zum Ministerpräsidenten, der im November vom Parlament unbeschränkte Vollmacht auf zwei Jahre erhält.

**MEILENSTEIN**

1923 **Französische Soldaten rücken ins Revier ein**

9. Januar Rückstände bei deutschen Sachlieferungen nutzte Frankreich zur Besetzung des Ruhrgebiets, um im Versailler Vertrag nicht durchgesetzte Ziele zu erreichen, nämlich die Zurückdrängung der deutschen Grenze an den Rhein. Am 9. 1. rückten 60 000 Franzosen und Belgier in das Ruhrgebiet ein. Im Lauf des Jahres wurde die Truppenstärke auf 100 000 erhöht. Die Reichsregierung stellte sofort alle Zahlungen ein und rief zum »passiven Widerstand« auf. Die Besatzungsmächte reagierten darauf mit der Ausweisung von Beamten der Zivil- und Bahnverwaltung und der totalen Abriegelung des Ruhrgebiets. Die Hilfe für die Bevölkerung kostete das Reich im »Ruhrkampf« Unsummen, ohne dass es Einnahmen von dort hatte und zudem Kohle für das übrige Reichsgebiet im Ausland kaufen musste. Dadurch stürzte das Reich noch tiefer in die Wirtschaftskrise. Die Regierung Stresemann sah keinen anderen Weg als die Kapitulation und brach den passiven Widerstand am 26. 9. ab.

Die Ende 1922 einsetzende **Inflation** beschleunigt sich rapide. Da der Finanzbedarf des Reichs nur noch zu einem Siebtel aus Einnahmen gedeckt werden kann, füllt die Notenpresse die Lücke. Eine Goldmark von 1914 entspricht am 20. 7. 100 000 Reichsmark, am 16. 8. einer Million, am 2. 10. 100 Millionen, am 11. 10. einer Milliarde, am 19. 10. zehn Milliarden Reichsmark.

In Sachsen (10. 10.) und Thüringen (16. 10.) bilden sich **Koalitionen von SPD und KPD.** Die SPD will auf parlamentarischer Basis Arbeiterregierungen als Gegengewicht zu der von Bayern drohenden Gefahr von rechts bilden. Dagegen folgt die KPD der von der Kommunistischen Internationale geforderten Taktik der

**Einheitsfront** und will vom mitteldeutschen Industriegebiet aus die revolutionäre Bewegung ausbauen.

MEILENSTEIN

1923 **»Hier Sendestelle Berlin, Voxhaus, Welle 400«**

29. Oktober Um 8 Uhr abends sendete die Radio-Stunde AG die erste Unterhaltungssendung aus Berlin. Zwischen März und Oktober 1924 wurden neun weitere Sender in verschiedenen Teilen des Reichs errichtet; die Rundfunkgesellschaften wurden 1926 im Dachverband Reichs-Rundfunk-Gesellschaft zusammengefasst. Der Auftrag der Reichsregierung an das neue Medium war, unpolitisch zu sein, zu unterhalten und zu belehren. So spielte von Anfang an neben Musiksendungen die Literatur eine wichtige Rolle: Im Oktober 1924 sendete Frankfurt am Main das erste Hörspiel. Die Reichsregierung verzichtete also darauf, durch Verbreitung demokratischer Ideen zur Festigung des Staates beizutragen. Ein Programmbeirat überwachte die Einhaltung der Regeln. Dagegen band die Regierung Franz von Papen den Rundfunk 1932 an die Regierung an. Diese Reform sollte es den Nationalsozialisten ermöglichen, das wirkungsvolle Massenmedium unmittelbar nach Adolf Hitlers Ernennung zum Kanzler für ihre Propaganda zu nutzen.

Am 29. 10. setzt die Reichsregierung die sächsische Regierung aus SPD und KPD ab. Damit ist der von den Kommunisten geplante **»deutsche Oktober«**, der von Sachsen und Thüringen aus das Reich erfassen sollte, durch schnelles Handeln der Regierung, die Reichswehrtruppen in Sachsen einrücken lässt, gescheitert. Wegen der lascheren Haltung der Regierung gegenüber der Rechten, z. B. in Bayern, verlässt die SPD am 3. 11. die Koalition.

MEILENSTEIN

1923 **Tote vor der Feldherrnhalle**

9. November In den ersten Novembertagen spitzte sich der schwere Konflikt zwischen Bayern und dem Reich zu. In rechten

Kreisen in Bayern ging das Wort vom »Marsch auf Berlin« um, wobei Generalkommissar Ritter Gustav von Kahr eher für Sonderrechte Bayerns eintrat, während die durch Adolf Hitler vertretene extreme Rechte eine »nationale Erhebung« anstrebte. Am 8. 11. hatte Kahr seine Anhänger in den Münchener Bürgerbräukeller gerufen. In diese Versammlung stürmte Hitler mit bewaffneten SA-Leuten, um die Anwesenden auf seine Seite zu zwingen. Er erklärte die Reichsregierung für abgesetzt und rief sich im »Hitlerputsch« zum Kanzler einer provisorischen Regierung aus. Bereits in der Nacht setzten sich die Überrumpelten wieder ab. Der von Hitler und General Erich Ludendorff angeführte Demonstrationszug am 9. 11. wurde von der Polizei vor der Feldherrnhalle mit Waffengewalt aufgehalten; dabei starben 14 Demonstranten und drei Polizisten. Die Bevölkerung hatte sich nicht solidarisiert; die »nationale Revolution« war gescheitert.

Am 15. 11. beginnt die Mitte Oktober errichtete Deutsche Rentenbank, die **Rentenmark** als neues Zahlungsmittel auszugeben. Eine Billion Papiermark entspricht einer Rentenmark, ein US-Dollar entspricht 4,20 Rentenmark. Die Rentenmark wird eine stabile Währung, da sie wieder durch einen Gegenwert gedeckt ist. Dieser besteht aus Rentenpapieren über Sachwerte, die durch eine Hypothek von 3,2 Milliarden Rentenmark auf Grundbesitz gesichert sind.

## Jahre relativer Stabilität

1924 Vom 26. 2. bis zum 1. 4. findet in München der **Hochverratsprozess** gegen die Beteiligten am Hitlerputsch statt. Die milde Prozessführung bietet **Adolf Hitler** ein einmaliges Podium für Propagandareden. Er erhält fünf Jahre Festungshaft, was ihn für viele zu einem nationalen Märtyrer macht. Während der Inhaftierung formuliert Hitler im ersten Band von »Mein Kampf« sein politisches Programm. Bereits im Dezember 1924 vorzeitig entlassen, kann er die orientierungslose NSDAP neu formieren.

MEILENSTEIN

1924 **Geld für den Wirtschaftsaufschwung**

16. August Die Zerrüttung der deutschen Wirtschaft, die Hyperinflation und die dadurch bedingte Kapitalflucht hatten den Siegermächten deutlich gemacht, dass das Reich die Reparationen nicht würde zahlen können. Erst die Währungsreform im November 1923 erlaubte eine realistische Kalkulation der deutschen Leistungsfähigkeit. Auf dieser Grundlage erarbeitete eine Kommission unter Vorsitz des amerikanischen Bankiers Charles G. Dawes einen Plan, den alle Beteiligten am 16. 8. akzeptierten. Danach sollte das Reich jährlich 2,42 Milliarden Goldmark zahlen, voll zahlbar nach dem fünften Jahr, um Zeit zur wirtschaftlichen Erholung zu geben. Reichsbahn und Reichsbank wurden zur Sicherung unter internationale Kontrolle gestellt, Einnahmen aus Zöllen und Verbrauchssteuern wurden verpfändet. Die strengen Kontrollklauseln machten Deutschland zu einem sicheren Anlegerland, weshalb wieder Kapital nach Deutschland strömte, das die Wirtschaft in Gang brachte.

Nach wochenlangen ergebnislosen Verhandlungen über die Regierungsbildung wird der Reichstag vorzeitig aufgelöst. Die Reichstagswahlen am 7. 12. bringen den radikalen rechten und linken Parteien erhebliche Verluste, was auf die allmähliche Stabilisierung der wirtschaftlichen und politischen Verhältnisse nach Überwindung des Krisenjahres 1923 zurückzuführen ist.

MEILENSTEIN

1925 **»Zum Handwerk zurück!«**

März Wegen zunehmender Probleme mit der rechten Regierung in Thüringen zog das 1919 in Weimar gegründete »Bauhaus« als Hochschule für Gestaltung nach Dessau um. Sein Direktor Walter

Gropius hatte in seinem Programm geschrieben: »Architekten, Bildhauer, Maler, wir alle müssen zum Handwerk zurück.« Die Forderung der Einheit von Kunst und Handwerk wurde durch Einbeziehung der Technik erweitert und somit der Weg zur industriellen Formgebung geöffnet. Die Gegenstände des Alltags sollten Einfachheit, Formstrenge, Funktionalismus und Schönheit verbinden. Für Dessau, wohin das »Bauhaus« 1925 umsiedelte, entwarf Gropius das »Bauhaus«-Gebäude und »Meisterhäuser« für die Künstler, in denen er seine Ideen von Wohnen und Arbeiten verwirklichte. Nach dem Wahlsieg der NSDAP in Dessau zog das Bauhaus 1932 nach Berlin um und wurde 1933 zur Auflösung gezwungen. Von allen kulturellen Äußerungen der Weimarer Republik ging vom Bauhaus die nachhaltigste internationale Wirkung aus.

1925 Zum Nachfolger des am 26. 2. verstorbenen Reichspräsidenten Ebert wird der erst für den zweiten Wahlgang am 26. 4. von den Rechtsparteien wegen seiner Popularität als »Sieger von Tannenberg« (1914) aufgestellte Generalfeldmarschall **Paul von Hindenburg** gewählt. Obwohl dieser sich bemüht, sein Amt gemäß der Verfassung zu führen, ist seine Wahl eine Niederlage der demokratischen Republik, da er wegen der labilen Mehrheiten im Reichstag bei Regierungsbildungen seine politischen Präferenzen geltend machen kann.

Am 14. 7. beginnt die **Räumung des Ruhrgebiets** von der französischen Besatzung (am 1. 8. abgeschlossen). Am 25. 8. werden auch Düsseldorf, Ruhrort und Duisburg geräumt. Die bereits am 10. 1. fällige Räumung der ersten Rheinlandzone (Köln) wird weiter verschoben, weil Frankreich die Sicherheitsfrage noch nicht gelöst sieht.

MEILENSTEIN

1925 **Deutschlands Rückkehr auf die europäische Bühne**

5.–16. Oktober Wesentlich auf Außenminister Gustav Stresemanns Initiative ging die Konferenz der führenden europäischen Staatsmänner in Locarno zurück. Grundlage des Erfolgs war Stresemanns gutes Verhältnis zum französischen Außenminister Aristide Briand, der ebenfalls eine Verständigung mit dem »Erbfeind« herbeiführen wollte. Deutschland garantierte die Unverletzlichkeit der Westgrenze und bestätigte die im Versailler Vertrag festgelegte Entmilitarisierung des Rheinlands, war jedoch nicht zu einer entsprechenden Garantie der Ostgrenze bereit. Dagegen schloss es mit der Tschechoslowakei und Polen Schiedsverträge, die gewaltsame Grenzveränderungen ausschlossen. Die Verträge von Locarno wurden am 1. 12. in London unterzeichnet. Sie lösten Deutschland aus seiner politischen und moralischen Isolierung. Auf der Konferenz war Deutschland zum ersten Mal seit dem Krieg als gleichberechtigter Partner behandelt worden.

1926 Am 24. 4. wird der **deutsch-sowjetische Freundschaftsvertrag** geschlossen. Dieser »Berliner Vertrag« garantiert die Neutralität eines Partners, wenn einer der beiden von dritten Mächten angegriffen wird. Der Vertrag zerstreut sowjetische Befürchtungen nach den Locarnoverträgen und erschwert die Situation Polens, dem sein Bündnis mit Frankreich nur noch nützt, falls im Konfliktfall Deutschland der Angreifer ist.

In Polen errichtet **Józef Piłsudski** durch einen Staatstreich am 12. 5. ein autoritäres Regierungssystem.

Als Folge der Locarnoverträge wird Deutschland am 8. 9. in den **Völkerbund** aufgenommen. Stresemanns erster Auftritt in der Völkerbundversammlung am 10. 9. wird mit starkem Beifall begrüßt. Die internationale Presse würdigt seine Rede als überzeugenden Ausdruck des deutschen Friedens- und Verständigungswillens.

Die Londoner Konferenz vom 19. 10. bis 18. 11. gestaltet das Britische Reich zum **Commonwealth of Nations** um: Großbritannien

und die Dominions (Kanada, Neufundland, Australischer Bund, Neuseeland und der Irische Freistaat) werden autonome und gleichberechtigte Gemeinschaften innerhalb des Britischen Reiches, die durch gemeinsame Treue gegenüber der Krone geeint sind.

MEILENSTEIN

1926 **Friedensnobelpreis für Gustav Stresemann**

10. Dezember In seiner nur 100 Tage dauernden Amtszeit als Reichskanzler legte Stresemann mit dem Abbruch des passiven Widerstands im Ruhrkampf 1923 den Grund für eine Politik der Verständigung mit den Siegermächten. Von 1923 bis zu seinem Tod Außenminister, bemühte er sich um eine behutsame Revision des Versailler Vertrages. Die Aussöhnung mit Frankreich war sein vorrangiges Ziel. Hilfreich war das freundschaftliche Verhältnis, das er zu seinem französischen Kollegen Aristide Briand entwickelte. Seine Politik erreichte über den Dawesplan mit den Locarnoverträgen und Deutschlands Eintritt in den Völkerbund ihren Höhepunkt. Gegenüber der UdSSR setzte er die Politik der Neutralität fort. Er arbeitete unermüdlich dafür, dass das Ausland wieder Vertrauen zur deutschen Politik fasste, und war einer der wenigen Politiker seiner Zeit, die europäisch dachten. Gemeinsam mit Briand wurde er dafür mit dem Friedensnobelpreis ausgezeichnet.

1927 Am 10. 1. wird Fritz Langs Film »Metropolis« in Berlin uraufgeführt, zahlreiche Uraufführungen folgen in diesem Jahr. Deutschland produziert mehr Filme als alle anderen Länder Europas zusammen. Nach Schätzungen gehen in Deutschland täglich zwei Millionen Menschen ins Kino. Berlin ist die vielfältigste Zeitungsstadt der Welt, die Stadt der Großverlage, Theater, Konzertsäle und des politischen Kabaretts. Es ist in den **»Goldenen Zwanzigerjahren«** mit seinem pulsierenden geistigen, kulturellen und gesellschaftlichen Leben zur europäischen Kulturmetropole aufgestiegen.

In China zerbricht das Bündnis der nationalistischen Kuo-min-tang mit den Kommunisten. Nach der Einnahme Schanghais löst Tschiang Kai-schek, Führer der Kuo-min-tang, am 12. 4. mithilfe von örtlichen Banden das **Massaker von Schanghai** aus, dem Tausende Kommunisten zum Opfer fallen. Die Kommunisten verlieren ihre wichtigste Basis. Tschiang Kai-schek bildet eine Nationalregierung in Nanking und verfolgt fortan einen scharfen antikommunistischen Kurs.

Am 16. 7. wird die **Arbeitslosenversicherung** eingeführt und als Träger die »Reichsanstalt für Arbeitsvermittlung und Arbeitslosenversicherung« gegründet. Die Pflichtversicherten haben jetzt bei unverschuldeter Arbeitslosigkeit einen Rechtsanspruch auf Unterstützung. Die Beiträge dürfen 3% des Lohns nicht überschreiten und werden je zur Hälfte von Arbeitgebern und Pflichtversicherten entrichtet.

Vom 2. 12. bis 19. 12. findet in der UdSSR der XV. Parteitag der KPdSU statt. Stalin setzt die ersten **»Säuberungen«** durch: Leo Trotzki, Grigori Sinowjew und über 70 Personen, die sich für die Freiheit der Meinungsäußerung einsetzen, werden aus der Partei ausgeschlossen. Trotzki wird 1929 ausgewiesen, nach Aberkennung der Staatsbürgerschaft 1932 vom sowjetischen Geheimdienst verfolgt und 1940 in Mexiko ermordet.

1928 Am 15. 2. zerbricht die bürgerliche Koalitionsregierung am Konflikt um die Schulfrage. Nach einem vom Zentrum vorgelegten Gesetzentwurf sollten auch in den Ländern, die **Gemeinschaftsschulen** hatten, **Bekenntnisschulen** zugelassen werden. Dies lehnt die DVP (Deutsche Volkspartei) ab; das Zentrum erklärt darauf die Koalition für aufgelöst.

Aus der Reichstagswahl am 20. 5. gehen SPD mit 29,8% der Stimmen und KPD mit 14,2% gestärkt hervor, während die bürgerliche Mitte und die Rechte verlieren. Die Gewinne mehrerer kleiner Splitterparteien zeigen die nachlassende Bindekraft der Mittelparteien. Erstmals seit 1923 ist die SPD wieder bereit, sich an

der Regierungsbildung zu beteiligen. **Hermann Müller** (SPD) wird Kanzler einer Großen Koalition.

Am 27. 8. unterzeichnen 15 Nationen, darunter Deutschland, einen von dem amerikanischen Außenminister Frank B. Kellogg angeregten und von seinem französischen Kollegen Aristide Briand unterstützten Kriegsächtungspakt, den **Briand-Kellogg-Pakt,** dem bis Ende 1929 54 Staaten beitreten. Die Unterzeichner verzichten auf den Krieg als Mittel nationaler Politik; Streitfälle sollen auf friedlichem Weg beigelegt werden.

1929 Am 31. 1. erscheint der antimilitaristische Kriegsroman **»Im Westen nichts Neues«** von Erich Maria Remarque, der die Ereignisse an der Westfront aus der Sicht eines jungen Kriegsfreiwilligen schildert. Nach Vorabdruck in der Vossischen Zeitung ist die erste Auflage bereits vor Erscheinen vergriffen. Noch 1929 erscheinen Übersetzungen in 26 Sprachen, 1930 wird der Roman in den USA verfilmt. 1933 werden Remarques Bücher in Deutschland verboten.

Am 11. 2. beginnt in Paris unter Vorsitz des amerikanischen Wirtschaftsfachmanns **Owen D. Young** eine Konferenz zur Neuregelung der deutschen Reparationen. Anders als im Dawesplan wird eine Endsumme (112 Milliarden Reichsmark) und eine Laufzeit von 59 Jahren festgelegt; in den ersten drei Jahren muss Deutschland 1,7 Milliarden weniger zahlen als nach dem Dawesplan, außerdem fallen die internationalen Kontrollen fort. Auf der Haager Konferenz (6.–31.8.) wird der **Youngplan** angenommen. Mit der Annahme des Plans erreicht Stresemann, dass die Alliierten die vollständige **Räumung des Rheinlands** bis 30. 6. 1930 zusichern, fünf Jahre vor dem im Versailler Vertrag vorgesehenen Termin.

Gegen den Youngplan bildet der Führer der DNVP (Deutschnationale Volkspartei) Alfred Hugenberg am 9. 7. mit dem »Stahlhelm, Bund der Frontsoldaten« einen **»Reichsausschuss für das deutsche Volksbegehren«,** dem sich die NSDAP sofort anschließt. Das Volksbegehren scheitert am 22. 12., doch die Mitarbeit im

»Reichsausschuss« bietet Adolf Hitler zum ersten Mal seit 1923 wieder eine öffentliche Plattform.

Am 5. 9. legt Aristide Briand der Völkerbundsversammlung einen Plan für die **Vereinigung Europas** vor. Briand erhält den Auftrag, genauere Vorschläge für seine Idee einer Föderation zu entwickeln. Stresemann unterstützt in seiner letzten Rede vor dem Völkerbund am 9. 9. den Europagedanken und hebt vor allem die wirtschaftlichen Vorteile hervor.

MEILENSTEIN

1929 **Die Spekulationsblase platzt**

25. Oktober Jahre des Aufschwungs hatten in den USA immer größere Bevölkerungskreise dazu verleitet, sich am Börsenspiel zu beteiligen. Ohne dass ein besonderes politisches Ereignis Ängste geschürt hätte, häuften sich am 24. 10., einem Donnerstag, die Verkäufe an der New Yorker Börse, was die Kurse abstürzen ließ. Trotz relativ normaler Geschäfte prägte sich jedoch der 25. 10. als »Schwarzer Freitag« ins Gedächtnis ein. Am Dienstag, dem 29. 10., folgte ein noch stärkerer Kurssturz. Wegen der engen Verflechtungen der Volkswirtschaften löste der Börsenkrach eine weltweite Wirtschaftskrise aus. Deutschland wurde besonders hart getroffen, da sich der wirtschaftliche Aufbau stark auf kurzfristige Auslandskredite stützte, die nun abgezogen wurden. Die Arbeitslosenzahlen stiegen bis Januar 1932 auf sechs Millionen; jeder dritte Arbeitnehmer war arbeitslos. Auch nicht direkt Betroffene wurden von der Katastrophenstimmung erfasst, die rechte und linke Gegner der Republik zur Agitation gegen das System nutzten. Besonders die NSDAP profitierte von der Krise und legte bei den folgenden Wahlen kräftig zu.

In Österreich verabschiedet der Nationalrat am 7. 12. eine Verfassungsänderung, die eine Machtverschiebung vom Parlament zum Bundespräsidenten enthält. Dieser ernennt und entlässt die Regierung und kann den Nationalrat auflösen. Außerdem wird seine Direktwahl eingeführt.

# Die Aushöhlung der Demokratie

1930 Am 23. 1. wird **Wilhelm Frick** Staatsminister für Inneres und Volksbildung in Thüringen. Damit besetzt die NSDAP erstmals ein Ministeramt. Der Personalabbau im Zug einer Verwaltungsreform trifft vor allem sozialdemokratische Beamte, während bei der Polizei bevorzugt Mitglieder der NSDAP eingestellt werden.

In Indien beginnt **»Mahatma« Gandhi** am 12. 3. im Rahmen seiner Kampagne des **»zivilen Ungehorsams«** den »Salzmarsch«: Mit seinen Anhängern marschiert er in 24 Tagen über 385 km zum Meer, wo er mit dem symbolischen Aufsammeln von Salzkörnern gegen das britische Salzmonopol protestiert. Die Aktion ist ein wichtiger Schritt auf dem Weg zur Unabhängigkeit Indiens.

Am 27. 3. tritt die Regierung Hermann Müller (SPD) zurück, nachdem die Große Koalition keinen Kompromiss über die Erhöhung des Beitrags zur Arbeitslosenversicherung erzielen konnte. Hindenburg beauftragt am 28. 3. Heinrich Brüning (Zentrum) mit der Regierungsbildung. In dem vom Vertrauen Hindenburgs abhängigen ersten **Präsidialkabinett** stellen die bürgerlichen Parteien die Minister, doch besteht die Absicht einer Erweiterung nach rechts. In seiner Regierungserklärung macht Brüning deutlich, notfalls auch gegen das Parlament zu arbeiten.

MEILENSTEIN

1930 **Notverordnungen entmachten das Parlament**

16. Juli Heinrich Brünings Finanzprogramm, das stärkere Besteuerung höherer Einkommen und Kürzung der Löhne und Gehälter im öffentlichen Dienst vorsah, wurde von einer Reichstagsmehrheit abgelehnt. Darauf setzte der Reichskanzler seine Vorlage aufgrund des Artikels 48 (2) der Verfassung mit einer Notverordnung in Kraft. Auch Gustav Stresemann und Wilhelm Marx hatten sich vom Reichstag Notverordnungen bewilligen las-

sen. Neu war, dass ein abgelehnter Gesetzesentwurf in eine Notverordnung umgewandelt und der Reichstag, als er sein verfassungsmäßiges Recht nach Artikel 48 (3) in Anspruch nahm und die Außerkraftsetzung der Maßnahme verlangte, am 18. 7. mit seiner Auflösung »bestraft« wurde. Gestützt durch Hindenburg, regierte Brüning fortan mit zahlreichen Notverordnungen. Das Parlament war aus dem politischen Entscheidungsprozess hinausgedrängt worden und die Macht lag nun bei einem kleinen Personenkreis, der Einfluss auf den greisen Reichspräsidenten besaß.

Die Reichstagswahl am 14. 9. bringt einen Erdrutschsieg für die NSDAP, die ihre Stimmenzahl von 800 000 auf 6,4 Millionen steigert und mit 107 (statt 12) Abgeordneten zweitstärkste Fraktion nach der SPD mit 143 Sitzen (statt 153) wird. Auch die KPD legt zu (77 Sitze statt 54). Diese Wahl bringt den **Durchbruch für die NSDAP,** die jetzt eine Größe in der deutschen Politik ist, mit der man rechnen muss.

Am 6. 10. spricht Brüning mit Hitler und Frick, um die NSDAP für eine »konstruktive Opposition« zu gewinnen und verspricht sogar, in allen Länderparlamenten, wo es rechnerisch möglich ist, für Koalitionsregierungen aus NSDAP und Zentrum zu sorgen. Die NSDAP lehnt ab. Die Regierung Brüning kann sich dennoch halten, weil die SPD sie fortan toleriert: Sie lehnt Anträge von NSDAP, DNVP und KPD zur Aufhebung von Notverordnungen ab, sodass die Gesetzgebung weiter auf diesem Weg erfolgen kann. Der Grund für den **Tolerierungskurs der SPD** ist die Lage in Preußen; bei einem Sturz Brünings würde das Zentrum die preußische Koalition mit der SPD verlassen und diese ihre letzte Machtbasis im Reich verlieren.

1931 Am 20. 3. veröffentlicht die Reichsregierung den Entwurf zu einer **deutsch-österreichischen Zollunion.** Nach deutscher Auffassung verstößt das Projekt nicht gegen das Anschlussverbot des Versailler Vertrags, da beide Staaten ihre Souveränität behalten und

anderen Staaten der Beitritt möglich ist. Der Plan stößt jedoch sofort auf heftigen Widerstand aus Frankreich und wird im August aufgegeben.

Nach großen Erfolgen der Republikaner bei den spanischen Gemeindewahlen am 13. 4. wird die Republik ausgerufen. König Alfons XIII. verlässt das Land. Die **Zweite Spanische Republik** gibt sich eine liberal-fortschrittliche Verfassung in einer Zeit, in der v. a. in Ostmitteleuropa und Südosteuropa eine Tendenz zu autoritären Regimen herrscht.

Der Zusammenbruch der **Österreichischen Credit-Anstalt** am 11. 5. ist ein Alarmsignal in ganz Europa. Der amerikanische Präsident Herbert C. Hoover schlägt am 20. 6. ein allgemeines internationales Schuldenfeierjahr vor. Das **Hoovermoratorium** sieht vor, dass die Rückzahlung der Kriegsschulden, die Großbritannien, Frankreich und ihre Verbündeten in den USA haben, sowie die deutschen Reparationszahlungen für ein Jahr ausgesetzt werden. Frankreich, das seine Schulden mit den deutschen Reparationen abzahlt, widersetzt sich, wird aber durch die amerikanische Drohung mit einem Alleingang der USA zum Einlenken gezwungen, sodass das Moratorium am 6. 7. verkündet werden kann.

Am 13. 7. muss die **Darmstädter und Nationalbank,** die zweitgrößte deutsche Bank, die Zahlungen einstellen. Darauf werden die Schalter sämtlicher deutscher Banken für zwei Tage geschlossen, danach können die Bankkunden nur eingeschränkt über ihre Guthaben verfügen. Trotz des Haushaltsdefizits stellt das Reich eine Milliarde Reichsmark zur Stützung der Banken bereit. Die Bankenkrise hält dennoch bis ins Frühjahr 1932 an.

Für den 11. 10. hat **Alfred Hugenberg,** der Führer der DNVP, die »nationale Opposition« nach Bad Harzburg zu einer Großkundgebung eingeladen. Zur **»Harzburger Front«** gehören DNVP, NSDAP, Stahlhelm u. a., die sich allerdings nur in ihrer Ablehnung der Regierung Brüning einig sind. Als Reaktion darauf gründen der sozialdemokratisch geprägte Wehrverband Reichsbanner Schwarz-Rot-Gold, Gewerkschaften und Arbeitersportverbände am 16. 12. die **»Eiserne Front«.**

1932 Am 2. 2. beginnt die **Genfer Abrüstungskonferenz**, die sich u. a. mit der militärischen Gleichberechtigung Deutschlands befasst. Diese wird in der Viermächteerklärung am 11. 12. anerkannt. Die Konferenz scheitert schließlich v. a. an der Frage der Sicherheitsgarantien für die abrüstenden Staaten.

Im ersten Wahlgang der **Reichspräsidentenwahl** am 13. 3. verfehlt Hindenburg mit 49,6 % der Stimmen die absolute Mehrheit; für Hitler stimmen 30,1 %. Hindenburg hatte zuvor im Rundfunk erklärt, er kandidiere, damit nicht ein »Parteimann, Vertreter einseitiger und extremer Anschauungen« gewählt werde. So hatte auch die SPD zu seiner Wahl aufgerufen. Der zweite Wahlgang am 10. 4. wird zur Volksabstimmung für oder gegen Hitler. Hindenburg erhält 53 % der Stimmen, Hitler 36,8 %.

Mit dem Ergebnis der Präsidentenwahl im Rücken setzt Reichswehrminister Groener am 13. 4. das **Verbot von SA und SS** durch, der Kampfverbände der NSDAP, die inzwischen rund 500 000 Mann stark sind.

Bei den **Landtagswahlen** am 24. 4. in Preußen, Bayern, Württemberg, Hamburg und Anhalt gewinnt die NSDAP stark hinzu, ebenso in Oldenburg (25.5.), Mecklenburg-Schwerin (5.6.), Hessen (19.6.) und Thüringen (31.7.) und stellt danach die Ministerpräsidenten in Anhalt, Oldenburg, Mecklenburg-Schwerin und Thüringen.

In Österreich bildet **Engelbert Dollfuß** am 20. 5. eine konservative Regierungskoalition. In enger Anlehnung an das faschistische Italien bekämpft er den Anschluss Österreichs an Deutschland. Seine Regierung nimmt zunehmend autoritäre Züge an.

Am 29. 5. entlässt Hindenburg Brüning; **Franz von Papen** bildet ein Präsidialkabinett fast ausschließlich aus parteilosen Ministern, das **»Kabinett der Barone«.** Hinter diesen Vorgängen steht Kurt von Schleicher, seit Juni Reichswehrminister, der mit Hitler

eine Abmachung getroffen hat: Für dessen Duldung des Kabinetts soll das Verbot der SA vom 13. 4. aufgehoben und der Reichstag aufgelöst werden.

Vom 16. 6. bis 9. 7. tagt die **Konferenz von Lausanne.** Deutschland wird nach einer auf drei Milliarden Reichsmark festgesetzten symbolischen Abschlusszahlung, die jedoch nie geleistet wird, von weiteren Reparationen befreit.

Im zu Preußen gehörenden Altona bei Hamburg kommt es am 17. 7. zu einer Schießerei zwischen Nationalsozialisten, Kommunisten und Polizei, die 18 Tote und 285 Verletzte fordert. Der **»Altonaer Blutsonntag«** gilt als blutiger Höhepunkt der insbesondere vor Reichstagswahlen mit roher Gewalt ausgetragenen Auseinandersetzungen der politischen Lager, die sich in aller Öffentlichkeit in Aufmärschen, Überfällen und Saalschlachten manifestieren.

**MEILENSTEIN**

1932 **Das letzte demokratische Bollwerk fällt**

20. Juli Aus der Landtagswahl in Preußen am 24. 4. war die NSDAP als stärkste Partei hervorgegangen; die Koalitionsregierung Otto Braun (SPD) hatte keine parlamentarische Mehrheit mehr, blieb aber geschäftsführend im Amt, da keine andere Koalition zustande kam. Im Einvernehmen mit Hindenburg und Reichswehrminister Kurt von Schleicher setzte Reichskanzler Franz von Papen am 20. 7. die Regierung Braun sowie den Berliner Polizeipräsidenten und den Kommandanten der Schutzpolizei in einem staatsstreichartigen Manöver ab (»Preußenschlag«) und übernahm des Amt des Reichskommissars. An Widerstand war kaum zu denken, da bei der hohen Arbeitslosigkeit wenig Bereitschaft zu einem Generalstreik bestand und ein Einsatz der preußischen Polizei verantwortungslos erschien, weil die Reichswehr zu militärischem Vorgehen bereit war. Die Kontrolle des Reichs über die »letzte Bastion« der SPD und v. a. über die preußische Polizei erleichterte Hitler nach seiner Machtübernahme die Errichtung seines Regimes.

Bei der Reichstagswahl am 31. 7. wird die **NSDAP stärkste Partei** (37,3 %); die SPD erhält 21,6 %, die KPD 14,3 %. Hitler will nun die Regierung Papen nicht mehr tolerieren. Seinen Anspruch auf die Bildung einer neuen Regierung lehnt Schleicher ab; auch Hindenburg weist am 13. 8. Hitlers Forderung zurück. Die NSDAP schlägt daraufhin einen Konfrontationskurs gegen Papen ein. Nach einem Misstrauensvotum gegen Papen wird der Reichstag am 12. 9. erneut aufgelöst. Bei der Wahl am 6. 11. verliert die NSDAP rund zwei Millionen Stimmen, bleibt aber mit 33,1 % stärkste Partei

Am 8. 11. wird der Demokrat Franklin D. Roosevelt mit großer Mehrheit zum Präsidenten der USA gewählt (Amtsantritt 4. 3. 1933). Sein Programm des **New Deal** sieht einschneidende Reformen zur Sanierung der Wirtschaft vor.

Am 2. 12. entlässt Hindenburg Papen und ernennt **Kurt von Schleicher** zum Reichskanzler. Zum Kampf gegen die Arbeitslosigkeit versucht Schleicher, für ein umfangreiches Arbeitsbeschaffungsprogramm eine breite Basis im Reichstag zu gewinnen. Als dies misslingt, will er über die Ausrufung des Staatsnotstands den Reichstag auflösen und Neuwahlen auf unbestimmte Zeit verschieben. Hindenburg lehnt dies am 23. 1. 1933 ab. Der Weg Hitlers ins Kanzleramt ist vorgezeichnet, als Hindenburg im Januar – der 85-Jährige steht unter dem Eindruck von hochkonservativen Kreisen um seinen Sohn Oskar, von Papens »Zähmungskonzept« und von Invektiven aus Unternehmer- und Großgrundbesitzerkreisen – seinen Widerstand gegen die Ernennung des »böhmischen Gefreiten« zum Reichskanzler aufgibt. Die »Republik ohne Demokraten« ist endgültig gescheitert.

1933

## Diktatur unter dem Hakenkreuz
## Nationalsozialismus

**1933–1945**

Die nationalsozialistischen Machthaber verwandelten die parlamentarische Republik in einen totalitären »Führerstaat«. Adolf Hitlers Expansionsprogramm mündete in den Zweiten Weltkrieg, dessen Ausgang das Ende eines souveränen Deutschen Reichs bedeutete.

1945

# Machtergreifung und Gleichschaltung

1933 Am 4. 1. beginnt die letzte Etappe im Kampf Adolf Hitlers um die Regierungsgewalt im Deutschen Reich: Hitler folgt einer Einladung **Franz von Papens** zu einem Kontaktgespräch im Haus eines Kölner Bankiers, wo Papen ihm eine Koalition aus NSDAP und DNVP (Deutschnationale Volkspartei) unter gemeinsamer gleichberechtigter Führung vorschlägt. Hitler fordert jedoch die alleinige Führung. Während Reichskanzler **Kurt von Schleicher** sich noch um die Ausrufung des Staatsnotstands und Auflösung des Reichstags bemüht, beauftragt Reichspräsident Paul von Hindenburg Papen Mitte Januar, streng vertraulich die Möglichkeiten einer neuen Regierungsbildung zu sondieren.

Am 28. 1. entzieht Hindenburg Schleicher das Vertrauen. Der Weg für Papen ist jetzt frei, und schon zwei Tage später ernennt Hindenburg Hitler zum Reichskanzler.

MEILENSTEIN

1933 **Hitler zieht in die Reichskanzlei ein**

30. Januar Die sogenannte Machtergreifung Adolf Hitlers war kein Staatsstreich, sondern zunächst nur die Bildung eines weiteren Präsidialkabinetts nach der Art seiner Vorläufer ab 1930. Dem Kabinett der »nationalen Konzentration«, das der Reichspräsident am 30. 1. vereidigte, gehörten außer Hitler mit Wilhelm Frick und Hermann Göring nur zwei weitere Nationalsozialisten an. Vizekanzler Franz von Papen und Alfred Hugenberg fühlten sich als die starken Männer im Kabinett; sie glaubten, die nationalsozialistische Massenbewegung »gezähmt« zu haben und für die Stabilisierung ihrer konservativ-autoritären Regierung benutzen zu können. Papen meinte: »In zwei Monaten haben wir Hitler in die Ecke gedrückt, dass er quietscht.« Die tatsächliche Machtergreifung vollzog sich schrittweise bis zur Vereinigung der

Ämter des Reichskanzlers und des Reichspräsidenten durch den »Führer und Reichskanzler Adolf Hitler« am 2. 8. 1934, wodurch die letzte Kontrollinstanz beseitigt war.

Am 1. 2. setzt Hitler entgegen den Koalitionsabsprachen die **Auflösung der Reichstags** durch. Im folgenden Wahlkampf setzen die Nationalsozialisten Terror v. a. gegen Kommunisten und Sozialdemokraten ein. Mit dem Besitz des Innenministeriums im Reich und in Preußen verfügen sie über die Polizeigewalt; so sind Terror und legale Maßnahmen oft kaum zu trennen.

Am 4. 2. wird, begründet mit einem Aufruf der KPD zum Generalstreik, eine Verordnung »zum Schutz des deutschen Volkes« erlassen, die Kontrolle von Zeitungen und politischen Veranstaltungen und damit eine **Behinderung des Wahlkampfs** gegnerischer Parteien ermöglicht.

MEILENSTEIN

1933 **Willkommenes Fanal**

27. Februar Den Brand des Reichstagsgebäudes in Berlin, der die Kuppel und viele Innenräume zerstörte, schrieb Hitler den Kommunisten zu. Tatsächlich wurde noch in der Nacht der niederländische Kommunist Marinus van der Lubbe festgenommen, der die Brandstiftung gestand, verurteilt und im Januar 1934 hingerichtet wurde. Wichtiger als die nie völlig aufgeklärten Tatumstände ist, wie die Nationalsozialisten das Ereignis ausnutzten. Am 28. 2. erließ der Reichspräsident nach Artikel 48 (»Ausnahmezustand«) der Weimarer Verfassung die »Verordnung zum Schutz von Volk und Staat«, die die bürgerlichen Grundrechte wie Freiheit der Person und Pressefreiheit praktisch außer Kraft setzte. Damit erhielt die Verfolgung politischer Gegner den Anschein der Legalität. Im Prinzip war jedoch ein permanenter Ausnahmezustand verhängt. Zwar bestand die Weimarer Verfassung formell bis 1945 weiter, doch bezeichnet diese Verordnung die Bruchstelle zwischen Demokratie und Diktatur.

Bei den Wahlen am 5. 3., die wegen der um sich greifenden Rechtsunsicherheit nicht mehr als frei gelten können, wird die NSDAP mit 43,9 % der Stimmen, einem Zuwachs von 5,5 Millionen gegenüber der Wahl von 6. 11. 1932, stärkste Partei. Mit den 8 % für die DNVP verfügt das Kabinett über eine Mehrheit im Reichstag, hätte also gemäß der Verfassung regieren können.

Am 13. 3. erhält **Joseph Goebbels** das neue »Reichsministerium für Volksaufklärung und Propaganda« und damit die Kontrolle über alle Bereiche des kulturellen Lebens. Er nutzt v. a. die Medien Film und Rundfunk zur Beeinflussung der Massen.

Der **»Tag von Potsdam«** am 21. 3. ist Goebbels' erste große Inszenierung. Anlässlich der Eröffnung des Reichstags ziehen die Abgeordneten zur Garnisonskirche in Potsdam. Vor der Grabstätte Friedrichs des Großen verneigt sich Hitler vor Hindenburg, um dem Volk die Aussöhnung zwischen dem alten Preußen und der dynamischen jungen Bewegung vor Augen zu führen und das »Dritte Reich« als legitimen Erben des Heiligen Römischen Reichs und des bismarckschen Reichs darzustellen.

**MEILENSTEIN**

1933 **Der Reichstag schaufelt sein eigenes Grab**

23. März Die Reichstagswahl vom 5. 3. hatte eine parlamentarische Mehrheit für eine Koalition von NSDAP und DNVP ergeben, doch strebte Adolf Hitler nun an, das Parlament völlig auszuschalten. Das zu diesem Zweck vorgelegte »Ermächtigungsgesetz« sah für die Regierung das Recht vor, vier Jahre lang ohne Mitwirkung des Reichstags Gesetze zu erlassen. Die hierzu notwendige Zweidrittelmehrheit hätte durch ein Nein von SPD, KPD und einigen bürgerlichen Abgeordneten verhindert werden können. Doch zwei Tage zuvor hatte Reichspräsident Paul von Hindenburg eine Verordnung »zur Abwehr heimtückischer Angriffe gegen die Regierung der nationalen Erhebung« erlassen, mit der die KPD ausgeschaltet wurde, und auch von den 120 Abgeordneten der SPD waren 26 inhaftiert oder geflohen. Doch die 94 noch

anwesenden Sozialdemokraten stimmten geschlossen gegen das Gesetz; die letzte freie Rede im Reichstag hielt ihr Fraktionsvorsitzender Otto Wels. Die Parteien der Mitte – die Liberalen und das katholische Zentrum – rangen sich zur Zustimmung durch, weil sie hofften, damit Einfluss auf die Politik zu behalten.

Am 31. 3. werden die Länderparlamente durch das »Vorläufige Gesetz zur **Gleichschaltung der Länder** mit dem Reich« ohne Neuwahlen entsprechend dem Ergebnis der Reichstagswahl umgebildet. Das zweite Gesetz zur Gleichschaltung vom 7. 4. setzt **Reichsstatthalter** ein, die nach Weisungen aus Berlin Länderregierungen ernennen oder entlassen.

Der **»Judenboykott«** vom 1. 4., der sich gegen jüdische Geschäfte, Ärzte und Rechtsanwälte richtet, ist der erste sichtbare Beweis für die staatlich organisierte Judenverfolgung, nachdem Hitler zwischen 1930 und 1933 die antisemitische Agitation eingeschränkt hatte, um seine Wahlchancen zu erhöhen.

Das »Gesetz zur Wiederherstellung des Berufsbeamtentums« vom 7. 4. ermöglicht die Entlassung politisch missliebiger Beamter. Der erforderliche **»Ariernachweis«** schließt Juden vom Beamtenstatus aus. Ausgenommen sind Juden, die im Ersten Weltkrieg für Deutschland gekämpft haben oder deren Söhne oder Väter gefallen sind. Dieses »Frontkämpferprivileg« ist Hindenburg zu verdanken.

Um die Arbeiter für den Nationalsozialismus zu gewinnen, wird der 1. Mai als »Tag der nationalen Arbeit« zum Staatsfeiertag erklärt und mit Großveranstaltungen begangen. Am Tag darauf werden Gewerkschaftshäuser besetzt und die Gewerkschaftsführer verhaftet. Die Gewerkschaften gehen in der am 10. 5. gegründeten **»Deutschen Arbeitsfront«** auf.

Die Hetze gegen missliebige Schriftsteller und Intellektuelle erreicht am 10. 5. einen Höhepunkt in den von Goebbels organisierten öffentlichen **Bücherverbrennungen** (»Verbrennung undeutschen Schrifttums«) in Berlin und vielen Universitätsstädten.

Nach dem **Verbot der SPD** am 22. 6. lösen sich alle bürgerlichen Parteien auf, zuletzt das Zentrum am 5. 7. Ein Gesetz vom 14. 7. verbietet die Neubildung von Parteien. Das »Gesetz zur Sicherung der Einheit von Partei und Staat« vom 1. 12., in dem die NSDAP zur »Trägerin des deutschen Staatsgedankens« erklärt wird, führt den Einparteienstaat ein.

Am 20. 7. wird das **Konkordat** zwischen dem Deutschen Reich und dem Heiligen Stuhl geschlossen. Das Reich sichert der katholischen Kirche innere Autonomie und öffentliche Ausübung des Bekenntnisses zu. Der Klerus verzichtet auf jegliche politische Betätigung.

Der Gleichschaltung des kulturellen Lebens dient die Gründung der **Reichskulturkammer** am 22. 9., deren Vorsitz Goebbels übernimmt. Sie hat sieben Abteilungen (Film, Theater, Musik, bildende Kunst, Literatur, Presse, Rundfunk); wer ausgeschlossen oder nicht aufgenommen wird, hat faktisch Berufsverbot.

Um die Aufrüstung vorantreiben zu können, verlässt das Deutsche Reich am 14. 10. die Abrüstungskonferenz und kündigt den **Austritt aus dem Völkerbund** an. Damit fallen vertragliche Bindungen fort, die die Aufrüstung hätten gefährden können.

1934 Das »Gesetz über den Neuaufbau des Reiches« vom 30. 1. schließt die **Gleichschaltung der Länder** ab. Es hebt die Länderregierungen auf; die Hoheitsrechte der Länder gehen auf das Reich über. Die Reichsstatthalter unterstehen dem Reichsinnenministerium. Der somit überflüssige Reichsrat wird am 14. 2. aufgehoben.

Am 20. 4. wird der Reichsführer der SS, Heinrich Himmler, Inspekteur der **Gestapo** (Geheime Staatspolizei). Damit wird der Einfluss der SS gesteigert; ihr untersteht jetzt die Führung der Politischen Polizei.

Auf der Barmer Bekenntnissynode (29.–31. 5.) konstituiert sich die **Bekennende Kirche**, die sich von der nationalsozialistisch ausgerichteten Reichskirche (»Deutsche Christen«) abgrenzt. Ihr gehört etwa ein Drittel der evangelischen Pfarrer an. Die Gleichschaltung der Kirche ist gescheitert.

MEILENSTEIN

1934 **Die »Nacht der langen Messer«**

30. Juni Angebliche Putschpläne Ernst Röhms, Führer der SA und enger Weggefährte Adolf Hitlers, dienten diesem als Vorwand zur Beseitigung der SA-Führung. Tatsächlich hatte Röhm die Verschmelzung der SA mit der Reichswehr zu einer von ihm geführten Miliz verlangt. Dem widersetzte sich freilich das konservative Offizierskorps. Seine eigenen Pläne im Blick, setzte Hitler nun auf die Reichswehr. Er brauchte sie, um nach Paul von Hindenburgs Tod die Ämter des Reichskanzlers und Reichspräsidenten in seiner Person zu vereinigen, und ohne Zustimmung der Reichswehrführung würde sich die Reichswehr nicht auf ein Staatsoberhaupt Hitler vereidigen lassen. Am 30. 6. gab Hitler das Signal zu einer dreitägigen Mordaktion, der neben der Führungsriege der SA auch missliebige konservative Regimekritiker zum Opfer fielen; unter den vermutlich über 200 Opfern war auch der frühere Reichskanzler General Kurt von Schleicher. Am 3. 7. ließ Hitler die Morde per Gesetz als »Staatsnotwehr« nachträglich für rechtens erklären.

Am 25. 7. scheitert ein Putschversuch der seit 1933 verbotenen österreichischen Nationalsozialisten gegen die autoritäre Regierung **Engelbert Dollfuß.** Bei der Besetzung des Bundeskanzleramtes wird Dollfuß ermordet, doch der Putsch bricht zusammen, weil das Bundesheer zur Regierung steht. Bundeskanzler wird **Kurt Schuschnigg,** der im Sinn des »Austrofaschismus« seines Vorgängers regiert.

Am 2. 8. stirbt Hindenburg. Hitler übernimmt das Amt des Reichspräsidenten. Noch am selben Tag lässt er die Reichswehr auf seine Person als »Führer und Reichskanzler« vereidigen. Die übliche Verpflichtung auf die Verfassung fehlt in der Eidesformel. Damit ist die Diktatur endgültig gefestigt.

1935 Am 13. 1. findet die im Versailler Vertrag vorgesehene **Volksabstimmung im Saargebiet** statt; 90,8 % stimmen für die Rückkehr zum Reich. Da die Franzosen den Nationalsozialismus als Wahlkampfthema in den Vordergrund gestellt hatten, kann Hitler das Ergebnis innenpolitisch als Zustimmung zu seiner Politik ausbeuten.

Am 16. 3. führt das Deutsche Reich gegen die Bestimmungen des Versailler Vertrags die **allgemeine Wehrpflicht** wieder ein, zunächst mit einjähriger Dienstpflicht, die am 24. 8. 1936 auf zwei Jahre erhöht wird. Als Friedensstärke sind 580 000 Mann vorgesehen, das Heer soll bis 1939 kriegsfähig sein.

Auf einer Konferenz in Stresa (11.–14. 4.) verurteilen Frankreich, Großbritannien und Italien **(»Stresafront«)** die einseitige Aufkündigung von Verträgen durch das Deutsche Reich und vereinbaren ein gemeinsames Vorgehen bei zukünftigen einseitigen Schritten Deutschlands.

Am 26. 6. wird der **Reichsarbeitsdienst** für alle jungen Männer zwischen 18 und 25 Jahren Pflicht (nach Beginn des Krieges auch für junge Frauen). Neben dem Kampf gegen die Arbeitslosigkeit durch Einsatz für die Infrastruktur dient das Leben im Arbeitslager auch der nationalsozialistischen Erziehung.

MEILENSTEIN

1935 **Vorläufiger Höhepunkt des »Rassenwahns«**

15. September Die auf dem siebten Reichsparteitag der NSDAP in Nürnberg verkündeten Gesetze zur Rassenpolitik setzten die 1933 eingeleitete antijüdische Politik konsequent fort. Das »Gesetz zum Schutz des deutschen Blutes und der deutschen Ehre« (»Blutschutzgesetz«) verbot Ehen und außerehelichen Geschlechtsverkehr zwischen Juden und Staatsangehörigen »deutschen oder artverwandten Blutes«. Verstöße wurden als »Rassen-

schande« schwer bestraft. Ferner durften Juden keine deutschen Dienstmädchen unter 45 Jahren beschäftigen. Eine Verordnung vom 14. 11. erweiterte das Eheverbot auf andere Gruppen wie »Zigeuner, Neger und deren Bastarde«. Das »Reichsbürgergesetz« unterschied zwischen Reichsbürgern und Staatsangehörigen. Reichsbürger konnten nur »Staatsangehörige deutschen und artverwandten Blutes« sein. Damit waren Juden endgültig von öffentlichen Ämtern ausgeschlossen. Beide Gesetze wurden in der Folge durch zahlreiche Verordnungen präzisiert und verschärft.

# Die Vorbereitung des Krieges

1936 Entgegen dem Versailler Vertrag und den Verträgen von Locarno lässt Hitler am 7. 3. Truppen in das entmilitarisierte **Rheinland** einrücken. Außer verbalen Protesten regte sich kein Widerstand im Ausland. In einer Rede vor dem Reichstag am selben Tag bekräftigt Hitler den Friedenswillen Deutschlands und begründet seinen Schritt mit dem französisch-sowjetischen Beistandspakt.

Mit dem Putsch in Spanisch-Marokko am 18. 7. löst General Francisco Franco den **Spanischen Bürgerkrieg** aus. Seinem Hilfeersuchen kommt Hitler am 25. 7. nach; die »Legion Condor« trägt wesentlich zum Erfolg Francos bei. Es ist der erste praktische Einsatz der deutschen Wehrmacht.

**MEILENSTEIN**

1936 **»Ich rufe die Jugend der Welt«**

1. August Vor 100 000 Zuschauern eröffnete Adolf Hitler im neu erbauten Olympiastadion in Berlin die XI. Olympischen Sommerspiele. Im Vorfeld hatten v. a. die USA und Frankreich einen Boykott der 1931 nach Berlin vergebenen Spiele erwogen. Um

eine Verlegung ins Ausland zu verhindern, sagte die Regierung dem Internationalen Olympischen Komitee zu, die olympischen Regeln einzuhalten und »allen Rassen« die Teilnahme zu ermöglichen. Die Deutschen wurden aufgerufen, durch ihr Verhalten gegenüber den Gästen aus dem Ausland Vorurteile abzubauen. Antisemitische Parolen wurden aus dem Stadtbild und aus der Presse verbannt. So gelang es, die Illusion fröhlicher, »unpolitischer« Spiele zu vermitteln. Tatsächlich herrschte während der Spiele eine gelöste Atmosphäre, die ausländischen Sportler und Gäste fühlten sich wohl. Den Nationalsozialisten war es gelungen, die Spiele als gigantische Propagandaschau zu inszenieren, die das Ansehen Deutschlands zumindest vorübergehend hob.

Der am 9. 9. auf dem Nürnberger Parteitag verkündete **Vierjahresplan** soll das Deutsche Reich von ausländischen Rohstoffen und Erzeugnissen unabhängig machen. In einer geheimen Denkschrift fordert Hitler, die deutsche Armee müsse in vier Jahren einsatzfähig, die deutsche Wirtschaft in vier Jahren kriegsfähig sein.

Am 25. 10. schließen Hitler und Mussolini einen geheimen Freundschaftsvertrag, nachdem sich Deutschland und Italien durch ihre Unterstützung Francos angenähert haben. Von der **»Achse Berlin–Rom«** spricht Mussolini zum ersten Mal am 1. 11. in seiner Mailänder Rede.

Deutschland und Japan schließen am 25. 11. den **Antikominternpakt** zur Abwehr der Propagandatätigkeit der Kommunistischen Internationale. In einem Geheimabkommen verpflichten sich die Partner, keinen Vertrag mit der UdSSR ohne gegenseitige Zustimmung zu schließen. Italien tritt dem Pakt am 6. 11. 1937 bei.

1937 Im sich verschärfenden Kampf zwischen Nationalsozialismus und katholischer Kirche unterschreibt Papst Pius XI. am 14. 3. die in deutscher Sprache abgefasste Enzyklika **»Mit brennender Sorge«**, in der er das antichristliche Regime in Deutschland anklagt. Sie wird am 21. 3. in allen Gemeinden verlesen. Darauf kommt es zu zahlreichen Verhaftungen.

Nach dem Zwischenfall an der Marco-Polo-Brücke bei Peking am 7. 7. beginnt der **Chinesisch-Japanische Krieg.** Trotz großer militärischer Erfolge der Japaner kapituliert China nicht.

Am 19. 7. wird in München die Ausstellung **»Entartete Kunst«** eröffnet. Die in verfälschender und verhöhnender Absicht zusammengestellte, später auch in anderen deutschen Städten gezeigte Auswahl der Werke moderner Richtungen wie Expressionismus, Neue Sachlichkeit oder Surrealismus wurde getroffen, indem die Bilder durch systematische »Säuberungen« aus den deutschen Museen entfernt wurden. Teile der beschlagnahmten Werke wurden später zerstört, Teile 1939 bei einer Auktion in Luzern versteigert.

Am 5. 11. erläutert Hitler den Befehlshabern der drei Wehrmachtsteile, dem Kriegs- und dem Außenminister seine Expansionspläne im Osten; Hitlers Adjutant Oberst Friedrich Hoßbach fertigt ein Gedächtnisprotokoll an **(»Hoßbachprotokoll«).** Danach sieht Hitler die deutsche Zukunft »durch die Lösung der Raumnot bedingt«. Die »Raumfrage« müsse spätestens bis 1943/1945 »gelöst« werden, weil Deutschland nur bis dahin einen Rüstungsvorsprung habe; die Niederwerfung Österreichs und der Tschechoslowakei sei schon 1938 möglich.

1938 Am 4. 2. werden Kriegsminister Werner von Blomberg wegen einer nicht standesgemäßen Heirat und der Oberbefehlshaber des Heeres Werner von Fritsch aufgrund einer Intrige entlassen **(»Blomberg-Fritsch-Krise«).** Fritsch hatte laut »Hoßbachprotokoll« Bedenken gegen Hitlers Kriegspläne geäußert. Hitler wird »Oberbefehlshaber der Wehrmacht«.

Am 9. 3. setzt der österreichische Bundeskanzler Schuschnigg für den 13. 3. eine Volksabstimmung über ein unabhängiges Österreich an. Darauf fordert Hitler am 11. 3. ultimativ den Rücktritt

Schuschniggs zugunsten des Nationalsozialisten **Arthur Seyß-Inquart;** andernfalls würden Truppen in Österreich einmarschieren. Obwohl Schuschnigg nachgibt und Seyß-Inquart am Abend des 11. 3. die Regierung übernimmt, gibt Hitler den Befehl zum Einmarsch. Er denkt an eine Union Österreichs mit dem Reich, doch als die am 12. 3. einmarschierenden Truppen bejubelt werden, fällt die spontane Entscheidung für den **Anschluss Österreichs** an das Deutsche Reich, der am 13. 3. vollzogen wird.

MEILENSTEIN

1938 **Den Frieden gerettet?**

29. September Ab dem Anschluss Österreichs an das Deutsche Reich schürte Adolf Hitler die Krise um das Sudetenland. Hitlers Drohung auf dem Nürnberger Parteitag, in die Tschechoslowakei einzurücken, steigerte die Kriegsgefahr. Zur Rettung des Friedens konferierte der britische Premierminister Neville Chamberlain in Berchtesgaden (15. 9.) und Bad Godesberg (22.–24. 9.) mit Hitler und bot die Abtretung des Sudetenlands an. Doch nun forderte Hitler die sofortige Besetzung der beanspruchten Gebiete, woran die Konferenz scheiterte. Nun bat Chamberlain Benito Mussolini um Vermittlung, die zum Münchener Abkommen vom 29. 9. führte. Der Tschechoslowakei wurde auferlegt, das Sudetenland zwischen dem 1. 10. und 10. 10. an das Deutsche Reich abzutreten. Dafür garantierten Großbritannien und Frankreich die Grenzen des Reststaates; Chamberlain wurde in London für seine Friedenspolitik gefeiert. Wie wenig seine beschwichtigende Politik des Appeasement wert war, sollte sich im März 1939 zeigen, als deutsche Truppen die »Resttschechei« besetzten.

Am 21. 10. gibt Hitler den Generälen der Wehrmacht die Weisung, die **»Erledigung der Resttschechei«** militärisch vorzubereiten. Den Anlass lieferten ihm Unabhängigkeitsbestrebungen in der Slowakei, die sich bereits am 6. 10. für autonom erklärt hat.

MEILENSTEIN

1938 **Brennende Synagogen, zerstörte Geschäfte**

9./10. November Ende Oktober wurden Juden polnischer Staatsangehörigkeit in Massen deportiert, so auch die Eltern des emigrierten Herschel Grynszpan. Der 17-Jährige fasste den Plan, am 7. 11. aus Rache den deutschen Botschafter in Paris zu erschießen, traf aber den Legationssekretär Ernst vom Rath, der zwei Tage später seinen Verletzungen erlag. Dies diente als Vorwand für die als Äußerung des spontanen »Volkszorns« deklarierte Terroraktion, bei der nationalsozialistische Trupps planmäßig Hunderte Synagogen und Tausende jüdische Geschäfte zerstörten. Wegen der zerschlagenen Schaufenster kam für die Pogromnacht der verharmlosende Begriff »Reichskristallnacht« auf. Eine nicht genau feststellbare Zahl von Personen wurde dabei getötet, mehr als 30 000 jüdische Männer wurden verhaftet. Das Reich verlangte von den Juden eine Milliarde Reichsmark und die Wiederherstellung der Sachschäden. Der völlige Verzicht auf den Versuch einer rechtlichen Begründung zeigte, dass die Judenverfolgung eine neue Stufe erreicht hatte.

Im Dezember verhandelt der deutsche Außenminister Joachim von Ribbentrop mit seinem Kollegen Georges Bonnet in Paris. In der **deutsch-französischen Erklärung** vom 6. 12. wird die Endgültigkeit der Grenze zwischen beiden Ländern bestätigt und vereinbart, in allen beide Länder betreffenden internationalen Fragen in Fühlung zu bleiben. Ribbentrop kommt mit der unbegründeten Überzeugung aus Paris zurück, Frankreich lasse Deutschland freie Hand im Osten.

MEILENSTEIN

1938 **Entdeckung mit ungeahnten Folgen**

17. Dezember Am Berliner Kaiser-Wilhelm-Institut für Chemie gelang Otto Hahn mit seinem Assistenten Fritz Straßmann die Spaltung von Urankernen bei Neutronenbestrahlung; die maßgeblich beteiligte Lise Meitner war als Jüdin bereits zur Flucht

gezwungen gewesen. Die technische Bedeutung der Kernspaltung liegt in dem großen Energiegewinn. In Deutschland kam die Nutzung der Atomenergie für Waffen nicht über erste vorbereitende Schritte hinaus. Doch Befürchtungen, Deutschland werde die Kernspaltung militärisch nutzbar machen, beschleunigten die Forschungen in den USA (»Manhattanprojekt«). Im Dezember 1942 gelang am ersten Kernreaktor in Chicago die erste kontrollierte nukleare Kettenreaktion. Die erste Atombombe detonierte am 16. 7. 1945 auf dem Versuchsgelände in New Mexico, USA. Die zweite und die dritte Bombe wurden über den japanischen Städten Hiroshima und Nagasaki am 6. 8. bzw. 9. 8. 1945 abgeworfen. Ihre verheerende Wirkung beschleunigte die Kapitulation Japans.

1939 Am 14. 3. bestellt Hitler den Präsidenten der Tschechoslowakei, Emil Hácha, nach Berlin und setzt ihn massiv unter Druck. Hitler droht mit der Bombardierung Prags, falls Hácha das Schicksal seines Landes nicht »vertrauensvoll in die Hand des Führers« lege. Hácha gibt der Erpressung nach. Die zuvor schon in Marsch gesetzten Truppen rücken am Morgen des 16. 3. kampflos ein; am selben Tag verkündet Hitler die Errichtung des **Protektorats Böhmen und Mähren**. Die Slowakei, die auf Druck Hitlers am 14. 3. ihre Unabhängigkeit erklärt hat, stellt sich am 23. 3. unter den »Schutz« des Deutschen Reichs.

Mit der kampflosen Besetzung Madrids am 28. 3. durch die nationalspanischen Kräfte endet der Spanische Bürgerkrieg; Franco baut sein diktatorisches Regime aus **(»Franquismus«).** Spanien tritt im April dem Antikominternpakt bei, bleibt aber im Zweiten Weltkrieg neutral.

Am 22. 5. schließt Deutschland mit Italien ein Militärbündnis, den **»Stahlpakt«**, in dem beide Staaten sich gegenseitige Unterstützung auch bei einem Angriffskrieg zusichern. Die Grenze zwischen Italien und Deutschland wird als endgültig anerkannt;

dem folgt am 21. 10. ein Abkommen über die Umsiedlung der deutschsprachigen Bevölkerung ins Reich.

Das nationalsozialistische Deutschland und die kommunistische UdSSR schließen am 23. 8. einen Nichtangriffspakt. Der sogenannte **Hitler-Stalin-Pakt** enthält ein geheimes Zusatzprotokoll, in dem sich beide auf die Aufteilung Polens und die Absteckung von Interessensphären verständigen. Das Abkommen bricht zugleich mit der Volksfrontpolitik und sorgt bei den Kommunisten für große Verunsicherung.

# Der Zweite Weltkrieg

MEILENSTEIN

1939 **Der Überfall auf Polen**

1. September Nach der Errichtung des »Protektorats Böhmen und Mähren« am 15. 3. 1939 forderte Adolf Hitler von Polen die Rückgliederung Danzigs an das Deutsche Reich und exterritoriale Verbindungen nach Ostpreußen. Europäische Regierungen, v. a. die britische, sahen dies als Hinweis, dass den Polen das gleiche Schicksal wie den Tschechen drohe. Nachdem Polen die deutschen Forderungen abgelehnt hatte, gab Großbritannien am 31. 3. eine Garantieerklärung für die Unabhängigkeit des Landes ab. Wenige Tage später gab Hitler den Befehl, den Feldzug gegen Polen vorzubereiten. Während Großbritannien die UdSSR für die Rettung Polens zu gewinnen suchte, verhandelte diese zeitgleich mit dem Deutschen Reich. Für die Welt kam der Nichtangriffspakt zwischen den ideologischen Feinden Deutschland und UdSSR am 23. 8. überraschend. Hitler hatte nun im Osten freie Hand und ließ plangemäß am 1. 9. den Angriff auf Polen eröffnen. Gemäß ihren vertraglichen Verpflichtungen gegenüber Polen erklärten Großbritannien und Frankreich am 3. 9. dem Deutschen Reich den Krieg. Der europäische Krieg, der sich zum Weltkrieg ausweiten sollte, hatte begonnen.

Nach der Kapitulation Warschaus am 27. 9. schließt Deutschland mit der Sowjetunion am 28. 9. ein **Grenz- und Freundschaftsabkommen,** in dem die am 23. 8. festgelegten Interessensphären bei geringen Veränderungen bestätigt werden. Die Sowjetarmee ist bereits am 17. 9. in Ostpolen eingerückt. Litauen, Lettland und Estland werden zur Abtretung von Stützpunkten an die UdSSR gezwungen. Am 12. 10. werden die im Versailler Vertrag an Polen abgetretenen Gebiete ins Reich eingegliedert, der Rest bildet das **Generalgouvernement.**

Finnland lehnt die sowjetische Forderung nach einem Stützpunkt ab. Am 30. 11. greift die UdSSR Finnland ohne Kriegserklärung an und wird deshalb am 14. 12. aus dem Völkerbund ausgeschlossen. Der **»Winterkrieg«** wird mit dem Frieden von Moskau am 12. 3. 1940 beendet. Finnland muss Ostkarelien abtreten.

1940 Zur Sicherung der schwedischen Erzzufuhr über Narvik wird die Besetzung Norwegens geplant. Am 9. 4. wird **Dänemark** trotz des Nichtangriffspaktes von deutschen Truppen besetzt; es ergibt sich kampflos. In **Norwegen** kommen deutsche Einheiten den Briten zuvor und besetzen Oslo und wichtige Häfen, stoßen aber auf Gegenwehr der Norweger, die erst am 10. 6. kapitulieren. Der Führer der faschistischen »Nasjonal Samling«, **Vidkun Quisling,** arbeitet mit der deutschen Besatzungsmacht zusammen.

Am 10. 5. beginnt der Angriff auf Belgien, die Niederlande und Frankreich. Die Niederlande kapitulieren am 15.5., Belgien am 28. 5. Vom 27. 5. bis 4. 6. können sich 338 000 britische und französische Soldaten bei **Dünkirchen** nach England einschiffen. Am 14. 6. wird Paris besetzt. Am 22. 6. wird in Compiègne der Waffenstillstand unterzeichnet. Nordfrankreich und die gesamte Atlantikküste werden besetzt. In Vichy im unbesetzten Südfrankreich bildet sich der **»État Français«,** eine deutschfreundliche Regierung unter Marschall Philippe Pétain.

Am 13. 8. beginnt die **»Luftschlacht um England«,** die eine Invasion der Britischen Inseln vorbereiten soll. Nach schweren Verlusten werden Mitte September die Großeinsätze, im Frühjahr 1941 der Luftkrieg gegen England eingestellt.

Am 27. 9. schließt Deutschland den **Dreimächtepakt** mit Italien und Japan. Hitler will damit die USA von einem Eingreifen in Europa abhalten und ihre Aufmerksamkeit auf Ostasien lenken.

Am 18. 12. gibt Hitler die Weisung für den **»Fall Barbarossa«:** »Die deutsche Wehrmacht muss darauf vorbereitet sein, auch vor Beendigung des Krieges gegen England Sowjetrussland in einem schnellen Feldzug niederzuwerfen.« Die Vorbereitungen sollen bis 15. 5. 1941 abgeschlossen sein.

1941 In einer Botschaft an den Kongress am 6. 1. nennt US-Präsident Franklin D. Roosevelt **»vier Freiheiten«** als elementare Grundlage amerikanisch-westlicher Politik: die Rede- und Meinungsfreiheit, die Religionsfreiheit, die Freiheit von Not, die Freiheit von Furcht. Damit grenzen sich die USA vom Totalitarismus Deutschlands und der UdSSR ab. Am 11. 3. verabschiedet der US-Kongress den **Lend-Lease-Act,** auf dessen Grundlage die verbündeten Staaten zunächst ohne Bezahlung kriegswichtige Güter aus den USA erhalten. Der Großteil geht an Großbritannien, doch auch die Sowjetunion erhält nach dem Sommer 1941 Lieferungen.

Nach der italienischen Niederlage in Nordafrika bittet Mussolini Hitler um Hilfe, der das **Deutsche Afrikakorps** unter dem Oberbefehl von Erwin Rommel aufstellen lässt. Es greift am 30. 3. in den Kampf ein und drängt die Briten aus der Cyrenaica zurück.

Um zu verhindern, dass die Briten im Feldzug Italiens gegen Griechenland eine Front in Südosteuropa errichten, beginnt Deutschland am 6.4. den **Balkanfeldzug.** Jugoslawien kapituliert am 17.4., Griechenland am 21.4. Mit der Luftlandeschlacht (20.5. bis 1.6.) wird Kreta erobert, wo die Briten Stützpunkte eingerichtet hatten.

Ohne vorherige Kriegserklärung beginnt am 22. 6. der deutsche **Angriff auf die Sowjetunion.** Trotz elementarer ideologischer Divergenzen unterstützen Großbritannien (Bündnis mit der

UdSSR am 12.7.) und die USA fortan die UdSSR in ihrem Kampf gegen Deutschland. Stalin ruft den »Großen Vaterländischen Krieg« aus. Nach gewaltigen Raumgewinnen bleibt die deutsche Offensive Anfang Dezember vor Moskau stecken. Am 19. 12. übernimmt Hitler selbst den Oberbefehl über das Heer.

Am 14. 8. formulieren Roosevelt und Churchill die **Atlantikcharta.** Anknüpfend an Roosevelts »vier Freiheiten« entwirft sie eine künftige Friedensordnung »nach der endgültigen Zerstörung der Nazityrannei«, die auf dem Selbstbestimmungsrecht der Völker beruhen soll.

Nach dem japanischen Luftangriff auf den amerikanischen Flottenstützpunkt **Pearl Harbor** am 7. 12., der zu schweren Verlusten der amerikanischen Pazifikflotte führt, erklären die USA am 8. 12. den Krieg an Japan. Darauf erklären Deutschland und Italien am 11. 12. den Krieg an die USA.

1942 In Washington unterzeichnen 26 gegen Deutschland, Italien und Japan Krieg führende Staaten am 1. 1. eine Erklärung, in der sie die Atlantikcharta bekräftigen und sich verpflichten, weder separat Waffenstillstände noch Frieden zu schließen. Der **Washingtonpakt** ist die Keimzelle der Vereinten Nationen.

MEILENSTEIN

1942 **Der systematische Massenmord beginnt**

20. Januar Wiederholt hatte Adolf Hitler seine Absicht geäußert, den Krieg zur Ausrottung der Juden in Europa zu nutzen. Sofort nach dem Einmarsch in Polen begannen Gewalttaten der SS gegen die Juden. Aus allen besetzten Ländern wurden die Juden in Gettos und Konzentrationslager im Osten deportiert. Der Angriff auf die UdSSR steigerte die Brutalität des Vorgehens. Am 31. 7. 1941 beauftragte Hermann Göring den Chef des Reichssicherheitshauptamtes, Reinhart Heydrich, mit der Organisation der »Endlösung der Judenfrage«. In der Folge wurden in Polen Vernichtungslager eingerichtet (Auschwitz, Majdanek, Chełmno, Sobibór, Treblinka, Bełżec). Als Heydrich hochrangige Vertreter von

Reichsbehörden zur Konferenz in eine Villa am Wannsee in Berlin am 20. 1. 1942 einlud, war der Holocaust längst beschlossen und im Gang. Aufgabe der Konferenz war es, die Zuständigkeiten verschiedener Institutionen für den Massenmord zu klären und zusammenzufassen sowie die technisch-organisatorische Umsetzung und den räumlichen und zeitlichen Ablauf festzulegen.

1942 Die Schlacht um die Midwayinseln vom 3.–7. 6. leitet die Wende des Kriegs im Pazifik zugunsten der USA ein. Am 7. 8. landen die Amerikaner auf Guadalcanal und beginnen die langwierige **Strategie des Inselspringens**, um Schritt für Schritt an das japanische Mutterland heranzurücken.

Am 3. 7. kommt der Vormarsch des Afrikakorps vor **El Alamein,** der letzten britischen Stellung vor Alexandria, zum Stehen. Im Oktober beginnen die Briten eine Gegenoffensive und drängen das Afrikakorps nach Westen zurück.

Am 7./8. 11. landen die Alliierten unter dem Oberfehl von General **Dwight D. Eisenhower** in Französisch-Nordafrika (um Casablanca, Oran und Algier). Vorgesehen ist, deutsche Kräfte am Mittelmeer zu binden, um dann von England aus die Invasion in Nordfrankreich zu planen. Daraufhin lässt Hitler ab dem 11. 11. das bisher unbesetzte Frankreich besetzen.

Am 22. 11. wird die deutsche 6. Armee in **Stalingrad** eingekesselt. Da Hitler einen rechtzeitigen Ausbruch verboten hat und auch eine Kapitulation ablehnt, wehrt sich die 6. Armee unter großen Verlusten, muss sich aber am 31.1./2. 2. ergeben. Die Niederlage markiert die Wende des Krieges.

1943 Auf der **Konferenz von Casablanca** vom 14. 1. bis 24. 1. beschließen Roosevelt und Churchill die Invasion Siziliens. Roosevelt fordert die bedingungslose Kapitulation Deutschlands und Japans.

Am 19. 4. beginnt der **Aufstand im Warschauer Getto.** Nachdem rund 300 000 Juden in die Vernichtungslager abtransportiert worden waren, versuchen die noch verbliebenen 60 000 das

Getto zu retten. Die Aufständischen werden bis zum 16. 5. fast vollständig vernichtet.

Am 10. 7. landen alliierte Truppen auf Sizilien. König Viktor Emanuel III. lässt Mussolini verhaften und ernennt Marschall Pietro Badoglio zum Ministerpräsidenten. Dieser schließt am 3. 9. einen Waffenstillstand mit den Alliierten. Deutsche Truppen besetzen Nord- und Mittelitalien und befreien Mussolini, der die **»Republik von Salò«** unter deutschem Schutz gründet.

Roosevelt, Churchill und Stalin einigen sich auf der **Konferenz von Teheran** (28. 11.–1. 12.) auf die Errichtung einer zweiten Front in Frankreich durch die Westalliierten und eine sowjetische Frühjahrsoffensive 1944. Die Diskussion über die Nachkriegspolitik gegenüber Deutschland wird wegen Gegensätzen vertagt.

1944 Die **Landung der Westalliierten** in der Normandie am 6. 6. (»D-Day«) bringt die Kriegswende im Westen. Der Überraschungsangriff gelingt: Nach sechs Tagen stehen 300 000 Soldaten auf französischem Boden, Ende Juli sind es 1,5 Millionen.

**MEILENSTEIN**

1944 **Aufrecht gegen die Tyrannei**

20. Juli Nur militärischer Widerstand konnte das Regime wirklich gefährden, wie das Scheitern mutiger Einzelkämpfer wie Georg Elser oder der »Weißen Rose« um Hans und Sophie Scholl bewies. Die militärische Opposition reichte weit zurück, doch erst als auch die Bevölkerung die Wende des Krieges 1943 spürte, konnte sie auf Erfolg hoffen. In der Widerstandsbewegung, die zum Umsturzversuch am 20. 7. führte, waren der konservative Kreis um Carl-Friedrich Goerdeler, der »Kreisauer Kreis«, der Adlige, Sozialdemokraten und Christen beider Konfessionen vereinte, zu dem militärischen Kreis um den früheren Generalstabschef des Heeres Ludwig Beck gestoßen. Kopf der Verschwörung war Claus Graf Schenk von Stauffenberg, der das Attentat mit Beck und Goerdeler vorbereitete und die doppelte Aufgabe übernahm, den Anschlag zu verüben – er hatte Zugang zu Hitlers La-

gebesprechungen – und den Putsch in Berlin zu leiten. Bei dem Attentatsversuch in Hitlers Hauptquartier »Wolfsschanze« in Ostpreußen wurde Hitler jedoch nur leicht verletzt. Der Putsch in Berlin brach zusammen, als die Nachricht kam, dass Hitler lebe. Einige der Beteiligten begingen daraufhin Selbstmord, Stauffenberg und andere wurden sofort erschossen, die meisten übrigen vom Volksgerichtshof zum Tod verurteilt.

Am 25. 8. zieht General **Charles de Gaulle,** der bereits am 3. 6. eine provisorische Regierung gebildet hat, in Paris ein. Im September erreichen die Alliierten die deutsche Grenze zwischen Trier und Aachen, das am 21. 10. eingenommen wird.

Ein Erlass Hitlers vom 25. 9. (am 18. 10. veröffentlicht) beruft alle waffenfähigen Männer zwischen 16 und 60 Jahren zum **»Deutschen Volkssturm«** ein. Während am 11. 10. die Rote Armee die Reichsgrenze in Ostpreußen überschreitet, bringt die Ardennenoffensive (16.–24. 12.) die Alliierten noch einmal zum Stehen.

1945 Am 12. 1. beginnt eine sowjetische Großoffensive. Am 17. 1. wird Warschau eingenommen, am 30. 1. ist die Oder erreicht.

MEILENSTEIN

1945 **In Jalta wird die neue Europakarte entworfen**

4. Februar Als sich der deutsche Zusammenbruch abzeichnete, trafen sich Roosevelt, Churchill und Stalin in Jalta auf der Krim, um über die Zukunft Deutschlands zu beraten. Auf den von Stalin geforderten Sicherheitsring aus Satellitenstaaten, der vom Baltikum über den Balkan bis Italien reichte, ließen sich Roosevelt und Churchill nur teilweise ein. Einig wurde man sich über die Grundzüge der Behandlung Deutschlands: Entwaffnung, Entnazifizierung, Einteilung in Besatzungszonen mit einem gemeinsamen Kontrollrat sowie die Auferlegung von Reparationen. Ostgrenze des wiederhergestellten Polen sollte die 1920 ungefähr entlang der polnisch-russischen Sprachgrenze vorgeschlagene Curzonlinie sein; für den großen territorialen Verlust im Osten

sollte Polen durch deutsche Ostgebiete (vorbehaltlich eines Friedensvertrags mit Deutschland) entschädigt werden. Ferner klärte die Konferenz Vorfragen zur Gründung der Vereinten Nationen.

Die Offensive der Westalliierten kommt am 8. 2. in Gang. Februar/März erobern sie das linksrheinische Gebiet und errichten einen amerikanischen **Brückenkopf in Remagen.** Am 25. 4. begegnen sich amerikanische und sowjetische Truppen in **Torgau** an der Elbe.

Am 16. 4. beginnt die Einschließung und Eroberung Berlins durch sowjetische Truppen, die am 29. 4. im Häuserkampf bis in das Regierungsviertel vordringen. Am 30. 4. begeht Hitler Selbstmord, nachdem er Großadmiral Karl Dönitz zu seinem Nachfolger als Reichspräsident ernannt hat. Am 2. 5. kapituliert Berlin.

Dönitz lässt Generaloberst Alfred Jodl am 7. 5. im alliierten Hauptquartier in Reims die **bedingungslose Kapitulation** unterschreiben. Dieser Akt wird am 8. 5. im sowjetischen Hauptquartier in Berlin-Karlshorst wiederholt. Ab 9. 5. herrscht Waffenruhe in Europa. Deutschland ist damit von außen von der Schreckensherrschaft des Nationalsozialismus befreit. Die von vielen Deutschen geduldete und mitgetragene Diktatur und die erbarmungslose, systematische Verfolgungs- und Vernichtungspolitik, die sich in verbrecherischer Weise gegen Juden, Sinti und Roma, Behinderte, Homosexuelle und andere missliebige Bevölkerungsgruppen gerichtet hatte, sind beendet; die Jahre zwischen 1933 und 1945 gehen als »dunkelstes Kapitel« in die deutsche Geschichte ein.

Dönitz und seine letzte Reichsregierung werden am 23. 5. verhaftet. In einer Erklärung vom 5. 6. übernehmen die vier Siegermächte die Hoheitsgewalt über Deutschland.

Mit den amerikanischen **Atombombenabwürfen** über Hiroshima und Nagasaki am 6. 8. bzw. 9. 8. endet auch der Krieg in Asien. Am 2. 9. kapituliert Japan offiziell.

1945

## Zwei Staaten unter Vorbehalt

# Bonner Republik und Deutsche Demokratische Republik

## 1945–1990

Noch während der ersten Nachkriegskonferenzen brach der Kalte Krieg aus und brachte die Teilung Deutschlands mit sich. Die Bundesrepublik Deutschland wurde in das westliche Bündnis eingebunden, die Deutsche Demokratische Republik in den Ostblock.

1990

# Neubeginn und Besatzungszeit

1945 Der Alliierte Kontrollrat übernimmt am 5. 6. die Regierungsgewalt in Deutschland und teilt das Gebiet in **vier Besatzungszonen** auf, für die jeweils die Militärgouverneure verantwortlich sind. Die Hauptstadt des Deutschen Reichs, Berlin, wird in vier Sektoren aufgeteilt und unter die Obhut der Alliierten Kommandantur gestellt, die dem Kontrollrat untersteht.

Mit dem Befehl Nr. 2 der Sowjetischen Militäradministration in Deutschland wird am 10. 6. die Bildung von Gewerkschaften und Parteien in ihrer Besatzungszone eingeleitet. Hierzu wurden deutsche Kommunisten und Widerstandskämpfer in Moskau geschult und anschließend nach Ostdeutschland gebracht. In diesem Zuge gründet die »Gruppe Ulbricht« um den späteren Generalsekretär und Staatsratsvorsitzenden der DDR, Walter Ulbricht, am 11. 6. die Kommunistische Partei Deutschlands neu.

Auf eine Anregung des im April 1945 verstorbenen amerikanischen Präsidenten Franklin D. Roosevelt hin werden am 26. 6. feierlich in San Francisco die **Vereinten Nationen (UNO)** gegründet. Diese globale Dachorganisation soll einen weiteren Weltkrieg verhindern und die Zusammenarbeit der Nationen fördern. Die »Charta der Vereinten Nationen« wird von den 50 Gründungsmitgliedern unterzeichnet. Deutschland gehört nicht zu ihnen.

Mit der **Bildung der Sowjetischen Besatzungszone (SBZ)** am 9. 7. entstehen dort auch die ersten Länder. Sie dienen lediglich der Verwaltung, da die Sowjetunion eine zentralistische Struktur für ihre Besatzungszone plant.

MEILENSTEIN

1945 **Die Teilung Deutschlands beginnt**

17. Juli Mit Franklin D. Roosevelts Tod im Frühjahr 1945 war die »Anti-Hitler-Koalition« des Zweiten Weltkriegs zerbrochen. Auf der Potsdamer Konferenz, der vom 17. 7. bis zum 2. 8. tagenden Nachkriegskonferenz, nahm von den ehemaligen Verbündeten nur noch Stalin teil – Harry S. Truman war Roosevelt im Amt gefolgt und vertrat die USA, Winston Churchill hatte eine empfindliche Wahlniederlage erlitten und wurde am 28. 7. vom neuen britischen Premierminister Clement Attlee, einem Labourpolitiker, abgelöst. Die Verhandlungen der drei großen Mächte gestalteten sich daher fortan schwieriger als zuvor. Einstimmigkeit erzielten die Großmächte über eine Aufteilung des Deutschen Reichs, über die Entnazifizierung und den Umgang mit der Wirtschaft und der Bevölkerung Deutschlands. Jede der vier Besatzungsmächte sollte in der jeweiligen Zone politische Handlungsfreiheit erhalten. Darüber hinaus verständigten sich die Siegermächte über die Reparationszahlungen, den Umgang mit Kriegsverbrechern sowie der Entmilitarisierung Deutschlands. Die Beschlüsse wurden im Potsdamer Abkommen festgehalten.

In der amerikanischen Besatzungszone werden zum 19. 9. die Bundesländer Hessen, Württemberg-Baden und Bayern geschaffen. Im Gegensatz zur UdSSR bevorzugen die USA ein föderales System in Deutschland.

Am 20. 11. beginnen die von der Weltöffentlichkeit mit Spannung erwarteten **Nürnberger Prozesse,** die sich inklusive der zwölf Nachfolgeprozesse bis zum 14. 4. 1949 hinziehen. Ein internationales Militärtribunal ahndet die von Deutschen im Namen des Nationalsozialismus begangenen Verbrechen. Das NS-Führerkorps, Gestapo, SD und SS werden zu verbrecherischen Organisationen erklärt. Von den Hauptkriegsverbrechern werden zwölf zum Tod und sieben zu langen Freiheitsstrafen verurteilt. Die Nürnberger Prozesse stellen eine Zäsur in der Entwicklung des Völkerrechts dar: Erstmals wurden Angehörige einer Staatsführung wegen völkerrechtlicher Verbrechen zur Rechenschaft gezogen.

1946 Mit der Direktive Nr. 24 beginnt am 12. 1. die **Entnazifizierung** in Deutschland. Der Alliierte Kontrollrat entfernt Nationalsozialisten und politische Gegner der neuen Ordnung aus öffentlichen Ämtern und von Führungspositionen aus der Wirtschaft.

Der Vereinigungsparteitag am 21./22. 4. beginnt in Berlin. KPD und SPD schließen sich in der Sowjetischen Besatzungszone zur **Sozialistischen Einheitspartei Deutschlands (SED)** zusammen. Die Sozialdemokraten in Westberlin sprechen sich gegen einen Zusammenschluss aus, sodass die SED lediglich in der SBZ gegründet wird. Als Reaktion darauf lädt Kurt Schumacher am 9. 5. die Sozialdemokraten der westlichen Besatzungszonen ein und gründet die Sozialdemokratische Partei Deutschlands (SPD) neu. In der Zwischenzeit hatte sich auch aus überkonfessionell christlichen und konservativen Strömungen in allen vier Besatzungszonen die Christlich Demokratische Union Deutschlands (CDU) herausgebildet. 1948 entsteht die Freie Demokratische Partei (FDP) als Plattform des Liberalismus.

Die USA schlagen am 1. 7. vor, die Besatzungszonen zusammenzuführen. Dies scheitert jedoch am Widerstand Frankreichs sowie der Sowjetunion. Daher beschließen die Militärgouverneure Großbritanniens und der USA am 5. 9. die Schaffung einer **Bizone,** um die Verwaltung durch die Einrichtung von Zentralstellen zu erleichtern.

In der Britischen Besatzungszone werden die Länder Nordrhein-Westfalen, Schleswig-Holstein (beide am 23. 8.) und Niedersachsen (26. 10.) geschaffen.

1947 Die amerikanischen und britischen Zonen schließen sich am 1. 1. in Westdeutschland zur Bizone zusammen, deren Verwaltungsstruktur in vieler Hinsicht die spätere politische Ordnung der Bundesrepublik Deutschland vorwegnimmt. In der sowjetischen Zone prägen sich unterdessen Grundzüge einer sozialistischen

Ordnung aus. Unterdessen verhärten sich im beginnenden Kalten Krieg die Fronten zwischen Ost und West weiter.

Der Staat **Preußen**, seine Zentralregierung und alle nachgeordneten Behörden werden am 25. 2. durch das Kontrollratsgesetz Nr. 46 aufgelöst. Dieser Tag markiert das Ende der ehemaligen Großmacht Preußen.

Vor dem US-Kongress verkündet Präsident Harry S. Truman am 12. 3. als Leitlinie der künftigen amerikanischen Politik die Eindämmung kommunistischer Bestrebungen, die als **Trumandoktrin** bekannt wird. Die Londoner Konferenz der Außenminister der vier Besatzungsmächte scheitert am 15. 12.: Über der Frage nach der Einheit Deutschlands kommt es zum Bruch zwischen den USA und der UdSSR, die eine Beteiligung über die Kontrolle des Ruhrgebiets und Reparationen aus dem Ertrag Gesamtdeutschlands fordern. Sie legen genau wie Frankreich ein Veto zur Errichtung einer gemeinsamen Zentralverwaltung für alle Besatzungszonen ein.

US-Außenminister George C. Marshall kündigt am 5. 6. in Harvard ein umfangreiches Hilfsprogramm für Europa an. Dieser **»Marshallplan«**, das wirtschaftliche Wiederaufbauprogramm der USA, beinhaltet Kredite, Rohstoff- und Warenlieferungen. Es hat zum Ziel, zunächst die hungernde Bevölkerung Europas zu versorgen, die Ausbreitung der sowjetischen Macht einzudämmen sowie einen Absatzmarkt für amerikanische Produkte zu schaffen. Bis 1952 nehmen 16 Staaten die Hilfe von insgesamt 16,2 Milliarden US-Dollar in Anspruch.

Als Reaktion auf den großen Flüchtlingsstrom europäischer Juden nach **Palästina** verabschieden die Vereinten Nationen am 29. 11. einen Teilungsplan für Palästina. Nach Abzug der britischen Besatzungstruppen proklamiert der israelische Premierminister David Ben Gurion 1948 den Staat Israel.

1948 Die Gegensätze in der deutschen Frage unter den Alliierten spitzen sich zu. Stein des Anstoßes ist die eingeleitete Währungsreform im Westen. Am 1. 3. nimmt die Bank deutscher Länder ihre Arbeit auf. Mit der **Währungsreform** von 21. 6. wird die Deutsche Mark in den westlichen Besatzungszonen eingeführt. Die UdSSR führt in der SBZ ab dem 23. 6. eine eigene Währung ein und versucht zugleich ab dem 24.6., durch eine **Blockade Berlins** die Währungsreform in den Westzonen und die Weststaatsgründung zu verhindern. Westberlin wird von den Westalliierten bis zum Ende der Blockade am 12. 5. 1949 über eine Luftbrücke durch die »Rosinenbomber« mit Waren und Lebensmitteln versorgt.

In der Londoner Sechsmächtekonferenz werden die drei **Frankfurter Dokumente** ausgearbeitet, die die Bedingungen für die Gründung eines westdeutschen Staates festlegen, der in das europäische Wiederaufbauprogramm mit einbezogen werden soll. Am 1. 7. übergeben die drei Militärgouverneure der Besatzungszonen die Frankfurter Dokumente den westdeutschen Ministerpräsidenten, die vom 8. 7. bis zum 10. 7. auf der »Rittersturzkonferenz« die Gründung der Bundesrepublik Deutschland beschließen. Schließlich konstituiert sich am 1. 9. der **Parlamentarische Rat** in Bonn aus Mitgliedern der einzelnen Landtage. Er ist mit der Aufgabe betraut, das Grundgesetz der Bundesrepublik zu verfassen.

In Berlin macht sich die deutsche Teilung besonders bemerkbar. Die kommissarische Berliner Oberbürgermeisterin Louise Schröder (SPD) entlässt am 26. 8. den Berliner Polizeipräsidenten Paul Markgraf (SED). Immer wieder kommt es in der Folge zu Demonstrationen beider Seiten. Der spätere Regierende Bürgermeister von Berlin, Ernst Reuter (SPD), hält auf einer Demonstration am 9. 9. seine berühmt gewordene Rede mit dem Aufruf an die Westmächte, Berlin nicht aufzugeben: »Ihr Völker der Welt, schaut auf diese Stadt!« Er wird zur Symbolfigur des Widerstands gegen die Berlinblockade.

# Gründerjahre in Ost und West

1949 Als sozialistischer Gegenentwurf zum Marshallplan unterzeichnen sechs Vertreter aus den Staaten des Ostblocks am 18. 1. in Moskau das Protokoll zur Gründung des **Rates für gegenseitige Wirtschaftshilfe (RGW).**

Auf dem Weg zum Grundgesetz fordern die Westalliierten am 3. 3. Nachbesserungen der föderalen Struktur des neuen Staates.

Die Sowjetunion hebt nach langen Verhandlungen am 12. 5. die Berlinblockade auf. Am 15. 5. stimmen 66,1 % in der Sowjetischen Besatzungszone für die Kandidaten der Einheitsliste.

Zeitgleich zur deutschen Teilung entwickeln sich die transnationalen Bündnisse. Am 4. 4 wird die **North Atlantic Treaty Organization (NATO)** gegründet, ein Verteidigungsbündnis aus nordamerikanischen und westeuropäischen Staaten. Ebenso gründen zehn westeuropäische Staaten am 5. 5. den **Europarat.**

MEILENSTEIN

1949 **Das Grundgesetz tritt in Kraft**

23. Mai Die drei westlichen Besatzungsmächte waren sich uneins. Großbritannien favorisierte einen Zentralstaat aus allen vier Besatzungszonen, die USA bevorzugten einen föderativen Staat aus den westlichen Zonen; Frankreichs Ziel war lediglich ein geschwächtes Deutschland. Auf der Basis der Frankfurter Dokumente und des vom Verfassungskonvent von Herrenchiemsee vorgelegten Entwurfs arbeiteten die 65 Mitglieder des Parlamentarischen Rats, alle gewählt durch die Landtage der westlichen Besatzungszonen, in zähen Verhandlungen untereinander und mit den Westalliierten das Grundgesetz aus; auf der letzten Sitzung des Plenums wurde es mehrheitlich angenommen und verkündet. Das Grundgesetz war ursprünglich nicht als dauerhaft und nur für die westlichen Besatzungszonen gedacht; daher ver-

zichtete man bewusst auf die Bezeichnung »Verfassung«. Mit dem Grundgesetz wurden die Rahmenbedingungen für den westdeutschen Staat getroffen: Demokratie, Republik, Sozialstaat, Rechtsstaat und eine föderale Struktur wurden festgelegt. Darüber hinaus regelte es die Staatsorganisation und gewährte den deutschen Bürgern ihre individuellen Freiheiten. In der Präambel des Grundgesetzes wurde als Zielvorgabe die Wiedervereinigung formuliert.

Auf der Außenministerkonferenz in Paris am 20.6. kommt keine Einigung in der deutschen Frage zustande.

MEILENSTEIN

1949 **Der erste Deutsche Bundestag wird gewählt**

14. August Vernachlässigt man die Landtagswahlen in den Bundesländern 1946, so war die Wahl zum ersten Deutschen Bundestag die erste freie Wahl seit 1932 in Deutschland. Seit der Befreiung vom Nationalsozialismus hatten sich in Westdeutschland mehrere Parteien gebildet und wiedergegründet, unter ihnen die »alte« SPD. Die neu geformte CDU dagegen war eine überkonfessionelle Partei mit konservativem Charakter, die den Parteien ähnlicher politischer Einstellung – etwa dem katholischen Zentrum – bald den Rang ablief. Bei der Bundestagswahl siegte die CDU/CSU bei einer Wahlbeteiligung von 78,5 % mit 31 % der Stimmen knapp vor der SPD mit 29,2 % sowie der FDP mit 11,9 %. Im Bundestag bildete sich eine Regierungskoalition aus CDU/CSU, FDP und der Deutschen Partei (DP), die den damals 73 Jahre alten ehemaligen Kölner Oberbürgermeister und Vorsitzenden des Parlamentarischen Rats, Konrad Adenauer (CDU), zum ersten Bundeskanzler wählte – mit dem denkbar knappsten Vorsprung von einer Stimme! Adenauer, der Kanzler des »Wirtschaftswunders«, der sich für eine enge Anbindung an den Westen und eine Aussöhnung mit Frankreich einsetzte, entwickelte sich dennoch rasch zu einer Identifikationsfigur des neuen Staates.

Seit dem 29. 8. ist auch die Sowjetunion im Besitz einer Atombombe. Das Kernwaffenmonopol der USA ist gebrochen.

Am 7. 9. tritt zum ersten Mal der Bundestag zusammen, am 15. 9. wird **Konrad Adenauer** (CDU) zum ersten Bundeskanzler gewählt. Bundeswirtschaftsminister wird **Ludwig Erhard,** der mit dem Konzept der sozialen Marktwirtschaft eine wesentliche Voraussetzung für den wirtschaftlichen Aufschwung der Bundesrepublik durchsetzt. Als erster Bundespräsident wird am 12. 9. der Politiker und Journalist Theodor Heuss (FDP) von der Bundesversammlung gewählt; sein Gegenkandidat ist Kurt Schumacher (SPD). Als Reaktion auf die Gründung der Bundesrepublik erfolgt am 7. 10. durch die Konstituierung des Zweiten Deutschen Volksrates der Sowjetischen Besatzungszone die **Gründung der Deutschen Demokratischen Republik (DDR).** Aus dem Zweiten Deutschen Volksrat wird die provisorische Volkskammer gebildet. Hauptstadt wird Ostberlin. In der DDR finden am 11. 10. Wahlen zur provisorischen Länderkammer statt. Zusammen mit der provisorischen Volkskammer wählt sie **Wilhelm Pieck** zum ersten und einzigen Präsidenten der DDR. Erster Ministerpräsident der DDR wird **Otto Grotewohl.**

Die Sowjetunion, die zuvor die Gründung der Bundesrepublik mehrfach als Vertragsbruch unter den Besatzungsmächten verurteilt hat, erkennt am 15. 10. die DDR offiziell an. Beide nehmen diplomatische Beziehungen miteinander auf. In der Folge errichtet die DDR diplomatische Beziehungen mit Polen, der Tschechoslowakei, Ungarn, Rumänien, Bulgarien und China. Der Text »Auferstanden aus Ruinen« von Johannes R. Becher wird mit der Melodie von Hanns Eisler zur Nationalhymne der DDR und am 6. 11. erstmals vorgestellt.

Im Alleingang schließt Bundeskanzler Adenauer am 22. 11. das **Petersberger Abkommen** mit den Alliierten. Die Bundesrepublik verpflichtet sich darin, gegen jede Form von Totalitarismus und Kartellbildung vorzugehen. Die internationale Ruhrbehörde erhält die Aufsicht über die deutsche Schwerindustrie. Im Gegenzug erhält die Bundesrepublik das Beitrittsrecht zum Europarat sowie das Recht, diplomatische Beziehungen mit anderen Ländern aufzunehmen, die Demontage der Industrie wird eingestellt und die Unterstützung durch den Marshallplan fortgesetzt.

1950 Im Görlitzer Abkommen mit Polen vom 6. 6. erkennt die DDR-Regierung die Oder-Neiße-Grenze als Westgrenze Polens an.

Der Deutsche Bundestag beschließt am 15. 6. den Beitritt zum Europarat.

**Walter Ulbricht** wird am 25. 7. auf der konstituierenden Sitzung des Zentralkomitees SED-Generalsekretär.

Die Außenminister der drei Besatzungsmächte erklären auf ihrer Konferenz am 19. 9. in New York, dass sie die Bundesregierung in **Bonn,** das der Bundestag 1949 zur vorläufigen Hauptstadt der Bundesrepublik erklärt hatte, als einzige gesetzlich legitimierte Regierung auf deutschem Boden anerkennen. Die DDR tritt am 29. 9. dem Rat für gegenseitige Wirtschaftshilfe bei.

MEILENSTEIN

1950 **Eine »neue« Art Parlament**

15. Oktober Im Herbst 1950 waren die Wahlen zur ersten Volkskammer geplant. Zuvor wurden jedoch alle Parteien sowie mehrere Verbände in der DDR trotz großen Protests zur »Einheitsliste der Nationalen Front« zusammengeschlossen. Am 15. 10. erfolgte dann die Wahl zur ersten Volkskammer – verspätet und nach einem anderen System als geplant. Die von der SED dominierte Einheitsliste erzielte den Angaben zufolge 99,3 % der Stimmen. Diese Wahlen fanden nicht geheim, sondern offen, ohne die Benutzung einer Wahlkabine, statt und waren vielerorts gefälscht. Die Volkskammer war der Auffassung der UdSSR und der SED zufolge kein Parlament im Sinn einer repräsentativen Demokratie, sondern eine neue Art Volksvertretung. Sie sollte die Einheit zwischen politischer Führung und Bevölkerung auf beson-

dere Weise herstellen und Parteienegoismus, den Einfluss von Wirtschaft und Kapital, persönliche Bereicherungen sowie eine blockierende Gewaltenteilung verhindern. Die eigentliche Macht im neuen Staat hatte das neu geschaffene Zentralkomitee (ZK) der SED inne.

1951 Der Bundesrepublik Deutschland gelingt es, sich schrittweise von den Besatzungsmächten zu emanzipieren. Bundespräsident Theodor Heuss stellt am 1. 1. die **dritte Strophe des Deutschlandliedes als Nationalhymne** vor (»Einigkeit und Recht und Freiheit«). Darüber hinaus nimmt das neue Außenministerium am 15. 3. unter Konrad Adenauer, der nun in Personalunion Bundeskanzler und Außenminister ist, seine Arbeit auf. Daraufhin wird am 16. 3. der Bundesgrenzschutz eingerichtet.

MEILENSTEIN

1951 **Zusammen in und für Europa**

18. April Die Europäische Gemeinschaft für Kohle und Stahl (EGKS), häufig auch als Montanunion bezeichnet, steht am Beginn des Europäisierungsprozesses. Der am 18. 4. von Frankreich, der Bundesrepublik Deutschland, Italien, Belgien, den Niederlanden und Luxemburg unterzeichnete EGKS-Vertrag trat am 23. 7. 1952 in Kraft. Angestoßen wurde dieser Prozess auf die Initiative des französischen Außenministers Robert Schuman. Dem Vorschlag der gemeinsamen Kontrolle der kriegsgrundlegenden Montanindustrie stimmte Bundeskanzler Konrad Adenauer sofort zu. Der Kanzler sah darin eine Chance für den Fortbestand des Ruhrgebiets, das noch unter Kontrolle der Siegermächte stand und in dem die Industrieanlagen demontiert wurden. Schuman beabsichtigte mit der Montanunion, den inneren Frieden der Mitgliedsländer durch gegenseitige Kontrolle zu wahren. Zudem konnte sich Frankreich so Zugang zum Ruhrgebiet, dem an Bodenschätzen reichsten Gebiet der sechs Mitgliedsländer, verschaffen.

Der Europarat beschließt am 1. 5. die Aufnahme der Bundesrepublik, die am 11. 7. auch Mitglied der UNESCO wird.

Nachdem bereits ab dem 9. 9. 1951 erste juristische Entscheidungen getroffen werden, nimmt nun auch das **Bundesverfassungsgericht** am 28. 9. seine Arbeit in Karlsruhe auf. Errichtung, Aufgaben und Besetzung sind durch das Grundgesetz geregelt.

1952 Mit der **Stalinnote** vom 10. 3. bietet die Sowjetunion die deutsche Wiedervereinigung unter der Bedingung der Neutralität eines vereinigten Deutschlands an; dies wird vom Westen jedoch abgelehnt.

Baden-Württemberg wird am 25. 4. – nachdem sich die Bewohner des späteren Bundeslandes am 9. 12. 1951 in einer Volksabstimmung mehrheitlich für den »Südweststaat« ausgesprochen haben – aus Württemberg-Baden aus der amerikanischen sowie Baden und Württemberg-Hohenzollern aus der französischen Besatzungszone gegründet.

Der **Deutschlandvertrag** vom 26. 5. regelt das Ende des Besatzungsstatuts in der Bundesrepublik Deutschland mit den drei westlichen Besatzungsmächten und gibt der Bundesrepublik die Rechte eines souveränen Staates.

SED-Generalsekretär Walter Ulbricht verkündet auf der 2. Parteikonferenz der SED am 9.7., dass der Aufbau des Sozialismus nach Vorbild der Sowjetunion planmäßig verläuft. Am 23. 7. löst die Volkskammer die fünf Länder der DDR auf und bildet stattdessen 14 Bezirke.

Politische Repression und wirtschaftliche Missstände bewirken eine massenhafte Auswanderung der auch nach 1947 noch verbliebenen Deutschen aus ihrer Heimat in Mittel- und Osteuropa. Bis 1950 sind etwa 12,5 Millionen Deutsche vertrieben worden, davon etwa 7,9 Millionen nach Westdeutschland und 4,1 Millionen in die SBZ/DDR. Das Gesetz für den **Lastenausgleich** vom 14. 8. sucht einen Ausgleich der Vermögensschäden und -verluste der Vertriebenen und Aussiedler zu schaffen.

Gegen die Stimmen der SPD treibt Bundeskanzler Adenauer die Westintegration der Bundesrepublik Deutschland weiter voran, die am 14. 8. dem Internationalen Währungsfond beitritt und am 10. 9. ein **Wiedergutmachungsabkommen mit Israel** schließt, wonach die Bundesrepublik innerhalb der nächsten zwölf Jahre Warenlieferungen von drei Milliarden Dollar nach Israel tätigt.

In beiden deutschen Staaten beginnt zu Weihnachten das Zeitalter des Fernsehens. In der DDR wird ab dem 21. 12. jeweils zwei Stunden täglich gesendet. In der Bundesrepublik beginnt der Nordwestdeutsche Rundfunk ab dem 25. 12. mit regelmäßigen Sendungen.

1953 Stalin stirbt am 5. 3. Als sein Nachfolger kann sich **Nikita Chruschtschow** durchsetzen, der innenpolitische Reformen in Angriff nimmt (»Tauwetter«).

MEILENSTEIN

1953 **Der erste Aufstand im Ostblock**

17. Juni Walter Ulbricht hatte auf der 2. Parteikonferenz im Juli des Vorjahres den planmäßigen Aufbau des Sozialismus nach sowjetischem Vorbild verkündet. Dies bedeutete, dass Bauern mit mehr als 100 Hektar Grundbesitz enteignet, die gesamte Industrie verstaatlicht und die Planwirtschaft eingeführt wurde. Zudem wurde die Arbeitsnorm um 10,3 % erhöht, was am 16. 6. 10 000 Demonstranten in Ostberlin auf die Straße brachte. Als die Regierung unter dem Druck der Massen die Rücknahme der Norm bewilligte, stellten die Demonstranten neue Forderungen wie freie Wahlen in der DDR. Sie riefen zum Generalstreik am folgenden Tag auf. Schon in den frühen Morgenstunden des nächsten Tages waren Tausende Menschen überall in der DDR auf der Straße. Bis am Abend waren es über drei Millionen Menschen. Sie alle forderten freie und geheime Wahlen. Der sowjetische Militärbefehlshaber, Generalmajor Pawel Dibrowa, übernahm daher die Kontrolle, verhängte den Ausnahmezustand und ließ den Aufstand gewaltsam niederschlagen. Ab 1954 war der 17. 6. Gedenktag, ab 1963 der Nationalfeiertag der Bundesrepublik.

Bei der zweiten Bundestagswahl am 6. 9. wird Konrad Adenauer als Kanzler bestätigt. Die Unionsparteien erhalten 45,2 % der Stimmen. Die SPD erreicht mit ihrem Spitzenkandidat, dem Partei- und Fraktionsvorsitzenden Erich Ollenhauer, 28,8 %.

1954 Mit dem Beitritt Italiens und der Bundesrepublik wird der Brüsseler Pakt, der am 17. 3. 1948 von Frankreich, Großbritannien, Belgien, den Niederlanden und Luxemburg unterzeichnet wurde, zur **Westeuropäischen Union (WEU)** erweitert. Die Pariser Verträge vom 23. 10. heben das Besatzungsregime in der Bundesrepublik Deutschland auf.

MEILENSTEIN

1954 **Das »Wunder von Bern«**

4. Juli Als Außenseiter war die Auswahl des DFB unter Leitung von Bundestrainer Sepp Herberger zur 5. Fußballweltmeisterschaft in die Schweiz gefahren. Doch die bundesdeutsche Mannschaft konnte sich bis in das Finale vorkämpfen. Mit mannschaftlicher Geschlossenheit gelang es der Mannschaft, die seit Jahren ungeschlagenen Ungarn im Berner Wankdorfstadion zu besiegen. Noch in der ersten Halbzeit holte die Mannschaft um Spielführer Fritz Walter vom 1. FC Kaiserslautern den 0:2-Rückstand wieder auf. Kurz vor Ende der Partie erzielte der Stürmer Helmut Rahn seinen zweiten Treffer zum 3:2-Endstand. Das Spiel wurde von Radiokommentator Herbert Zimmermann in die deutschen Haushalte gebracht. Vor den wenigen Fernsehgeräten versammelten sich Menschenmassen, um den Triumph der Mannschaft live mitzuerleben. Der Sieg wurde in beiden deutschen Staaten bejubelt. Im Westen gab er der Bevölkerung verlorenes Selbstbewusstsein zurück; in leichter Verklärung wird er daher oft als die »eigentliche Geburt der Bundesrepublik« dargestellt.

Theodor Heuss (FDP) wird in der Wahl zum Bundespräsidenten am 17. 7. mit überwältigender Mehrheit im Amt bestätigt.

# Aufbau und Wirtschaftswunder

1955 Die **Pariser Verträge** treten am 5. 5. in Kraft. Die Bundesrepublik Deutschland erhält die volle Staatssouveränität. Die Alliierte Hohe Kommission wird aufgelöst, die Bundesrepublik tritt der NATO bei und gründet nach heftigen Debatten die **Bundeswehr.**

Die Sowjetunion, Polen, die Tschechoslowakei, die Deutsche Demokratische Republik, Ungarn, Rumänien, Bulgarien und Albanien gründen am 14. 5. den **Warschauer Pakt.**

Zum ersten Mal seit dem Ende des Zweiten Weltkrieges treffen die vier Siegermächte zusammen. Frankreich war bei den Nachkriegskonferenzen nicht vertreten. Auf der **Genfer Gipfelkonferenz** vom 18. 7. bis zum 23. 7. erzielen sie allerdings keinen Durchbruch in der deutschen Frage und in Fragen der Abrüstung.

Am 8. 8. läuft der 1 000 000ste **Volkswagen** vom Band. Der »Käfer«, ein Symbol für den nicht immer konsequent vollzogenen Bruch mit dem nationalsozialistischen Regime (das Volkswagenwerk in Wolfsburg war 1937 gegründet worden) wie für das »Wirtschaftswunder« und die neu gewonnene Reisefreiheit der Westdeutschen, ist das meistverkaufte Auto der Welt.

Vom 9. 9. bis zum 13. 9. besucht Bundeskanzler Adenauer Moskau. Beide Seiten beschließen, diplomatische Beziehungen zueinander aufzunehmen. Adenauer erreicht zudem, dass die **letzten Kriegsgefangenen** des Zweiten Weltkrieges nach Deutschland zurückkehren dürfen.

1956 Die Volkskammer beschließt am 18. 1. die Schaffung einer **Nationalen Volksarmee.**

Die Olympischen Winterspiele im italienischen Cortina d'Ampezzo vom 26. 1. bis zum 5. 2. werden als erste Winterspiele im Fernsehen übertragen. Die Nationalen Olympischen Komitees der beiden deutschen Staaten hatten sich auf eine **gesamt-**

**deutsche Olympiamannschaft** verständigt. Auch bei der Sommerolympiade im australischen Melbourne vom 22. 11. bis zum 8. 12. tritt eine gesamtdeutsche Mannschaft an. In beiden Fällen fungiert eine schwarz-rot-goldene Flagge mit den fünf Olympiaringen als Fahne und Beethovens »Freude schöner Götterfunken« als Hymne.

MEILENSTEIN

1957 **Neu im Bund**

1. Januar Frankreich versuchte, eine Abspaltung des Saarlands von Deutschland zu erzwingen, und gliederte es im Februar 1946 aus seiner Besatzungszone aus. Doch in den darauffolgenden Jahren behinderte der Status des Saarlands die deutsch-französische Versöhnung. Daher einigten sich beide Seiten am 24. 10. 1954 darauf, dass das Saarland bis zu einem endgültigen Friedensvertrag unter die Verwaltung der Westeuropäischen Union gestellt werden sollte. Die Politik sah hierfür eine Volksabstimmung vor, in der die Saarländer das Saarstatut mit der Mehrheit von 67,7 % der Stimmen am 23. 10. 1955 ablehnten. Das eindeutige Ergebnis wurde als Wunsch des Saarlands zum Anschluss an die Bundesrepublik gewertet. Daher wurde am 27. 10. 1956 in Luxemburg der Saarvertrag geschlossen, der den Beitritt des Saarlands nach Artikel 23 des Grundgesetzes regelte. Allerdings bestand bis zum 6. 7. 1959 eine wirtschaftliche Teilabhängigkeit zu Frankreich. Erst danach wurde auch im Saarland die D-Mark eingeführt.

Die DDR bemüht sich um Ausgleich mit dem Westen. Daher schlägt Walter Ulbricht am 30. 1. eine Konföderation beider deutschen Staaten mit paritätisch besetztem Rat vor.

MEILENSTEIN

1957 **Richtungsweisendes aus Rom**

25. März Bereits zuvor hatte es mehrere Kooperationen verschiedener europäischer Länder gegeben. Doch allgemein gilt die

Unterzeichnung der »Römischen Verträge« durch Vertreter Belgiens, der Bundesrepublik Deutschland, Frankreichs, Italiens, Luxemburgs und der Niederlanden als die Geburt Europas bzw. des europäischen Einigungsprozesses. Mit dem Vertrag zur Europäischen Wirtschaftsgemeinschaft (EWG) und dem Vertrag zur Europäischen Atomgemeinschaft (EURATOM) legten die Unterzeichner das Fundament für den Europäisierungsprozess. Der EWG-Vertrag umfasste einen Europäischen Sozialfond; Darlehen von einer Europäischen Investitionsbank sollten strukturschwache Gebiete fördern. Der Europäische Entwicklungsfonds wurde für die Unterstützung ehemaliger Kolonien in Afrika, im Pazifikraum oder in der Karibik eingerichtet. Der Beitritt der Bundesrepublik zur EURATOM war unumgänglich, da die USA dies zur Bedingung für eine Zusammenarbeit in der Atomforschung machte.

Die **Deutsche Bundesbank** mit Sitz in Frankfurt am Main folgt ab dem 26. 5. der Bank deutscher Länder nach.

Im September findet die Wahl zum dritten Bundestag statt. Abermals gelingt es Adenauer, die Regierungsmehrheit zu behaupten. Er ist auf dem Höhepunkt seiner Macht und erreicht mit 50,2 % die absolute Mehrheit vor der SPD mit 31,8 %.

Die Bundesrepublik Deutschland bricht am 19. 10. ihre diplomatischen Beziehungen zu Jugoslawien ab, weil der Balkanstaat seinerseits diplomatische Beziehungen zur DDR aufnimmt. Dies ist der erste von zwei Fällen, in dem die Bundesrepublik aufgrund des Alleinvertretungsanspruchs die **Hallsteindoktrin** anwendet.

1958 Vom 1. 10. bis zum 2. 3. 1960 ist der amerikanische Rock-'n'-Roll-Star Elvis Presley im hessischen Friedberg stationiert und löst eine Welle der Begeisterung in Deutschland aus.

Im Herbst kommt es zur **Berlinkrise**. Walter Ulbricht erklärt am 27. 10. ganz Berlin dem Hoheitsgebiet der DDR zugehörig. Zudem unterstreicht Chruschtschow am 10. 11. die Haltung des Ostblocks und fordert vom Westen die Aufgabe der drei Berliner Sektoren. Die Stadt solle als Freie Stadt Berlin unabhängig sein.

Die UdSSR kündigt den Viermächtestatus Berlins am 27. 11. auf und stellt dem Westen ein Ultimatum von sechs Monaten zum Truppenabzug aus Westberlin.

Die Außenminister der drei Westmächte geben am 14. 12. ihre Entschlossenheit kund, Berlin zu halten. Zwei Tage später folgt die entsprechende Erklärung der NATO und am 18. 12. die der Versammlung der Westeuropäischen Union (WEU).

1959 Am 5. 1. lehnt die Bundesrepublik die Vorschläge der DDR und der UdSSR kategorisch ab. Sie geht keine Konföderation mit der DDR ein, lehnt auch die Pläne zur Freien Stadt Berlin ab und erkennt auch die DDR nicht als souveränen Staat an.

In Genf kommen vom 11. 5. bis zum 5. 8. die Außenminister der Besatzungsmächte sowie Vertreter der Bundesrepublik und der DDR zur **Deutschlandkonferenz** zusammen. Auch sie können die Berlinkrise wie auch das Treffen zwischen Chruschtschow und Eisenhower am 25. 9. in Camp David nicht beenden. Schließlich lässt die UdSSR das verlängerte Ultimatum auslaufen, da sie keine Chance auf die Verwirklichung ihrer Berlinpläne sieht.

Bundespräsident Theodor Heuss (FDP) lehnt eine Änderung des Grundgesetzes ab, durch die er eine dritte Amtszeit als Bundespräsident hätte begehen können. Sein Nachfolger wird am 1. 7. der bisherige Ernährungsminister Heinrich Lübke (CDU) mit 49,8 % der Stimmen.

## Aufbruch in den »wilden Sechzigerjahren«

1960 In der Bundesrepublik tritt am 1. 1. das **Atomgesetz** zur friedlichen Gewinnung von Atomenergie in Kraft.

Ab dem 9. 9. dürfen Bürger der Bundesrepublik nicht ohne besondere Genehmigung nach Ostberlin reisen. Zusätzlich erhalten

die Einwohner der DDR künftig kein Visum für Aufenthalte außerhalb des Gebietes des Warschauer Paktes.

Nach dem Tod des ersten und einzigen Staatspräsidenten der DDR, Wilhelm Pieck, wird dieses Amt abgeschafft. Der Staatsrat gilt nun als kollektives Staatsoberhaupt, dem ab dem 12. 9. Walter Ulbricht vorsteht.

1961 Bei der Wahl zum vierten Bundestag am 17. 9. verliert die CDU/CSU ihre absolute Mehrheit, kann aber 45,3 % der Stimmen für sich holen. Die SPD erreicht unter Kanzlerkandidat Willy Brandt 36,2 % der Stimmen und kann sich im Vergleich zur letzten Bundestagswahl verbessern. Konrad Adenauer wird am 7. 11. erneut zum Bundeskanzler gewählt und bildet eine Regierung aus CDU/CSU und FDP.

MEILENSTEIN

1961 **Der deutschen Teilung folgt die Teilung Berlins**

13. August Sie war das Symbol des Ost-West-Konflikts und der Teilung Deutschlands: die Berliner Mauer. Da nach Kriegsende immer mehr Einwohner der DDR nach Westberlin flüchteten, begann die DDR-Führung mit dem Ausbau ihrer Grenze zu Westberlin. Neben den Schlagbäumen errichteten sie Zäune und Wachposten. Doch weiterhin gelang vielen Einwohnern der DDR die Flucht – bis zum Mauerbau waren es insgesamt 3,5 Millionen. Bereits ab 1952 existierten in der DDR geheime Pläne, die 45,1 km lange innerstädtische Grenze zu schließen. Aufgrund der mangelnden Zustimmung der Sowjetunion und der Verkehrslage in Berlin wurde dies aber nicht umgesetzt. Am 15. 6. sprach Ulbricht als Erster öffentlich von einer Mauer. In der Nacht vom 12. 8. auf den 13. 8. riegelten 15000 Polizisten und Soldaten die Grenze zu Westberlin und die Stationen der öffentlichen Verkehrsmittel ab. In den nächsten Tagen wurde weitere Zäune – und schließlich die Berliner Mauer – errichtet.

1962 Vom 14. 10. bis zum 28. 10. kommt es zur **Kubakrise** zwischen den USA und der UdSSR, die sich am Bau von Abschussbasen für sowjetische Mittelstreckenraketen auf Kuba entzündet hat. Die Situation scheint zu eskalieren, als sowjetische Schiffe in der amerikanischen Hemisphäre auftauchen. Die Bewohner beider deutscher Staaten fürchten einen Atomkrieg. Doch durch die Besonnenheit von Kennedy und Chruschtschow kann die Krise diplomatisch gelöst werden.

Ein Artikel im Nachrichtenmagazin »Der Spiegel« vom 10. 10. löst in der Bundesrepublik Deutschland die **»Spiegelaffäre«** aus, in deren Verlauf es zu einer Vertrauenskrise zwischen Regierung und (letztlich gestärkter) Öffentlichkeit kommt. Das Magazin schreibt, dass die Bundesrepublik im Fall eines Angriffs »nicht verteidigungsfähig« sei. Teile der Bundesregierung sind über den Artikel empört. In der Folge werden die Redaktionsräume des Spiegels für mehrere Wochen besetzt und Haftbefehle gegen einige Journalisten erlassen. Die Affäre weitet sich zu einer Regierungskrise aus, bei der es um Abwägung zwischen Meinungsfreiheit und Staatssicherheit geht. Verteidigungsminister Franz Josef Strauß (CSU) hatte den Justizminister bei der Durchsuchungsaktion übergangen, weshalb die fünf FDP-Minister am 19. 11. zurücktreten. Erst als Strauß am 30. 11. selbst zurücktritt, beruhigt sich die Lage. Bundeskanzler Adenauer bildet danach am 14. 12. sein letztes Kabinett und holt Teile der FDP-Minister zurück.

1963 Bundeskanzler Konrad Adenauer und der französische Präsident Charles de Gaulle unterzeichnen am 22. 1. den **Élyséevertrag** und bekräftigen damit die deutsch-französische Aussöhnung.

Vom 15. 1. bis zum 21. 1. findet der 6. Parteitag der SED statt. Der Parteitag legt die Aufgaben der staatlichen Planungskommission und des Volkswirtschaftsrats endgültig fest. Der Staatsrat der DDR bestätigt am 15. 6. die neuen Richtlinien für die Einführung des »Neuen ökonomischen Systems der Planung und Leitung«.

Das Zweite Deutsche Fernsehen (ZDF) geht am 1. 4. auf Sendung. Am 5. 4. strahlt die ARD den ersten »Bericht aus Bonn« aus; in der ersten Sendung verkündet Adenauer, dass er im Herbst sein

Amt niederlegen wird. Im Sommer besucht US-Präsident Kennedy Deutschland und spricht am 26. 6. an der Berliner Mauer die solidarischen Worte **»Ich bin ein Berliner«.**

**Machtwechsel in Bonn:** Bundeskanzler Adenauer tritt am 15. 10. in der Mitte der Legislaturperiode zurück. Sein Nachfolger wird der »Vater des Wirtschaftswunders«, Wirtschaftsminister Ludwig Erhard, dessen Wahl Adenauer im Vorfeld zu verhindern sucht.

Bei dem Grubenunglück von Lengede am 24. 10. kommen 29 Bergleute ums Leben. Untertage überleben 11 weitere Bergleute und können nach zwei Wochen gerettet werden.

1964 Die Sowjetunion garantiert in einem **Freundschafts- und Beistandsabkommen** vom 12. 6. ausdrücklich die Unantastbarkeit der Grenzen der DDR.

Heinrich Lübke (CDU) wird in der Bundesrepublik am 1. 7. als Bundespräsident mit 68,1 % der Stimmen bestätigt.

Ab dem 9. 9. erlaubt die DDR-Führung Rentnern Verwandtenbesuche in Westberlin und in der Bundesrepublik. Der ehemalige Ministerpräsident der DDR, Otto Grotewohl (SED), stirbt am 21. 9. in Ostberlin. Zudem kommt es zum Machtwechsel im Moskauer Kreml. Leonid Breschnew wird am 14. 10. Parteichef der KPdSU.

1965 Bundeskanzler Ludwig Erhard führt die CDU/CSU in die Wahlen zum fünften Deutschen Bundestag. Als Gegenkandidat tritt abermals Willy Brandt (SPD) an. Beide Volksparteien können leicht zulegen. Die CDU/CSU erhält 47,6 % und die SPD 39,3 %. Die Regierung aus CDU/CSU und FDP wird fortgesetzt.

MEILENSTEIN

1966 **Beatlemania und Jugendkultur in Deutschland**

26. Juni Die Beatles waren Anfang der Sechzigerjahre in Hamburg berühmt geworden. Zusammen mit Elvis Presley waren sie die einflussreichsten Popkünstler und beeindruckten die deut-

sche Jugend in Ost und West nachhaltig. Elvis Presley sorgte mit laszivem Hüftschwung für die Verbreitung des Rock 'n' Roll und der amerikanischen Lebensweise in den 1950er- und 1960er-Jahren unter den deutschen Jugendlichen. Wenige Jahre später leiteten die Beatles eine neue Qualität der Jugendbewegung ein. 1966 gingen sie ein letztes Mal auf Welttournee und gaben sechs Konzerte an drei Tagen in Deutschland. Am 26. 6. spielten sie vor einem begeisterten Publikum ein letztes Mal in Hamburg. »Liebe« und »Friede« waren nun die Schlagworte der Jugend geworden, die sich gegen die Elterngeneration auflehnten. Sie trugen Jeans und ließen ihre Haare lang wachsen. In der DDR waren die Schallplatten der Weltstars ebenso begehrt wie im Westen und zumindest auf dem Schwarzmarkt erhältlich.

Die Regierungskoalition aus CDU/CSU und FDP zerbricht am 27. 10. an den unterschiedlichen Ansichten zur Verbesserung des Haushaltsdefizits. Die CDU beschließt einen neuen Kanzlerkandidaten zu wählen, der die Krise meistern soll. Am 10. 11. setzt sich hierbei der Ministerpräsident von Baden-Württemberg, Kurt Georg Kiesinger (CDU), durch. Die SPD überlegt die Bildung einer sozialliberalen Koalition mit der FDP, entschließt sich aber am 26. 11. zur Bildung einer **Großen Koalition** mit der CDU/CSU, die ab dem 1. 12. unter dem neuen Bundeskanzler Kurt Georg Kiesinger ihre Arbeit aufnimmt. Vizekanzler und Außenminister wird Willy Brandt (SPD).

Ludwig Erhard tritt am 30. 11. vom Amt des Bundeskanzlers zurück. Insgesamt ist Erhards Kanzlerschaft eher glücklos. Erhards historische Leistung ist die konsequente Umsetzung der sozialen Marktwirtschaft in den 1950er-Jahren, als die Bundesrepublik zweitstärkste Wirtschaftsmacht hinter den USA wurde.

1967 Die Volkskammer verabschiedet am 20. 2. das Gesetz über die »Staatsbürgerschaft der DDR« und führt eine eigene DDR-Staatsbürgerschaft ein.

Während des **Besuchs des persischen Schahs** Resa Pahlevi vom 27. 5. bis zum 4. 6. brechen in Berlin und in zahlreichen anderen Städten Unruhen aus.

MEILENSTEIN

1967 **Auftakt zum Protest**

2. Juni Ende der 1960er-Jahre hatte sich aus der Jugendkultur eine vielschichtige politische Bewegung herausgebildet, die als 68er-Bewegung bekannt wurde und die Verhältnisse in Gesellschaft und Politik der Bundesrepublik kritisierte und bekämpfte. In Deutschland solidarisierte sich die Bewegung mit dem internationalen Protest gegen den Vietnamkrieg sowie gegen Atomwaffen und demonstrierte zudem für die Gleichberechtigung von Minderheiten sowie für sexuelle Freiheit. Der Protest richtete sich auch gegen die Elterngeneration, der die junge Generation vorwarf, sie habe sich am Nationalsozialismus beteiligt und die Jahre der Diktatur nie wirklich aufgearbeitet. Am 2. 6. löste der Besuch des Schahs von Persien eine neue Qualität an Protest aus: Bei Demonstrationen in Westberlin kam es zu gewalttätigen Ausschreitungen, bei denen der Student Benno Ohnesorg von dem Polizisten Karl-Heinz Kurras erschossen wurde. Diese Tat sowie das Vorgehen der Berliner Polizei radikalisierten einen Teil der Bewegung; als »Gründungsmythos« der außerparlamentarischen Opposition verstärkte sie die allgemeine Protestwelle sowie den Zusammenhalt der 68er.

1968 In der DDR wird am 12. 1. ein neues Strafgesetzbuch beschlossen, das die Strafen für politische Delikte verschärft.

Am 18. 1. beginnt der Conterganprozess gegen die Stollberger Firma Grünenthal in der Bundesrepublik. Zuvor war Contergan als Mittel gegen Schwangerschaftsübelkeit verabreicht worden, was zu Fehlbildungen bei Ungeborenen führte.

Die Protestbewegung setzt sich fort. Eine Gruppe um Andreas Baader verübt am 3. 4. einen Brandanschlag auf ein Kaufhaus in Frankfurt am Main und wird danach zu einer Haftstrafe verurteilt. Der Studentenführer **Rudi Dutschke** wird am 11. 4. auf offener Straße in Westberlin bei einem Attentat lebensgefährlich verwundet. Der Bundestag verabschiedet die Notstandsgesetze am 30. 5., die am 28. 6. in Kraft treten. In der Folge verschärft sich die Situation unter den Protestierenden. In den westdeutschen Universitätsstädten bildet sich die **Außerparlamentarische Opposition (APO)**, die vom Sozialistischen Deutschen Studentenbund (SDS) getragen wird. Sie beabsichtigen die fehlende Opposition innerhalb des Parlaments auszugleichen. Ihr Protest richtet sich vor allem gegen die gesellschaftliche Verdrängung der Verbrechen des Nationalsozialismus durch die Elterngeneration.

1969 Bundesjustizminister **Gustav Heinemann** (SPD) wird am 5. 3. mit den Stimmen von SPD und FDP zum dritten Bundespräsidenten gewählt.

Als Demonstration des Fortschritts und Antwort auf den Sputnikschock betritt der Amerikaner Neil Armstrong am 21. 7. als erster Mensch den Mond. Die **Mondlandung** zieht auch die Menschen in Deutschland in ihren Bann.

Bei der Wahl zum 6. Deutschen Bundestag am 28. 9. scheint es zunächst so, als könne die CDU mit Bundeskanzler Kiesinger die absolute Mehrheit erreichen. Im Lauf des Wahlabends wird aber deutlich, dass die 46,1 % der von der CDU gewonnenen Stimmen nicht für die Regierungsbildung ausreichen werden. Die SPD, für die Willy Brandt zum dritten Mal als Spitzenkandidat angetreten ist, hatte dagegen zulegen können und 42,7 % der Stimmen erzielt, die FDP 5,8 %. Noch in der Nacht vereinbaren Brandt und FDP-Vorsitzender Walter Scheel die Aufnahme von Koalitionsverhandlungen. Am 21. 10. wird Willy Brandt zum Bundeskanzler einer **sozial-liberalen Koalition** aus SPD und FDP gewählt.

# Annäherung von Ost und West

1970 Bundeskanzler Brandts neue **Ostpolitik** trägt dazu bei, dass der »eiserne Vorhang«, der die Blöcke in Europa voneinander trennt, durchlässiger zu werden beginnt. Brandt, der von 1957 bis 1966 als Regierender Bürgermeister von Westberlin an einer Nahtstelle des Ost-West-Konflikts agierte, trifft am 19. 3. in Erfurt und am 21. 5. in Kassel den Ministerratsvorsitzenden Willi Stoph (SED). Außerdem schließt Brandt am 12. 8. den **Moskauer Vertrag** und am 7. 12. den **Warschauer Vertrag** zur Normalisierung der Beziehungen. Sein Kniefall vor dem Ehrenmahl des jüdischen Warschauer Gettos bei seinem Staatsbesuch in Polen (7. 12.) wird weltweit als außergewöhnliche Bitte um Aussöhnung verstanden.

MEILENSTEIN

1971 **Honecker löst Ulbricht ab**

3. Mai Ein Machtwechsel in der DDR hatte sich bereits ab 1970 angedeutet, als Leonid Breschnew und Erich Honecker in Moskau vereinbarten, dass Walter Ulbricht abgelöst werden sollte. Auf Initiative von Honecker richtete das Politbüro am 21. 1. ein geheimes Schreiben an Breschnew, in dem es bestätigte, das Ulbricht »zu alt« für seine Aufgaben sei. Breschnew legte daraufhin in einem persönlichen Gespräch Ulbricht dar, dass er zurückzutreten habe. Auf der 16. Tagung des Zentralkomitees der SED bat Walter Ulbricht gezwungenermaßen, ihn aus Altersgründen von der Funktion des Ersten Sekretärs des ZK zu entbinden. Zu seinem Nachfolger wurde ebenfalls auf Druck Breschnews der 58-jährige Erich Honecker gewählt. Er war damit Erster Sekretär (ab 1976 Generalsekretär) des Zentralkomitees der SED. Honecker übernahm auch Ulbrichts Platz als Vorsitzender des Nationalen Verteidigungsrats und wurde 1976 als Nachfolger von Willi Stoph von der Volkskammer zum Vorsitzenden des Staatsrates gewählt.

Die Befreiung von Andreas Baader aus seinem Gefängnis am 14. 5. gilt als Geburtsstunde der **»Roten Armee Fraktion«** (RAF), die in der Folge mehrere Attentate und Gewaltverbrechen in der Bundesrepublik verübt.

Am 3. 9. wird das Viermächteabkommen unterzeichnet und damit die Bindung von Westberlin zur Bundesrepublik bestätigt.

Die Bundesrepublik und die DDR unterschreiben am 17. 12. das Transitabkommen, das den Verkehr von zivilen Personen und Gütern zwischen der Bundesrepublik und Westberlin durch das Gebiet der DDR regelt.

1972 Das **konstruktive Misstrauensvotum** der CDU/CSU-Bundestagsfraktion unter Rainer Barzel (CDU) gegen Willy Brandt scheitert am 27. 4.

Andreas Baader und mehrere Mitglieder der RAF werden am 1. 6. nach einem Schusswechsel verhaftet. In der Folge werden auch Gudrun Ensslin und Ulrike Meinhof festgenommen.

Bei den Olympischen Sommerspielen in München dringen am 5. 9. arabische Terroristen in das olympische Dorf ein und töten zwei israelische Sportler. Sie nehmen fünf weitere Geiseln, die nach langen Verhandlungen freikommen.

Die Wahl zum 7. Deutschen Bundestag am 19. 11. ist die erste vorgezogene Wahl – nötig wird sie aufgrund von inneren Spannungen in der sozial-liberalen Koalition. Die SPD wird mit 45,8 % erstmals stärkste Partei und bildet weiterhin mit der FDP (8,4 %) die Regierungskoalition unter Bundeskanzler Brandt. Die CDU erreicht mit ihrem Spitzenkandidat Rainer Barzel 44,9 %.

MEILENSTEIN

1972 **Staatssouveränität, aber keine Volkssouveränität**

21. Dezember Unter Bundeskanzler Willy Brandt änderte sich die innerdeutsche Politik von der Hallsteindoktrin hin zum »Wandel durch Annäherung«. Im Zuge der Öffnung nach Osten unterschreiben beide deutsche Staaten am 21. 12. den Grundlagen-

vertrag. Die Verhandlungen waren schwierig, da die DDR eine völkerrechtliche Anerkennung ihres Staates forderte, die Bundesrepublik die DDR aber nur staatsrechtlich anerkennen wollte. Beide Staaten sollten nicht füreinander »Ausland« werden. Im Grundlagenvertrag bestätigen beide Seiten u. a. die innerdeutsche Grenze, das Alleinvertretungsrecht jedes deutschen Staates. Sie erkennen zudem die Grundsätze der Vereinten Nationen an und beschließen den Austausch von Ständigen Vertretern sowie in den Bereichen von Wirtschaft, Kultur und Sport. Der Vertrag brachte eine relative Normalisierung des Verhältnisses beider deutscher Staaten mit sich und schuf die Voraussetzung für die Mitgliedschaft bei den Vereinten Nationen.

1973 Die Weltfestspiele der Jugend, die zum zweiten Mal nach 1951 in der DDR stattfinden, werden am 28. 7. in Ostberlin eröffnet. Über 25 000 Teilnehmer aus 140 Ländern nehmen teil.

Die Bundesrepublik Deutschland und die DDR werden am 18. 9. **Mitglieder der Vereinten Nationen**.

Die OPEC hebt am 16. 10. den Ölpreis um 70 % an, woraufhin die Bundesrepublik auf die eintretende **Ölkrise** mit einer ungewöhnlichen Maßnahme reagiert: Vom 25. 11. angefangen gibt es vier autofreie Sonntage.

MEILENSTEIN

1974 **Den Bundeskanzler ausspioniert**

25. April Als Flüchtling getarnt, war der »Offizier im besonderen Einsatz« Günter Guillaume 1956 in die Bundesrepublik eingereist. Schnell gelang ihm eine parteipolitische Karriere innerhalb der SPD, während der er 1972 in den engsten Beraterkreis von Bundeskanzler Willy Brandt aufstieg. Im Februar 1973 entschlüsselte der Bundesnachrichtendienst mehrere Meldungen, in denen Guillaume als Spion auftauchte, Brandt und wenige Vertraute wurden informiert. Guillaume blieb in Brandts Stab bis zu seiner Verhaftung am 25. 4. 1974, er wurde zu acht Jahren Frei-

heitsstrafe verurteilt. Brandt, der außenpolitisch in harten Auseinandersetzungen mit der Opposition eine neue Deutschland- und Ostpolitik durchgesetzt hatte und dafür 1971 mit dem Friedensnobelpreis ausgezeichnet worden war, dessen innenpolitisches Reformprogramm (»mehr Demokratie wagen«) unter dem Eindruck einer sich verschlechternden weltwirtschaftlichen Konjunktur jedoch an Grenzen stieß, trat vom Amt des Bundeskanzlers zurück. Helmut Schmidt wurde am 16. 5. zum Nachfolger gewählt.

Walter Scheel (FDP) wird am 15. 5 mit den Stimmen von FDP und SPD gegen Richard von Weizäcker (CDU) zum vierten Bundespräsidenten gewählt.

Bei der Fußballweltmeisterschaft in der Bundesrepublik kommt es am 22. 6. zum ersten und einzigen Aufeinandertreffen der Auswahlmannschaften beider deutscher Staaten. Durch ein Tor von Jürgen Sparwasser gewinnt die Auswahl der DDR. Wenige Tage später gewinnt die Mannschaft des DFB den Titel mit einem 2:1 gegen die Niederlande.

Die USA nehmen am 4. 9. diplomatische Beziehungen zur DDR auf, deren internationale Anerkennung dadurch erreicht ist.

1975 Am 21. 5. beginnt der **Stammheimer Prozess** gegen Andreas Baader, Gudrun Ensslin, Ulrike Meinhof und Jan-Carl Raspe. Er dauert bis zum 28. 4. 1977 an. Die vier Mitglieder der RAF werden zu lebenslanger Haft verurteilt.

1976 Am 3. 10. wird der 8. Deutsche Bundestag gewählt. Für die Unionsparteien trat der rheinland-pfälzische Ministerpräsident Helmut Kohl (CDU) an, der 48,6 % der Stimmen erreichen konnte. Dennoch gelingt es Amtsinhaber Helmut Schmidt, die Koalition aus SPD (42,6 %) und FDP (7,9 %) fortzuführen.

**Erich Honecker** wird am 29. 10. Vorsitzender des Staatsrats der Deutschen Demokratischen Republik.

MEILENSTEIN

1977 **Terrorismus im »Deutschen Herbst«**

18. Oktober Zu Beginn der 1970er-Jahre war es in der Bundesrepublik wiederholt zu Anschlägen gekommen, bis man die erste Generation der »Roten Armee Fraktion« hatte inhaftieren können. Eine zweite Generation der RAF überzog 1977 die Bundesrepublik mit Terror und versuchte, die Inhaftierten freizupressen. Sie erschossen Generalbundesanwalt Siegfried Buback am 7. 4. auf offener Straße und töteten bei einem Entführungsversuch den Bankier Jürgen Ponto. Höhepunkt der Gewaltwelle war die Entführung des Arbeitgeberpräsidenten Hanns Martin Schleyer am 5. 9. Da die Regierung unter Bundeskanzler Helmut Schmidt sich aber nicht zu Verhandlungen bereit zeigte, erhöhte die mit der RAF verbundene Palästinensische Befreiungsfront den Druck auf die Bundesregierung und entführte am 13. 10. die Lufthansamaschine »Landshut«. In der Nacht vom 17. 10. auf den 18. 10. stürmte die GSG 9 im ostafrikanischen Mogadischu das Flugzeug und befreite alle Geiseln. Daraufhin töteten sich die Inhaftierten Baader, Ensslin und Raspe in ihren Zellen selbst. Als Reaktion wurde am gleichen Tag Schleyer von seinen Entführern erschossen.

1978 Als erster Deutscher fliegt Siegmund Jähn ins All und löst Begeisterungsströme in der DDR aus.

1979 Bundestagspräsident Karl Carstens (CDU) wird am 23. 5. zum fünften Bundespräsidenten gewählt. Seit dieser Wahl findet die Wahl zum Bundespräsidenten immer am 23.5., dem Tag der Verkündung des Grundgesetzes, statt.

Die **erste Direktwahl zum Europäischen Parlament** findet vom 7. 6. bis zum 10. 6. statt.

1980 Die DDR wird am 1. 1. für zwei Jahre Mitglied im Sicherheitsrat der Vereinten Nationen.

In Karlsruhe gründen am 13. 1. Umweltaktivisten und linke Gruppen die Bundespartei »Die Grünen«.

Als Zeichen des Protests gegen den Einmarsch der UdSSR in Afghanistan im Vorjahr boykottieren 65 westliche Staaten, unter ihnen die Bundesrepublik Deutschland, die Olympischen Spiele in Moskau, die vom 19. 7. bis zum 3. 8. dauern.

Die Wahlen zum 9. Deutschen Bundestag am 5. 10. führen zur Fortsetzung der sozial-liberalen Koalition unter Bundeskanzler Helmut Schmidt. Die SPD erreicht 42,9 % der Stimmen, die CDU/CSU unter Kanzlerkandidat Franz Josef Strauß 44,5 %.

1981 Vom 11. 10. bis zum 13. 10. treffen Bundeskanzler Schmidt und Erich Honecker zu innerdeutschen Gesprächen zusammen.

## Stagnation und Wandel

1982 Bundeskanzler **Helmut Schmidt,** dessen Amtszeit von den Herausforderungen wirtschaftlicher und innenpolitischer Krisen geprägt ist, dessen zupackende, hohen moralischen Grundsätzen verpflichtete Amtsführung ihm im In- und Ausland aber großes Ansehen einbringt, ist mit wachsenden Spannungen mit dem Koalitionspartner FDP konfrontiert – am 3. 2. stellt Schmidt im Bundestag die **Vertrauensfrage** und erhält die Zustimmung –, aber auch mit Widerstand in der SPD, der sich besonders gegen den von Schmidt mitformulierten NATO-Doppelbeschluss richtet.

Der NATO-Gipfel findet am 10. 6. zum ersten Mal in der Bundesrepublik statt. Zeitgleich kommt es zur größten Kundgebung der **Friedensbewegung** in der Bundesrepublik.

MEILENSTEIN

1982 **Die »geistig moralische Wende«**

1. Oktober Nach der verlorenen Bundestagswahl von 1976 war Helmut Kohl Oppositionsführer der CDU/CSU-Fraktion im Bundestag geworden und pflegte gute Kontakte zum FDP-Vorsitzen-

den Hans-Dietrich Genscher. Als es am 17. 9. über ein Strategiepapier zum Arbeitsmarkt von Otto Graf Lambsdorff (FDP) zum Bruch der sozial-liberalen Regierung kam, nahm Kohl Koalitionsverhandlungen mit der FDP auf, die schließlich am 1. 10. zu einem konstruktiven Misstrauensvotum gegen Helmut Schmidt führten. Helmut Kohl gewann diese Abstimmung im Bundestag und damit das erste erfolgreiche Misstrauensvotum der Bundesrepublik. Innerhalb der SPD wurde das Verhalten der FDP als »Verrat« bezeichnet, auch die FDP selbst war über diesen Regierungswechsel zerstritten. Viele FDP-Politiker traten aus der Partei aus. Noch am selben Tag wurde Kohl als Bundeskanzler vereidigt. In Absprache mit der FDP beabsichtigte Kohl im nächsten Jahr Neuwahlen und stellte daher im Bundestag die Vertrauensfrage, die er – trotz der Mehrheit, die seine Regierungskoalition im Bundestag besaß – vereinbarungsgemäß verlor.

1983 Die Wahl zum 10. Bundestag am 6. 3 bestätigt die schwarz-gelbe Koalition unter Bundeskanzler **Helmut Kohl.** Die CDU/CSU erreicht 48,8 % der Stimmen, die SPD erhält unter Kanzlerkandidat Hans-Jochen Vogel nur 38,2 %, die FDP erzielt 7,0 % und die Grünen sind erstmalig mit 5,6 % im Bundestag vertreten.

Das Magazin »Der Stern« gibt am 25. 4. den Fund der **Hitlertagebücher** bekannt, die sich aber bald als Fälschung erweisen.

1984 Das Nationale Olympische Komitee der DDR beteiligt sich am Boykott der meisten Ostblockstaaten der Olympischen Sommerspiele in Los Angeles (11. 5.).

**Richard von Weizäcker** (CDU), vormaliger Regierender Bürgermeister von Westberlin, wird am 23. 5. zum sechsten Bundespräsidenten gewählt. Besonders mit seiner Rede vor dem Bundestag zum 40. Jahrestag der Kapitulation Deutschlands (8. 5. 1985) versteht er es, sein von ethischen Maßstäben geprägtes Verständnis von politischer Kultur zu vermitteln.

MEILENSTEIN

1984 **Privatfernsehen auf Empfang**

1. Januar Helmut Schmidts Regierung hatte sich noch gegen die Einführung des Privatfernsehens gewehrt. Als nun die CDU ab 1982 wieder die Regierung stellte, schlug die Geburtsstunde des Kabelfernsehens. Vor allem Bundeskanzler Helmut Kohl förderte diesen Prozess und ließ durch seinen Postminister Christian Schwarz-Schilling (CDU) die Republik »verkabeln«. Am 1. 1. 1984 läutete die PKS (Programmgesellschaft für Kabel- und Satellitenrundfunk) das neue Zeitalter ein. Sie ging im Ludwigshafener Kabelfernsehprojekt, das etwa von 1200 Haushalten empfangen wurde, auf Sendung. Einen Tag später folgte der Luxemburger Privatsender »RTL plus«, der von 200 000 Hausantennen empfangen werden konnte. Ein Jahr später sendete RTL über Satellit. Im gleichen Jahr benannte sich die PKS in »Sat.1« um.

1985 **Michail Gorbatschow** wird am 11. 3. Generalsekretär der KPdSU; die Spannungen zwischen den Blöcken vermindern sich infolge seiner Reformpolitik. In der Folge trifft sich Gorbatschow mehrfach mit dem amerikanischen Präsidenten Ronald Reagan zu Abrüstungsgesprächen. Gorbatschow stellt seine künftige Politik unter die Schlagworte »Glasnost« (Transparenz der Staatsführung) und »Perestroika« (Umgestaltung des gesellschaftlichen, wirtschaftlichen und politischen Systems).

1986 Im Kernkraftwerk **Tschernobyl** kommt es am 26. 4. zum bislang folgenschwersten Reaktorunfall in der Geschichte der friedlichen Nutzung der Kernenergie. Dieser Vorfall sorgt auch in Deutschland für Besorgnis und für wachsende Akzeptanz für die Ökologiebewegung.

1987 Bei den Wahlen zum 11. Deutschen Bundestag am 25. 1. werden die Koalition der Unionsparteien mit der FDP sowie Helmut Kohl als Bundeskanzler bestätigt. CDU/CSU kommen auf 44,3 % der Stimmen, die SPD unter Herausforderer Johannes Rau auf 37,0 %.

Erich Honecker besucht am 7.9. als erster DDR-Staatschef die Bundesrepublik Deutschland.

»Der Spiegel« meldet am 12.9., einen Tag vor der Landtagswahl in Schleswig-Holstein, dass Ministerpräsident Uwe Barschel (CDU) seinen Herausforderer Björn Engholm (SPD) bespitzeln lassen hat. Die **»Barschelaffäre«** endet mit dem unter ungeklärten Umständen erfolgten Tod des Politikers am 11. 10. in Genf.

## Aufbruch zur Wiedervereinigung

1989 In den osteuropäischen Ländern und der Deutschen Demokratischen Republik kommt es zu starken Protestbewegungen und Reformen. Ungarn öffnet am 2. 5. die Grenze des Eisernen Vorhangs zu Österreich und leitet eine **Massenflucht in den Westen** ein. Zeitgleich flüchten Hunderte DDR-Bürger in die bundesdeutschen Botschaften in Prag, Warschau und Budapest, um in den Westen auszureisen. Insgesamt flüchten während dieser Protestphase 225 000 DDR-Bürger in die Bundesrepublik. Michail Gorbatschow lehnt es in einer Ansprache vor dem Europarat in Straßburg ab, sowjetische Soldaten zur Herstellung des inneren Friedens in der DDR einzusetzen. Das SED-Regime verliert somit seinen Rückhalt.

Anlässlich des 28. Jahrestages des Mauerbaus am 13. 8. stellt die SED klar, dass die DDR keiner Reformen bedarf. Ab dem 4. 9. kommt es zu den **Leipziger Montagsdemonstrationen.** Nach dem Friedensgebet in der Nicolaikirche ziehen Tausende jeden Montag durch die Straßen und fordern Reise-, Presse- und Versammlungsfreiheit. Bis Oktober sind es montäglich nahezu 10 000 Demonstranten, die auch die Wiedervereinigung fordern. Als erste von mehreren Bürgerbewegungen gründet sich das »Neue Forum« am 11. 9.

Bei den **Feierlichkeiten zum 40. Jahrestag der DDR** vom 5. 10. bis zum 7. 10. empfiehlt Gorbatschow der DDR-Führung politische Reformen. Während der Feierlichkeiten kommt es zu den größten Massendemonstrationen seit dem Aufstand vom 17. Juni 1953. Auch in den nächsten Wochen demonstrieren in allen ostdeutschen Städten mehrere Tausend Menschen. Unter dem politischen Druck tritt schließlich Erich Honecker am 18. 10. zurück. Sein Nachfolger als SED-Generalsekretär wird Egon Krenz. Die Regierung unter Willi Stoph tritt am 7. 11. zurück.

MEILENSTEIN

1989 **Die Mauer ist gefallen**

9. November Die Demonstration vom 4. 11. auf dem Berliner Alexanderplatz, an der eine Million Menschen teilnahm, erhöhte den Druck auf die DDR-Regierung. Sie zeigte sich danach gewillt, zumindest Privatreisen ins Ausland zu erlauben, um so die aufgeheizte Stimmung in der DDR zu beruhigen. Der SED-Funktionär Günter Schabowski las am 9. 11. während einer Pressekonferenz eine Verlautbarung des Politbüros vor, demzufolge die Erlaubnis zur Ausreise ohne Vorlage von bestimmten Gründen direkt an den Grenzposten erteilt werden würde. Viele konnten diese Nachricht kaum glauben, die sich wie ein Feuer durch die DDR und Ostberlin verbreitete. Alle eilten zu den überforderten Grenzpolizisten, die schließlich nachgaben und die Grenzen zum Westen öffneten. In der Nacht kam es überall in Berlin und in grenznahen Städten zu Freudenszenen. Kanzler Helmut Kohl brach seine Auslandsreise in Warschau ab und nahm am 10. 11. an einer Kundgebung vor dem Schöneberger Rathaus teil.

Hans Modrow wird am 13. 11. von der Volkskammer zum Ministerpräsidenten gewählt.

Nachdem Gorbatschow am 15.11. die Wiedervereinigung Deutschlands als eine interne Angelegenheit der Deutschen bezeichnet, setzt sich Bundeskanzler Kohl mit seinem **»10-Punkte-Plan zur Überwindung der Teilung Deutschlands und Europas«**

am 28. 11. an die Spitze der Bewegung. Er bietet der DDR wirtschaftliche Unterstützung unter der Bedingung freier Wahlen und der Einführung eines Rechtsstaats an. Zudem schlägt er konföderative Strukturen zwischen der Bundesrepublik und der DDR vor. Das erste Zusammentreffen eines Rundes Tisches findet am 7. 12. aus Vertretern der Bürgerbewegung und der Politik statt. Gregor Gysi wird am 9. 12. Vorsitzender der SED.

1990 Am 4. 2. gibt sich die SED den Namen »Partei des Demokratischen Sozialismus« (PDS). Die langjährigen Forderungen nach **freien Wahlen in der DDR** werden mit der Volkskammerwahl vom 18. 3. erfüllt. Die Wahl wird von der »Allianz für Deutschland«, einem Bündnis aus CDU, DSU und Demokratischem Aufbruch, mit 48,1 % der Stimmen gewonnen; die SPD erreicht nur 21,9 %, der Bund Freier Demokraten 5,3 % und das Bündnis 90, das aus den Bürgerbewegungen besteht, erhält 2,9 %.

Lothar de Maizière (CDU) gelingt es nach zähen Verhandlungen, eine Große Koalition aus der Allianz, der SPD und dem Bund Freier Demokraten zu bilden. Daraufhin wird er von der Volkskammer zum Ministerpräsidenten gewählt.

Die Einheit nimmt Gestalt an, als die **»Zwei-plus-vier-Konferenz«** der Außenminister am 5. 5. in Bonn tagt und über die außenpolitische Rolle eines vereinten Deutschlands spricht.

Die Bundesrepublik Deutschland und die Deutsche Demokratische Republik gehen ab dem 1. 7. eine **Wirtschafts- und Währungsunion** ein. Die D-Mark löst die Mark der DDR ab. Am gleichen Abend spricht Bundeskanzler Kohl in Hinblick auf die Wiedervereinigung von »blühenden Landschaften« in den neuen Bundesländern. Am 15./16. 7. erhält er während eines Staatsbesuchs in der UdSSR von Gorbatschow die Garantie der vollständigen Souveränität des wiedervereinigten Deutschlands sowie die Zustimmung zur NATO-Zugehörigkeit eines vereinten Deutschlands.

In dieser Phase wehen überall euphorisch deutsche Flaggen. Dies ist auch bei der Fußballweltmeisterschaft in Italien zu beobachten, bei der die Auswahl des DFB am 8. 7. zum dritten Mal Fußballweltmeister wird.

Die Volkskammer stimmt am 23. 8. für den Beitritt zur Bundesrepublik. In der Folge schließen die DDR und die Bundesrepublik den **Einigungsvertrag** in Ostberlin. Der Zwei-plus-vier-Vertrag über die »abschließende Regelung in Bezug auf Deutschland« vom 12. 9. regelt die Wiedervereinigung und Westbindung Deutschlands, das auf den Besitz von atomaren, biologischen und chemischen Waffen verzichtet. Die Mitgliedschaft der DDR im Warschauer Pakt wird am 25. 9. beendet. In Berlin endet mit der Verabschiedung der alliierten Stadtkommandanten der drei Sektoren die Besatzungszeit.

Die Deutsche Demokratische Republik tritt nach Artikel 23 des Grundgesetzes am 3. 10. der Bundesrepublik Deutschland bei; damit endet auch die Ära der »Bonner Republik«.

MEILENSTEIN

1990 **Der Tag der Einheit ist gekommen**

3. Oktober Ab den 1970er-Jahren fanden sich viele Bürger der Bundesrepublik mit der Teilung Deutschlands und Berlins als politische Realität ab. An eine baldige Wiedervereinigung war nicht zu denken. Umso erfreuter zeigte sich der Westen über die friedliche und mutige Revolution in Ostdeutschland im Herbst 1989, die das politische System der DDR stürzte und die Wende schließlich herbeibrachte. Mit einem feierlichen Akt vor dem Reichstag und einer großen Feier am Brandenburger Tor wurde in der Nacht vom 2. 10. auf den 3. 10. die Wiedervereinigung vollzogen. In vielerlei Hinsicht ging damit ein historischer Prozess zu Ende, der im frühen 19. Jh. seinen Anfang genommen hatte. Die damals gestellte Forderung nach Einheit, Freiheit und Demokratie wurde mit der Wiedervereinigung nun endgültig für das gesamte deutsche Volk erfüllt. Seither ist der 3. 10. der Nationalfeiertag der Bundesrepublik Deutschland.

seit

## Überwundene Teilung
## Berliner Republik

**seit 1990**

Mit der »Wiedervereinigung« ging ein Demokratisierungsprozess zu Ende, der seine Ursprünge im 19. Jh. hatte. Berlin wurde zugleich Hauptstadt und Regierungssitz Deutschlands, das nun eine führende Rolle im Europäisierungsprozess einnahm.

1990

# Das wiedervereinigte Deutschland

1990 Nach der **»Wiedervereinigung«** am 3. 10. tritt am 14. 10. das von der Volkskammer der DDR am 22. 7. beschlossene »Ländereinführungsgesetz« in Kraft. Dadurch bilden sich die neuen Bundesländer Sachsen, Sachsen-Anhalt, Thüringen, Brandenburg und Mecklenburg-Vorpommern.

Die UdSSR und Deutschland unterzeichnen am 9. 11. den »Vertrag über gute Nachbarschaft, Partnerschaft und Zusammenarbeit«. Zudem setzt der Deutsch-Polnische Grenzvertrag ab dem 14. 11. die Oder-Neiße-Grenze als endgültige Grenze zwischen Deutschland und Polen fest.

Bei der **ersten gesamtdeutschen Bundestagswahl** am 2. 12. wird die von CDU/CSU und FDP gebildete Regierungskoalition unter Bundeskanzler **Helmut Kohl** bestätigt.

1991 Kohls Regierung bemüht sich mit wechselhaftem Erfolg um den wirtschaftlichen Aufbau der neuen Bundesländer. Kohls historische Leistung liegt darin, dass es ihm gelang, die vier Besatzungsmächte von einem Deutschland als verlässlichem und friedlichem Partner im von Kohl selbst maßgeblich geförderten Prozess der europäischen Integration zu überzeugen. Aufgrund seiner von Außenminister Hans-Dietrich Genscher (FDP) unterstützten Diplomatie in der Wendephase 1989/1990 geht Helmut Kohl als »Kanzler der Einheit« in die deutsche Geschichte ein.

Am 20. 6. bestimmt der Bundestag Berlin im **Hauptstadtbeschluss** zum Regierungssitz.

1992 Mit dem **Vertrag von Maastricht** gründen die zwölf EG-Mitglieder die EU und schaffen einen gemeinsamen Binnenmarkt, der am 1. 11. in Kraft tritt.

1994 Am 26. 4. verabschiedet der Bundestag das **Berlin/Bonn-Gesetz**, das den Umzug von Parlament und Teilen der Regierung nach Berlin regelt.

Der ehemalige Präsident des Bundesverfassungsgerichts, Roman Herzog (CDU), wird am 23. 5. zum siebten Bundespräsidenten gewählt.

Die letzten sowjetischen Truppen verlassen am 31. 8. Deutschland; damit endet die nach dem Zweiten Weltkrieg begonnene Besatzung.

In der Bundestagswahl vom 16. 10. wird abermals die Koalition aus CDU/CSU und FDP unter Helmut Kohl bestätigt; die SPD erhält unter Kanzlerkandidat Rudolf Scharping nur 36,4 % der Stimmen.

# Berlin wird Regierungssitz

1998 Im Rahmen der Europäischen Wirtschafts- und Währungsunion erklären am 1. 5. elf Staaten, darunter Deutschland, dass sie die Kriterien für die Teilnahme erfüllt haben. Sie gründen am 1. 6. die **Europäische Zentralbank (EZB)** in Frankfurt am Main.

MEILENSTEIN

1998 **Rot-Grün in Berlin**

27. September Der Wahlausgang zum 14. Deutschen Bundestag brachte mehrere Neuheiten. Hatten sich zuvor Regierungswechsel nur dadurch vollzogen, dass die Koalitionspartner wechselten, aber immer zumindest eine der Koalitionsparteien in der Regierung verblieb, wurde nun – nach 16 Jahren der Regierung aus CDU/CSU und FDP – zum ersten Mal eine Bundesregierung abgewählt. Die SPD erhielt mit 40,9 % erstmals nach 26 Jahren wieder die meisten Stimmen und wurde stärkste Partei im Bundestag. Gemeinsam mit dem Bündnis 90/Die Grünen bildete sie die erste Bundesregierung, die sich aus Parteien des linken Spektrums zusammensetzt. Der ehemalige Ministerpräsident von Niedersachsen, Gerhard Schröder, wurde am 27. 10. zum siebten Bundeskanzler gewählt, Vizekanzler und Außenminister

wurde Joschka Fischer (Bündnis 90/Die Grünen). Als wichtigstes Ziel seiner Kanzlerschaft nannte Schröder die Reduzierung der Arbeitslosigkeit. Zudem leitete er erste Schritte zur Privatisierung des Systems der sozialen Sicherung ein (»Riester-Rente«).

1999 Vom 24. 3. bis zum 10. 6. kämpfen deutsche Soldaten im Rahmen des NATO-Einsatzes gegen die Bundesrepublik Jugoslawien für die Freiheit des Kosovo.

Der ehemalige Ministerpräsident von Nordrhein-Westfalen, Johannes Rau (SPD), wird am 23. 5. zum achten Bundespräsidenten gewählt. Die SPD stellt zudem mit Wolfgang Thierse den Bundestagspräsidenten und mit Jutta Limbach die Präsidentin des Bundesverfassungsgerichts.

Nach dem **Umzug des Parlaments** nehmen Regierung und Bundestag am 1. 9. ihre Arbeit in Berlin auf.

Am 10. 12. erhält Günter Grass, der in Deutschland auch als kritische Stimme der politischen Entwicklung des Landes auftritt, den Nobelpreis für Literatur.

2000 Nachträglich wird bekannt, dass es in Helmut Kohls Zeit als Parteivorsitzender der CDU zu rechtswidrigen Parteispenden gekommen ist.

2001 Die islamistische Terrororganisation al-Qaida verübt am 11. 9. **Anschläge auf das World Trade Center** in New York und das Pentagon in Washington, D. C.

MEILENSTEIN

2002 **Neues Geld für Europa**

1. Januar Am 1. 1. 1999 wurde der Euro bereits als Buchgeld eingeführt, drei Jahre später – am 1. 1. 2002 – löste er offiziell die Landeswährungen von 18 europäischen Staaten ab. Bereits in den 1970er-Jahren hatte es Pläne für eine gemeinsame europäische Währung gegeben, doch erst am 1. 7. 1990 kam es zur ersten Stufe der Europäischen Währungsunion. 1994 folgte mit

der Gründung des Europäischen Währungsinstituts (EWI), des Vorgängers der Europäischen Zentralbank (EZB), die zweite Stufe. Am 16. 12. 1995 legte der Europäische Rat den Namen für die neue Währung fest. Der Abschied von der D-Mark, dem Symbol des wirtschaftlichen Aufschwungs nach 1945, fiel jedoch vielen Deutschen schwer; zudem war die Einführung des neuen Geldes mit Befürchtungen horrender Teuerungsraten verbunden.

Mit der **»Agenda 2010«,** die Bundeskanzler **Gerhard Schröder** am 14. 3. verkündet, sucht die rot-grüne Regierung das deutsche Sozialsystem und den Arbeitsmarkt zu reformieren. Insbesondere die »Hartz I–IV«-Gesetze führen zu teilweise auch innerparteilich heftiger Kritik.

Die USA beginnen am 20. 3. den Irakkrieg. Weite Teile der deutschen Bevölkerung sprechen sich gegen diesen Krieg aus. Zuvor hatte die Bundesregierung gemeinsam mit Frankreich die Kriegspolitik der USA und Großbritanniens kritisiert.

Bei der Wahl zum 15. Deutschen Bundestag am 22. 9. kann die rot-grüne Bundesregierung nur mit knappem Vorsprung ihre Mehrheit sichern: Bundeskanzler Schröders unnachgiebige Ablehnung der Irakpolitik der USA und die »Jahrhundertflut« an der Elbe drehen die schon verloren geglaubte Wahl.

2004 Horst Köhler (CDU), zuletzt geschäftsführender Direktor des Internationalen Währungsfonds, wird am 23. 5. zum neunten Bundespräsidenten gewählt.

2005 Nach dem Tod von Johannes Paul II. am 2. 4. wird der deutsche Kardinal Josef Ratzinger als Benedikt XVI. zum Papst gewählt.

Bundeskanzler Schröder gerät nach mehreren Wahlniederlagen der SPD auf Landesebene zunehmend unter Druck. Am 1. 7. stellt er im Bundestag die **Vertrauensfrage** und verliert nach der Abstimmung die Regierungsmehrheit. Bundespräsident Köhler löst am 21. 7. den 15. Deutschen Bundestag auf.

MEILENSTEIN

2005 **Die erste Frau im Bundeskanzleramt**

18. September Nachdem die beiden großen Volksparteien, CDU und SPD, in der Wahl zum 16. Bundestag herbe Verluste bei der Stimmabgabe hatten erleiden müssen, einigten sie sich am 10. 10. auf die Bildung einer Großen Koalition, der zweiten in der Geschichte der Bundesrepublik nach der von Kurt-Georg Kiesinger geführten Großen Koalition (1966–1969). Am 22. 11. wurde Angela Merkel (CDU) vom neuen Bundestag zur ersten Bundeskanzlerin überhaupt gewählt. Bei ihrer Wahl war sie mit 51 Jahren die jüngste Amtsinhaberin; zudem war Merkel, die unter Helmut Kohl langjährige Bundesministerin gewesen war, sich in der CDU-Parteispendenaffäre als CDU-Generalsekretärin jedoch gegen ihren ehemaligen Mentor positioniert hatte, die erste Person in diesem Amt, die ihre Sozialisation in den neuen Bundesländern erfahren hatte. Als Physikerin war Merkel zudem auch die erste Naturwissenschaftlerin in diesem Amt.

2009 Auf die **Banken- und Finanzkrise**, die sich zur tiefsten Wirtschaftskrise seit 1945 auswächst, reagieren die Regierungen weltweit, auch in Deutschland, mit umfassenden »Rettungspaketen« zur Stabilisierung des Finanzsektors und zur Ankurbelung der Konjunktur.

2010 Die niedersächsische Ministerpräsident Christian Wulff (CDU) wird am 30. 6. zum zehnten Bundespräsidenten gewählt.

2012 Nachdem sein Vorgänger Christian Wulff am 17. 2. von seinem Amt zurückgetreten ist, wird Joachim Gauck am 18. 3. zum elften Bundespräsidenten gewählt.

Kurz nach dem Beginn der **Nuklearkatastrophe** von Fukushima (Japan) beschließt die Bundesregierung einen Wechsel in ihrer Atompolitik. Zum 6. 8. werden acht deutsche Kernreaktoren stillgelegt.

Antike und frühes Mittelalter, S. 7 ff.
»Torhalle« des Klosters Lorsch (Hessen), errichtet um 875
*mgo/in-effigie.de*

Hohes und spätes Mittelalter, S. 23 ff.
Dom in Speyer, 1061 geweiht
*Farb- und Schwarzweiß-Fotografie E. Böhm, Mainz*

Konfessionelles Zeitalter, S. 63 ff.
Rathaus in Augsburg, errichtet 1615–1620
*Photo Digital, München*

Ancien Régime, S. 99 ff.
»Zwinger« in Dresden, errichtet 1711–1728
*MEV Verlag, Augsburg*

Restauration und Revolution, S. 135 ff.
»Paulskirche« in Frankfurt am Main, 1829–1833 vollendet (nach der Zerstörung im Zweiten Weltkrieg [1944] bis 1948 wiederaufgebaut)
*Bibliographisches Institut AG, Mannheim*

Kaiserreich, S. 171 ff.
Reiterstandbild Kaiser Wilhelms I. am »Deutschen Eck« in Koblenz, 1893–1897
*Kessler-Medien, Saarbrücken*

Weimarer Republik, S. 201 ff.
Bauhausgebäude in Dessau, errichtet 1925/1926
*CvU/in-effigie.de*

Nationalsozialismus, S. 223 ff.
Haupttribüne auf dem »Zeppelinfeld« in Nürnberg, dem Aufmarschgelände der nationalsozialistischen Reichsparteitage, errichtet 1937
*CvU/in-effigie.de*

Bonner Republik und Deutsche Demokratische Republik, S. 245 ff.
»Berliner Mauer« am Brandenburger Tor, errichtet 1961
*Presse- und Informationsamt des Landes Berlin / Landesbildstelle, Berlin*

Berliner Republik, S. 281 ff.
Bundeskanzleramt in Berlin, errichtet 1997–2001
*Bibliographisches Institut AG, Mannheim*

Quizzen Sie sich schlau!

# Duden – Testen Sie Ihre Allgemeinbildung

Erweitern Sie Ihre Allgemeinbildung auf unterhaltsame und spielerische Art! Dieses Quiz mit 333 Fragen und Antworten aus sechs Wissensgebieten bringt Ihre Allgemeinbildung spielend auf den neuesten Stand. Die einzelnen Rubriken sind untergliedert nach Schwierigkeitsgraden und mit dem heraustrennbaren Lösungsschlüssel können die Antworten einfach und komfortabel überprüft werden. 128 Seiten. Broschur.